超人气网店设计素材

28款 详情页设计与描述模板（PSD分层文件）

46款 搭配销售套餐模板

62款 秒杀团购模板

200套 页装修模板

大型多媒体教学光盘精彩内容展示

一、丰富实用的教学视频教程

（一）赠送超值实用的视频教程

1. 5小时手把手教您装修出品质店铺视频教程
2. 15个网店宝贝优化必备技能视频教程
3. 手把手教你把新品打造成爆款视频教程
4. 6小时 Photoshop 照片处理视频教程
5. 与书同步的 155 分钟网店 SEO 视频教程

（二）部分视频内容目录展示

1. "15个网店宝贝优化必备技能视频教程"目录

- 技能 01：调整倾斜的照片并突出主体
- 技能 02：去除多余对象
- 技能 03：宝贝图片照片降噪处理
- 技能 04：宝贝图片照片清晰度处理
- 技能 05：珠宝模特美白处理
- 技能 06：衣服模特上妆处理
- 技能 07：模特人物身材处理
- 技能 08：虚化宝贝的背景
- 技能 09：更换宝贝图片的背景
- 技能 10：宝贝图片的偏色处理
- 技能 11：修复偏暗的宝贝图片
- 技能 12：修复过曝的宝贝图片
- 技能 13：修复逆光的宝贝图片
- 技能 14：添加宣传水印效果
- 技能 15：宝贝场景展示合成

2. "手把手教你把新品打造成爆款视频教程"目录

（1）爆款产品内功
- ◇ 爆款产品之选款
- ◇ 爆款产品之拍照
- ◇ 爆款产品之详情

（2）爆款基本功
- ◇ 爆款基本功之标题设置
- ◇ 爆款基本功之产品上架
- ◇ 爆款基本功之橱窗推荐
- ◇ 爆款基本功之基础销量

（3）爆款流量武器
- ◇ 活动获取流量
- ◇ 淘宝客获取流量
- ◇ 直通车获取流量

（4）爆款转化全店盈利
- ◇ 关联销售产品
- ◇ 爆款复购提升及后备爆款培养

（5）爆款案例分析

二、超值实用的电子书

（一）新手开店快速促成交易的 10 种技能

- 技能 01：及时回复买家站内信
- 技能 02：通过千牛聊天软件热情地和买家交流
- 技能 03：设置自动回复，不让客户久等
- 技能 04：使用快捷短语，迅速回复客户
- 技能 05：使用移动千牛，随时随地谈生意
- 技能 06：保存聊天记录做好跟踪服务
- 技能 07：巧用千牛表情拉近与买家的距离
- 技能 08：使用电话联系买家及时跟踪交流
- 技能 09：与买家交流时应该注意的禁忌
- 技能 10：不同类型客户的不同交流技巧

（二）不要让差评毁了你的店铺——应对差评的 10 种方案

主题一：中差评产生的原因及对店铺的影响

1. 中差评产生的原因
2. 中差评对店铺的影响

主题二：应对差评的 10 种方案

- 方案一：顾客没有问题——谦卑心态、积极应对
- 方案二：对症下药——根据问题根源来针对处理
- 方案三：拖沓不得——处理中差评要有时效性
- 方案四：适当安抚——对情绪激动的顾客给予适当安抚
- 方案五：客服处理——客服处理中差评的方法流程
- 方案六：主动防御——运营严丝密缝，不留漏洞
- 方案七：留存证据，自我保护——应对恶意中差评
- 方案八：中差评转化推广——通过回评把差评转化为推广机会
- 方案九：产品是商业之本——重视产品品质、描述一致
- 方案十：有诺必践——承诺一定要兑现

主题三：常见中差评问题处理及客服沟通技巧

1. 常见中差评问题处理技巧
2. 中差评处理中，客服常用沟通技巧

（三）你不能不知道的 100 个卖家经验与赢利技巧

1. 新手卖家开店认知与准备技巧

- 技巧 01：网店店主要具备的基本能力
- 技巧 02：个人开淘宝店要充当的角色
- 技巧 03：为店铺做好市场定位准备
- 技巧 04：新手开店产品的选择技巧
- 技巧 05：主打宝贝的市场需求调查
- 技巧 06：网店进货如何让利润最大化
- 技巧 07：新手开店的进货技巧
- 技巧 08：新手代销产品注意事项与技巧
- 技巧 09：掌握网上开店的流程
- 技巧 10：给网店取一个有卖点的名字

2. 网店宝贝图片拍摄与优化相关技巧

- 技巧 11：店铺宝贝图片的标准
- 技巧 12：注意商品细节的拍摄
- 技巧 13：利用自然光的拍摄技巧
- 技巧 14：不同商品拍摄时的用光技巧
- 技巧 15：新手拍照易犯的用光错误
- 技巧 16：用手机拍摄商品的技巧
- 技巧 17：服饰拍摄时的搭配技巧
- 技巧 18：裤子拍摄时的摆放技巧
- 技巧 19：宝贝图片美化的技巧与注意事项

3. 网店装修的相关技巧
    技巧 20：做好店铺装修的前期准备
    技巧 21：新手装修店铺的注意事项
    技巧 22：店铺装修的误区
    技巧 23：设计一个出色的店招
    技巧 24：把握好店铺的风格样式
    技巧 25：添加店铺的收藏功能
    技巧 26：做好宝贝的分类设计
    技巧 27：做好店铺的公告栏设计
    技巧 28：设置好广告模板
    技巧 29：增加店铺的导航分类
    技巧 30：做好宝贝推荐
    技巧 31：设置好宝贝排行榜
    技巧 32：设置好淘宝客服
4. 宝贝产品的标题优化与定价技巧
    技巧 33：宝贝标题的完整结构
    技巧 34：宝贝标题命名原则
    技巧 35：标题关键词的优化技巧
    技巧 36：如何在标题中突出卖点
    技巧 37：寻找更多关键词的方法
    技巧 38：撰写商品描述的方法
    技巧 39：写好宝贝描述提升销售转化率
    技巧 40：认清影响宝贝排名的因素
    技巧 41：商品发布的技巧
    技巧 42：巧妙安排宝贝的发布时间
    技巧 43：商品定价必须考虑的要素
    技巧 44：商品定价的基本方法
    技巧 45：商品高价定位与低价定位法则
    技巧 46：抓住消费心理原则巧用数字定价
5. 网店营销推广的基本技巧
    技巧 47：加入免费试用
    技巧 48：参加淘金币营销
    技巧 49：加入天天特价
    技巧 50：加入供销平台
    技巧 51：加入限时促销
    技巧 52：使用宝贝搭配套餐促销
    技巧 53：使用店铺红包促销
    技巧 54：使用彩票拉熟方式促销
    技巧 55：设置店铺 VIP 进行会员促销
    技巧 56：运用信用评价做免费广告
    技巧 57：加入网商联盟共享店铺流量
    技巧 58：善加利用店铺优惠券
    技巧 59：在淘宝论坛中宣传推广店铺
    技巧 60：向各大搜索引擎提交店铺网址
    技巧 61：让搜索引擎快速收录店铺网址
    技巧 62：使用淘帮派推广
    技巧 63：利用淘帮派卖疯主打产品
    技巧 64：利用 QQ 软件推广店铺
    技巧 65：利用微博进行推广
    技巧 66：利用微信进行推广
    技巧 67：微信朋友圈的营销技巧
    技巧 68：利用百度进行免费推广

    技巧 69：店铺推广中的八大误区
6. 直通车推广的应用技巧
    技巧 70：什么是淘宝直通车推广
    技巧 71：直通车推广的功能和优势
    技巧 72：直通车广告商品的展示位置
    技巧 73：直通车中的淘宝类目推广
    技巧 74：直通车中的淘宝搜索推广
    技巧 75：直通车定向推广
    技巧 76：直通车店铺推广
    技巧 77：直通车站外推广
    技巧 78：直通车活动推广
    技巧 79：直通车无线端推广
    技巧 80：让宝贝加入淘宝直通车
    技巧 81：新建直通车推广计划
    技巧 82：分配直通车推广计划
    技巧 83：在直通车中正式推广新宝贝
    技巧 84：直通车中管理推广中的宝贝
    技巧 85：修改与设置推广计划
    技巧 86：提升直通车推广效果的技巧
7. 钻展位推广的应用技巧
    技巧 87：钻石展位推广有哪些特点
    技巧 88：钻石展位推广的相关规则
    技巧 89：钻石展位推广的黄金位置
    技巧 90：决定钻石展位效果好坏的因素
    技巧 91：用少量的钱购买最合适的钻石展位
    技巧 92：用钻石展位打造爆款
8. 淘宝客推广的应用技巧
    技巧 93：做好淘宝客推广的黄金法则
    技巧 94：主动寻找淘宝客帮助自己推广
    技巧 95：通过店铺活动推广自己吸引淘客
    技巧 96：通过社区活动增加曝光率
    技巧 97：挖掘更多新手淘宝客
    技巧 98：从 SNS 社会化媒体中寻觅淘宝客
    技巧 99：让自己的商品加入导购类站点
    技巧 100：通过 QQ 结交更多淘宝客

三、超人气的网店装修与设计素材库
- 28 款详情页设计与描述模板（PSD 分层文件）
- 46 款搭配销售套餐模板
- 162 款秒杀团购模板
- 200 套首页装修模板
- 396 个关联多图推荐格子模板
- 330 个精美店招模板
- 660 款设计精品水印图案
- 2000 款漂亮店铺装修素材

四、PPT 课件
　　本书还提供了较为方便的 PPT 课件，以便教师教学使用。

淘宝、天猫微店

网店SEO搜索营销

从入门到精通

凤凰高新教育 罗奕炎 ◎ 编著

北京大学出版社
PEKING UNIVERSITY PRESS

内 容 提 要

本书全面、系统地讲解淘宝、天猫、微店三大网店的网络SEO营销推广的相关方法与技巧，旨在帮助从事开网店创业的新手学到经验，避免走弯路，以及帮助已有网店但经营效果不理想，不会网店SEO营销与推广的店主快速改变经营思路、策略与方法，以达到快速实现店铺盈利的目的。

全书以"网店SEO搜索营销入门知识→淘宝、天猫站内SEO搜索营销技能→淘宝、天猫站外SEO搜索营销技能→微店SEO搜索营销技能"为写作线索，分为4个部分，共8章内容。

第1篇为网店SEO搜索营销入门知识（第1~2章），系统地介绍网店SEO与店铺流量的重要性，以及淘宝、天猫、微店SEO的概念，并且了解和认识淘宝和天猫的搜索机制与展示机制，以及新手做SEO的相关误区。第2篇为淘宝、天猫站内SEO搜索营销技能（第3~5章），重点介绍淘宝店、天猫店的站内SEO搜索营销措施、方法与技巧，包括网店的基础优化方法、标题关键词与标题组合优化，以及产品上架后的相关优化方法。第3篇为淘宝、天猫站外SEO搜索营销技能（第6章），主要介绍淘宝、天猫站外SEO搜索营销的途径、方法与技巧。第4篇为微店SEO搜索营销技能（第7~8章），重点介绍淘宝、天猫、微店在移动端的SEO营销方法与相关技能。

本书不仅适合在校大学生、初创业者、兼职寻求者，作为学习用书，也适合有产品、有门店想扩大销售渠道的商家及个体老板学习参考，还可作为各类院校或培训机构电子商务相关专业的教材参考用书。

图书在版编目（CIP）数据

淘宝、天猫、微店网店SEO搜索营销从入门到精通 / 凤凰高新教育，罗奕炎编著 . —北京：北京大学出版社，2017.8

ISBN 978-7-301-28373-8

Ⅰ.①淘… Ⅱ.①凤… ②罗… Ⅲ.①网络营销 Ⅳ.① F713.365.2

中国版本图书馆CIP数据核字（2017）第125806号

书　　　名	淘宝、天猫、微店网店SEO搜索营销从入门到精通 TAOBAO、TIANMAO、WEIDIAN WANGDIAN SEO SOUSUO YINGXIAO CONG RUMEN DAO JINGTONG
著作责任者	凤凰高新教育　罗奕炎　编著
责任编辑	尹　毅
标准书号	ISBN 978-7-301-28373-8
出版发行	北京大学出版社
地　　　址	北京市海淀区成府路205号　100871
网　　　址	http://www.pup.cn　　新浪微博：@北京大学出版社
电子信箱	pup7@pup.cn
电　　　话	邮购部 010-62752015　发行部 010-62750672　编辑部 010-62570390
印　刷　者	三河市博文印刷有限公司
经　销　者	新华书店
	787毫米×1092毫米　16开本　18.5印张　彩插2　466千字 2017年8月第1版　2019年3月第2次印刷
印　　　数	3001—4000册
定　　　价	49.00元

未经许可，不得以任何方式复制或抄袭本书之部分或全部内容。
版权所有，侵权必究
举报电话：010-62752024　电子信箱：fd@pup.pku.edu.cn
图书如有印装质量问题，请与出版部联系。电话：010-62756370

Preface 序言

"电子商务"开创了全球性的商业革命，带动商业步入了数字信息经济时代。近年来我国电子商务发展迅猛，不仅创造了新的消费需求，引发了新的投资热潮，开辟了新的就业增收渠道，为"大众创业、万众创新"提供了新空间，同时加速与制造业融合，推动服务业转型升级，催生新兴业态，成为提供公共产品、公共服务的新力量，成为经济发展新的原动力。

在商务部、中央网信办、发改委三部门联合发布的《电子商务"十三五"发展规划》中，预计到2020年将实现电子商务交易额超过40万亿元，同比"十二五"末翻一番，网络零售额达到10万亿元左右。电子商务正以迅雷不及掩耳之势，进入到百姓生活的方方面面，可以说，电子商务已经成为网络经济中发展最快、最具潜力的新兴产业，而且是一个技术含量高，变化更新快的行业，要做好电子商务产业，应认清行业的发展趋势，快速转变思路，顺应行业的变化。电商行业的发展呈现了以下5个较为鲜明的发展趋势。

移动购物。2016年天猫"双十一"全天交易总额为1207亿元，其中无线端贡献了81.87%的占比，这是阿里巴巴举办"双十一"8年来的最高交易额，比2015年全天交易额的912亿元、无线端贡献的68%，有了大幅度增长。随着智能终端和移动互联网的快速发展，移动购物的便利性越来越突出。在主流电商平台的大力推动下，消费者对于通过移动端购物的接受程度也大大增加，用户移动购物习惯已经养成。无线购物正在迅猛地发展，21世纪不仅仅是PC端网购的时代，更是无线端网购的新时代。

电子商务向三、四、五线城市及农村电商渗透。如果说前10年是电子商务的起步和发展阶段，一、二线城市享受着电子商务带来的产业升级变化和大众的生活便利，那么，后10年会是三、四、五线城市，以及农村电商发展的黄金时期。随着国家政策的大力扶持，以及交通运输、网络物流的改善，电商正在逐渐渗透到三、四、五线城市及农村电商市场。

社交购物。社交购物的模式大家一定不陌生，在我们的社交平台上已经充斥着各种各样的电商广告，同时通过亲人、朋友等向我们推荐，作为我们的购物参考。社交购物可以让大家在社交网络

上更加精准地营销,更个性化地为顾客服务。

　　大数据的应用。大家知道如果以电子商务的盈利模式逐渐作为一个升级,最低级的盈利是靠商品的差价。往上一点的是为供应商商品做营销,做到返点。再往上一点的盈利是靠平台,通过流量、顾客,然后收取平台使用费和佣金提高自己的盈利能力。再往上一点是金融能力,也就是说为我们的供应商、商家提供各种各样的金融服务得到的能力。而在电子商务迅猛发展的今天,我们要通过电子商务顾客大量的行为数据,分析和利用这个大数据所产生的价值,这个能力是当前电子商务盈利的最高层次。

　　精准化营销和个性化服务。这个需求大家都有,都希望网站为我而设,希望所有为我推荐的刚好是我要的,所以以后的营销不再是大众化营销,而是精准化营销。而这个趋势也是基于数据应用来实现的,通过数据的分析为顾客提供个性化的营销和服务。

　　然而,随着我国电子商务的急剧发展,互联网用户正以每年100%的速度递增,电子商务人才严重短缺,预计我国在未来10年大约需要200万名电子商务专业人才,人才缺口相当惊人。行业的快速发展与人才供应不足的矛盾,形成电子商务领域巨大的人才真空。从社会调查实践来看,大量中小企业正在采用传统经济与网络经济相结合的方式生产经营,对电子商务人才的需求日益增加。

　　面对市场对电子商务人才的迫切需求,人才的培养已得到普遍重视,国内很多大学及职业院校都已开设了电子商务专业,力争在第一时间将符合需求的专业人才推向市场。目前市场上关于电子商务的图书很多,但很多图书内容时效性差、技术更新落后、理论多于实际操作。北京大学出版社出版的这套电子商务教程,结合了当前几大主要电商运营平台(淘宝、天猫、微店三大平台),并针对电商运营中重要的岗位(如网店美工、网店运营推广)和热点技术(如手机淘宝、大数据分析、爆款打造)等,进行了全面的剖析和系统的讲解。我相信这套教程是中国电子商务人才培养、产业发展创新的有效补充,能为电商企业、个体创业者、电商从业者带来实实在在的帮助。互联网的发展很快,电商的发展更是如此,相信电商从业者顺应时代发展,加强学习,一定能做出自己更大的成绩。

中国电子商务协会副会长
李一杨

Foreword 前言

◆ 致读者

淘宝、天猫是目前最具有代表性、也最具有优势的电商创业平台,每年踊跃加入淘宝、天猫创业的新人络绎不绝!微商,继阿里巴巴、淘宝、天猫之后,已成为移动互联网时代最先进的电子商务模式。从2013年的诞生,2014年的快速发展,到2015年、2016年的微商创业大爆发。目前,超过6亿智能手机用户的广阔市场,为微商创业者提供了巨大的商业发展空间,微商已成为当下很多普通创业者的创业与致富之路。

但是,很多网店卖家都感觉现在生意越来越难做了,开网店赚钱比以前越来越难了。其实,并不是没有市场和赚钱的机遇,只是扶持网店创业、一夜暴富的时代已经过去。很多卖家不赚钱,就是因为思维跟不上,不理解买家的需求变化,不懂网店经营的内在规则,自己的专业能力也跟不上。大部分的卖家只会做三件事:降价促销、花钱买广告、刷单提排名。卖家要想赚钱,而且要让网店长青,卖家除了要有优势的货源外,还必须要让自己具有专业的网店营销与推广技能。

在电子商务时代如何赚钱?流量是基础!店铺流量相当于实体店的人流量,没有流量就不可能有成交。事实上,淘宝、天猫、微店的流量引入与优化都有一套成体系的方法,许多卖家之所以无法突破流量和成交的关口,就是因为不懂网店SEO营销与推广的技能,花了很多广告费而成交量起不来。本书专攻淘宝、天猫及微店的SEO搜索优化,帮助卖家找到最合适的引流方法,让自己的店铺能实实在在地赚到钱。

◆ 本书内容

全书以"网店SEO搜索营销入门知识→淘宝、天猫站内SEO搜索营销技能→淘宝、

天猫站外 SEO 搜索营销技能→微店 SEO 搜索营销技能"为写作线索，分为 4 个部分，共 8 章内容。

第 1 篇为网店 SEO 搜索营销入门知识（第 1～2 章），系统地介绍网店 SEO 与店铺流量的重要性，以及淘宝、天猫、微店 SEO 的概念，并且了解和认识淘宝和天猫的搜索机制与展示机制，以及新手做 SEO 的相关误区。

第 2 篇为淘宝、天猫站内 SEO 搜索营销技能（第 3～5 章），重点介绍淘宝店、天猫店的站内 SEO 搜索营销措施、方法与技巧，包括网店的基础优化方法、标题关键词与标题组合优化，以及产品上架后的相关优化方法。

第 3 篇为淘宝、天猫站外 SEO 搜索营销技能（第 6 章），主要介绍淘宝、天猫站外 SEO 搜索营销的途径、方法与技巧。

第 4 篇为微店 SEO 搜索营销篇（第 7～8 章），重点介绍淘宝、天猫、微店在移动端的 SEO 营销方法与相关技能。

◆ 本书特色

本书充分考虑初学开店用户的实际情况，通过通俗易懂的语言、翔实生动的实例，系统完整地讲解了"淘宝、天猫、微店"的营销与推广等相关技能。本书具有以下特色。

① 真正"学得会，用得上"。全书围绕当前最实用、最流行的三大创业平台——淘宝、天猫、微店来讲述网店 SEO 营销与推广等方面的知识。即使读者以前完全不懂 SEO，也能由此入门，懂得如何选择关键词、如何把它们组成标题，知道前期选哪些关键词、后期如何优化标题，对商品排名因何而起、为何而衰心里有数，明白上下架时间的选择，清楚主图和详情页该如何配合标题，更清楚关键词、商品和店铺权重的区别和关联，了解一些提升权重中重要的细节，避免出错。

② 图文讲解，易学易懂。本书在讲解时，一步一图，图文对应。在操作步骤的文字讲述中分解出操作的小步骤，并在操作界面上用"❶、❷、❸……"的形式标出操作的关键位置，有些地方还标识出操作的关键提示文字，以帮助读者快速理解和掌握。

③ 案例丰富，参考性强。全书总结了 21 个"大师点拨"的内容，汇总成功卖家的经验心得，吸取成功卖家的方法、策略，并将他们之所以成功的宝贵经验加以总结和提炼，帮助卖家提高开网店的成功率，以及提高网店产品的销售量，赚取更多的利润，让卖家少走弯路。

④ 思维导图，直观易学。所谓字不如图，在信息化时代，人们对图的接受效率要远远高于文字。本书穿插了大量的思维导图，帮助卖家理清复杂的 SEO 体系知识。

⑤ 疑难解答，少走弯路。全书穿插了 30 多个关于网店 SEO 优化的疑难问答，解决了卖家最容易犯错或疑惑的疑难问题。

◆ 超值光盘

本书配套光盘内容丰富、实用、超值。不仅赠送与书同步的打造爆款教学视频,还赠送了皇冠卖家运营实战经验、运营技巧的相关电子书。另外,还为新手卖家提供了丰富的网店装修模板。具体内容如下。

· 1. 实用的开店视频教程

① 5 小时手把手教您装修出品质店铺视频教程。

② 15 个网店宝贝优化必备技能视频教程。

③ 手把手教你把新品打造成爆款视频教程。

④ 6 小时 Photoshop 照片处理视频教程。

⑤ 与书同步的 155 分钟网店 SEO 视频教程。

2. 超值实用的电子书

① 新手开店快速促成交易的 10 种技能。

② 不要让差评毁了你的店铺——应对差评的 10 种方案。

③ 你不能不知道的 100 个卖家经验与赢利技巧。

3. 超人气的网店装修与设计素材库

① 28 款详情页设计与描述模板(PSD 分层文件)。

② 46 款搭配销售套餐模板。

③ 162 款秒杀团购模板。

④ 200 套首页装修模板。

⑤ 396 个关联多图推荐格子模板。

⑥ 330 个精美店招模板。

⑦ 660 款设计精品水印图案。

⑧ 2000 款漂亮店铺装修素材。

4. PPT 课件

本书还提供了较为方便的 PPT 课件,以便教师教学使用。

以上资源,请用微信扫描下方二维码关注公众号,输入代码 sE20157os,获取下载地址及密码。

官方微信公众账号

◆ **读者群体**

本书尤其适合以下类型的读者学习参考。

① 在淘宝、天猫平台开店的店主。

② 淘宝、天猫、微店的运营或客服人员。

③ 品牌企业的电商部门人员。

④ SEO 专员。

⑤ 互联网运营专员。

⑥ 电商产品经理。

⑦ 各类院校或培训机构电子商务相关从业人员。

本书由凤凰高新教育策划并组织编写。全书由开店经验丰富的网店卖家、运营经理、网络 SEO 专家等人员共同参与编写，同时也得到了众多淘宝、天猫、微店卖家及运营高手的支持，他们为本书奉献了自己多年的运营实战经验，在此向他们表示衷心的感谢。同时，由于互联网技术发展非常迅速，网上开店的相关规则也在不断变化，书中疏漏和不足之处在所难免，敬请广大读者及专家指正。

读者信箱：2751801073@qq.com

投稿信箱：pup7@pup.cn

读者QQ群：586527675

Contents 目录

第1篇 网店 SEO 搜索营销入门知识

第1章 SEO 搜索营销基础解析

1.1 SEO 的基础知识 /2
　1.1.1 SEO 的概念及优化要点 /2
　1.1.2 淘宝 SEO 的概念及优化要点 /5
　1.1.3 网店商品类目和 SKU 的概念 /8
　1.1.4 认识淘宝的标签 /11
1.2 淘宝和天猫的搜索机制 /16
　1.2.1 关键词搜索机制 /16
　1.2.2 类目搜索机制 /19
　1.2.3 店铺搜索机制 /21
1.3 淘宝和天猫搜索的展现机制 /27
　1.3.1 综合排序展示 /27
　1.3.2 人气排序展示 /28
　1.3.3 销量排序展示 /29
　1.3.4 价格排序展示 /30
本章小结 /34

第2章 搜索规则的误区及六大盲区

2.1 流量优化的 2 个错误思维 /36
　2.1.1 没有计划地进行广告引流 /36
　2.1.2 不会从多个维度考察引流因素 /37
2.2 新手易闯入的六大盲区 /41
　2.2.1 产品虚假交易 /42
　2.2.2 产品 SKU 作弊 /46
　2.2.3 店铺重复铺货 /53
　2.2.4 产品错放类目、属性 /58
　2.2.5 产品滥用、堆砌标题关键词 /63
　2.2.6 详情页描述不符 /64
本章小结 /67

第 2 篇　淘宝、天猫站内 SEO 搜索营销技能

第 3 章　SEO 搜索营销第一步——做好基础优化

3.1 主图优化 / 69
　　3.1.1 优秀主图的评判标准 / 70
　　3.1.2 高协调性主图的设计方法 / 74
　　3.1.3 实用型商品主图卖点挖掘与描述 / 81
　　3.1.4 以美观为主的商品卖点挖掘 / 85
3.2 产品上下架时间优化 / 94
　　3.2.1 理性地判断店铺竞争力 / 94
　　3.2.2 找准竞争较小的时段 / 98
　　3.2.3 找准流量较大的时段 / 100
　　3.2.4 精细化避开竞争对手 / 103
本章小结 / 106

第 4 章　SEO 搜索营销第二步——标题关键词及标题组合

4.1 建立关键词词库——十大找词渠道 / 108
　　4.1.1 从 PC 端、移动端搜索下拉列表框中找词 / 108
　　4.1.2 通过移动端"方块词"找词 / 111
　　4.1.3 通过淘宝排行榜找词 / 112
　　4.1.4 通过"您是不是想找"找词 / 115
　　4.1.5 通过"掌柜热卖"找词 / 116
　　4.1.6 按产品属性找词 / 116
　　4.1.7 通过"生意参谋"—市场行情找词 / 117
　　4.1.8 通过"生意参谋"—专题工具找词 / 122
　　4.1.9 通过直通车找词 / 124
　　4.1.10 通过"TOP20W"找词 / 125
4.2 高效筛选关键词 / 129
　　4.2.1 快速去掉违禁关键词 / 130
　　4.2.2 去掉不合适的品牌词 / 131
　　4.2.3 去掉不相关的词 / 132
　　4.2.4 去掉"外强中干"的词 / 133
　　4.2.5 一步去掉重复的词 / 135
4.3 关键词数据分析的四大维度 / 139
　　4.3.1 关键词与消费人群的匹配度 / 139
　　4.3.2 分析关键词的最优类目 / 143
　　4.3.3 关键词点击率分析 / 145
　　4.3.4 关键词转化率分析 / 146
4.4 组合标题 / 150
　　4.4.1 深度了解什么是标题 / 151
　　4.4.2 如何组合标题 / 153
本章小结 / 156

第 5 章　SEO 搜索营销第三步——产品上架后的优化

5.1 免费流量优化——标题／价格／属性 / 158
　　5.1.1 黑马关键词替换 / 159
　　5.1.2 及时调整价格，在同行中保持优势 / 163
　　5.1.3 商品属性词分析，优化搜索流量 / 171
5.2 付费流量优化——直通车弯道超车策略 / 179
　　5.2.1 寻找让直通车流量飙升的词 / 179

5.2.2 花最少的钱换最多的流量 / 182
5.3 活动流量优化——玩转天天特价 / 188
　　5.3.1 磨刀不误砍柴工，天天特价的准备 / 188
　　5.3.2 天天特价活动中的玩法 / 194
本章小结 / 196

第 3 篇　淘宝、天猫站外 SEO 搜索营销技能

第 6 章　站外 SEO 搜索营销让流量快速增长

6.1 了解站外 SEO / 198
　　6.1.1 什么是站外 SEO / 198
　　6.1.2 站外 SEO 的八大渠道 / 200
6.2 基于论坛的站外 SEO / 203
　　6.2.1 注意论坛推广的五大误区 / 203
　　6.2.2 十大套路写出点击率超高的标题 / 206
　　6.2.3 如何写出好的推广软文 / 210
6.3 基于自媒体平台的 SEO / 214
　　6.3.1 主流自媒体平台深度解读 / 214
　　6.3.2 建立"鱼塘"——打造自己的自媒体窗口 / 218
6.4 基于淘宝客的 SEO / 223
　　6.4.1 最划算佣金比的设置技巧 / 223
　　6.4.2 淘宝客的招募和维护 / 226
本章小结 / 229

第 4 篇　微店 SEO 搜索营销技能

第 7 章　淘宝和天猫移动端 SEO 技巧

7.1 淘宝、天猫移动端搜索排名揭秘 / 231
　　7.1.1 移动端的多维度排序 / 231
　　7.1.2 移动端搜索最重要的十一大权重 / 234
　　7.1.3 移动端流量分布图 / 238
　　7.1.4 移动端搜索引擎三大原则 / 241
7.2 淘宝、天猫移动端 SEO 搜索优化 / 243
　　7.2.1 占领移动端流量的关键词优化 / 243
　　7.2.2 千人千面——移动端价位优化 / 248
　　7.2.3 移动端直通车要这样开 / 251
　　7.2.4 设定实施微淘引流计划 / 253
本章小结 / 262

第 8 章　微店 SEO 搜索营销

8.1 微店 SEO 搜索营销基础 / 264

8.1.1 4个增加店铺流量的设置技巧 /264
8.1.2 微店的三类关键词 /268
8.1.3 标题关键词的选择及标题组合 /269

8.2 微店SEO营销的关键是软文 /277
8.2.1 微店平台文章投稿技巧 /278
8.2.2 写出能激发顾客点击欲望的软文 /279

8.2.3 店长笔记、店铺公告向顾客传达信息 /281

本章小结 /284

附 录 电子商务常见专业名词解释（内容见光盘）

第1篇
网店 SEO 搜索营销入门知识

该篇系统地介绍了网店 SEO 与店铺流量的重要性，以及淘宝、天猫、微店 SEO 的概念，并且了解和认识淘宝和天猫的搜索机制与展示机制，以及新手做 SEO 的相关误区。

第1章
SEO 搜索营销基础解析

本章导读

本章是淘宝 SEO 一书的入门章节，本章重点讲解网站的搜索优化思路，其重要性在于概括引导全书的重点内容，让读者在脑海中形成 SEO 搜索营销的完整知识体系。只有形成知识体系，才能在后面的优化工作中清楚地知道优化方法与步骤，做到事半功倍。

知识要点

通过本章内容的学习，大家能够清楚淘宝、天猫、微店 SEO 的概念，并且了解淘宝和天猫的搜索机制与展示机制。学完本章内容后需要掌握的相关技能如下。

- 淘宝、天猫、微店 SEO 知识体系
- 优化淘宝搜索流量的路径是什么
- 如何从用户的搜索行为中发现流量优化方法
- 淘宝和天猫的展示规则是什么
- 如何正确利用淘宝和天猫的搜索规则为店铺引流

1.1 SEO 的基础知识

经营网店的卖家都知道，SEO 与店铺流量紧密相关。但是不少卖家却对 SEO 的知识内容没有一个系统的了解，导致无从下手。事实上，SEO 是一个宽泛的概念，淘宝、天猫、微店 SEO 是包含在 SEO 知识体系中的一个分支。在淘宝、天猫、微店 SEO 中，又包括了商品标题优化、主图优化、站内站外流量的优化等。各位卖家只有对 SEO 的概念有了系统的认识，才能在第一时间找出提高店铺流量的有效方法。

1.1.1 SEO 的概念及优化要点

SEO 是由英文 Search Engine Optimization 缩写而来，中文意译为"搜索引擎优化"。从 SEO 的翻译来看便知道，它指的是通过调整网站的结构、内容、代码，以及进行站外推广等方法来优化网站的流量。目的在于满足网站的流量需求，同时引入精准用户，实现利润最大化。

1.SEO 的运用范畴

既然 SEO 指的是搜索引擎优化，那么只要存在搜索的地方就会涉及 SEO。在国内的网站平台中，最常见的 SEO 有搜索引擎 SEO、购物网站 SEO 等。所以淘宝 SEO 包含于整个 SEO 大范围体系中。

（1）搜索引擎 SEO

在搜索引擎中，百度是为大家所熟知的搜索引擎之一。同时，百度搜索引擎也是全球最大的中文搜索引擎，并且是国内使用人数最多的搜索引擎之一。理解了百度 SEO 的概念就能理解搜索引擎的 SEO 概念，也就是说由百度的例子可延伸到搜狗搜索引擎、雅虎搜索引擎、谷歌搜索引擎等例子上。

如图 1-1 所示，当用户在百度搜索引擎中搜索"英语培训"关键词时，出现了一系列的内容。而这些内容排名的先后顺序直接影响了该网站的用户搜索流量大小。排名越靠前的网站，得到的点击率自然也越高。

由此可见，搜索引擎 SEO 关系到网站的用户搜索流量。

图 1-1

（2）购物网站 SEO

购物网站 SEO，顾名思义，是指在购物网站中不同商品的流量优化。以淘宝为例，如图 1-2 所示，搜索关键词"短靴"出现了大量的短靴商品。排名越靠前的商品就会被越多的买家看到，这件商品的流量自然会更大，而正常情况下，销量会随着流量水涨船高。购物网站 SEO 的重要性，由此可见一斑。

图 1-2

2.SEO 优化总思路

在明白了什么是 SEO 后，SEO 的重要性也显现出来了。要想做好 SEO，就必须清楚系统地优化思路，而不是像无头苍蝇一样乱撞。图 1-3 所示的是搜索优化的总体思路。

这张思路图初看起来有的内容比较陌生，但是文字加粗的内容对淘宝卖家来说却很熟悉。这正是因为淘宝 SEO 是包含于整个 SEO 体系中的内容，其内部思路必然有相通之处。从大处着手，形成搜索优化思路，然后便能从小处着手，从而形成网站搜索优化整体思路。

分析这张优化思路图，会发现其核心在于以下几个方面。

（1）内部优化

这就相当于淘宝店铺中的内容优化。

（2）外部优化

其中"保持链接多样性"指的就是有多个外部链接能引入流量，如博客、论坛、B2B、新闻、分类信息、贴吧、问答、百科、社区、空间、微信、微博等相关信息网站的链接。这与淘宝设置外部链接的道理一致。

而"外链组建"指的是定期添加外部链接，保证关键词排名。

"链接交换"指的是与相关性较高的网站进行链接交换，以稳定关键词排名。这在网站搜索优化中也很常见，不少卖家都会与外部网站进行合作。

（3）链接优化

通过优化链接来优化搜索流量。在这个版块的内容中，网店卖家会发现更多与网店SEO相关的内容。

例如，"对网站结构优化"，这就类似于网店首页的优化，通过调整首页的布局、导航，从而合理分配全铺流量。

又如，理解搜索引擎对网页的抓取规则，这就类似于研究淘宝系统对商品标题的拆词规则，从规则出发，进行搜索流量优化。

再如，对关键词进行优化，这更是与淘宝SEO紧密相关的内容。卖家们通过关键词的数据分析，找出最有竞争力的关键词，提高自然搜索流量。这将是本书重点介绍的内容之一。

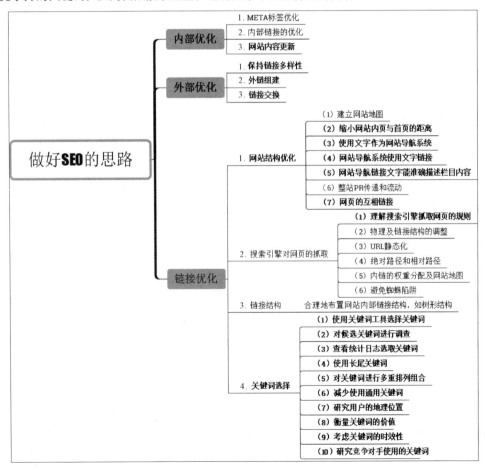

图 1-3

3. 搜索优化为什么要这样做

在前面系统地介绍了搜索优化的总思路，不知各位读者脑海里有没有产生一个疑问——为什么搜索优化的思路是这样的？学习知识是为了进行运用，要明白原理，而不是死记规则，才能实现学习效果最大化。这样逆向思维对网店卖家来说至关重要，希望各位读者在学习本书后面的内容时，时刻想一想"这是为什么"，从而灵活运用知识。

要想理解搜索优化的思路，就要站在用户的角度去想——用户是如何发出搜索行为的？每一步的搜索行为分别有什么意义？

图 1-4 所示的是用户搜索行为的大体分解。通常情况下，用户会输入关键词进行内容搜索。那么就要去思考用户为什么要输入这个关键词，当用户搜索这个关键词时，自己能否获得流量。从而一步一步地进行关键词优化。

用户除了进行关键词搜索，还会点击链接，从而形成流量。那么就要去思考，什么样的链接才能被用户点击，这无异于网站首图的点击，数量众多的商品图片，哪一个才是用户的目标商品？当用户点击进入网站时，又是如何进行页面跳转的？

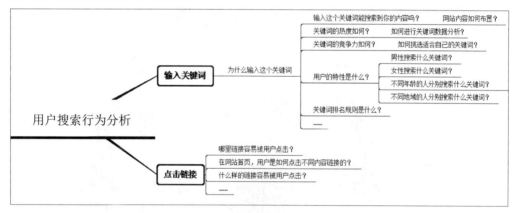

图 1-4

1.1.2 淘宝 SEO 的概念及优化要点

既然 SEO 指的是搜索优化，那么淘宝 SEO 自然指的是与淘宝相关的搜索优化。为了理解淘宝 SEO 的概念，这里举一个例子。整个淘宝市场的商品数量数不胜数，犹如浩瀚的书海。当读者在图书馆的书海中想要快速找到自己的目标书籍时，就需要通过书的分类，按区域进行查找。因此图书馆必须建立起一套图书搜索机制。类比一下，淘宝网站为了帮助用户们快速找到理想的商品，自然也建立起了一套淘宝搜索机制。正是因为这种机制的存在，卖家才需要合理运用淘宝规则，为店铺引入更多的流量，从而增加商品销量。

1. 淘宝 SEO 的概念

从狭义上看，淘宝 SEO 指的是淘宝店铺内部的搜索优化。因此，卖家会通过优化店铺商品标题、上下架时间、首图等方法来取得更好的排名。

在网店兴起之初，卖家们确实只需要关注淘宝店内的搜索优化就能理想地为商品引流。但是随着电商行业的兴起，卖家数量的增加，网店竞争日益激烈，光靠店铺内部的搜索优化引流已经不能满足卖家的流量需求了。于是卖家们将目光放到了网店之外。通过优化类目、参加淘宝活动，甚至通过站外引流等方法为店铺商品引流。因此，从广义上看，通过网店之外进行流量优化的方法也属于淘宝SEO范畴之类的事。

2. 淘宝SEO的三大相关性

要想做好淘宝SEO，卖家们就需要知道究竟是什么影响了网店流量，从而对症下药，找出店铺流量的症结所在。

首先是三大相关性，这是淘宝SEO优化的必经之路，即商品的属性、标题、类目是否与商品的实际情况保持一致。

举个例子，图1-5所示的是搜索关键词"连衣裙女秋碎花"出现的部分结果。其中最左边的这款连衣裙完全不符合"碎花"特质。站在用户的角度来看，这不符合初始购物需求，就很容易跳过这款商品，从而造成卖家的流量损失。

通过这个例子就能知道，保证商品的三大相关性，是从用户的角度出发，力求商品最大限度地满足用户的搜索需求，从而为商品引入精准的用户流量。

图 1-5

3. 淘宝系统机制如何影响了SEO

要做好淘宝SEO只研究用户搜索行为是不够的，还需要了解淘宝世界的规则，在不违规的情况下，正确利用规则，合理进行搜索优化。

① 在淘宝站内，商品发布之初就需要遵守平台规则，按照规定将商品放在合适的类目下，并且按照规定编写商品标题、处理商品首图。在发布阶段不遵守规则的商家，轻则影响平台对商品的流量分配，重则将迫使商品下架不得销售。

② 当商品成功上架后，什么时候排在什么位置向用户展现也是系统设定的。因此，卖家需要了解系统的时间分配原则，从上架时间上优化商品流量。

③ 淘宝系统为了实现人性化搜索，又将用户的搜索结果分为不同的排序方式，如综合排序、销量排序、

信用排序、价格排序。这些排序会直接影响到商品的实时展现排名。那么怎样通过这些排序机制，让商品在不同排序模式下都能获得最好的排名，是卖家需要重点思考的地方，同时也是本书的核心内容。

④ 为了提高卖家的服务质量且增加用户满意度。淘宝系统还设定了一定的奖惩机制来促进卖家的积极性，即越优秀的店铺，其店内的商品就越有机会获得好的展现；越优秀的商品，就越有机会获得好的排名。

系统对卖家的考核是从店铺层面和商品层面同时进行的，系统判定店铺或商品的优秀性是根据店铺或商品的权重来判断的。"权重"是电商的专业术语，指系统对店铺或商品不同指标的评分高低。

图 1-6 所示的是淘宝系统对店铺或商品进行考核时主要考评的因素。这就是淘宝卖家为什么如此重视商品售后评分的原因。

从图 1-6 中系统对商品的考核因素中还可以看出，虽然研究淘宝 SEO 表面上看研究的是用户进入店铺前的搜索行为，即商品销售前的事情，但实际上商品的销量、转化率、评分等售后因素同样会影响商品的排名。因此，淘宝 SEO 的研究是贯穿整个网店商品销售过程的。

卖家了解系统对店铺或商品的权重评判标准，并增加店铺或商品权重，能隐性增加商品的展现量。图 1-7 和图 1-8 所示的是两个销售床上用品的店铺评分，第一家店铺所有评分都高于同行，而第二家所有评分都低于同行，也就是说，第一家店铺在评分上的权重肯定大于第二家店铺。所以如果其他权重都相同，评分权重却不同的情况下，第一家店铺中的商品肯定能得到更多的展现量。

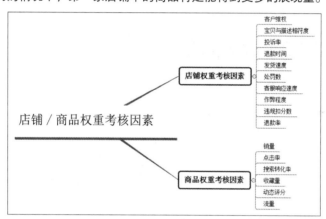

图 1-6

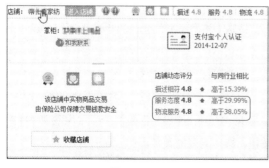

图 1-7

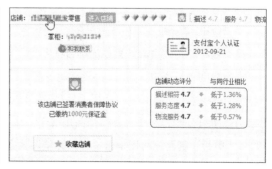

图 1-8

⑤ 橱窗推荐是淘宝系统对店铺内部分商品进行流量扶持的重要方法，即系统会对店铺放入橱窗中

的商品进行推荐，从而增加展现量。因此，如果卖家们了解了橱窗推荐的机制，就能合理地选择放入橱窗的商品，从而实现店铺商品流量的合理分配。

问：流量影响了商品的权重，流量越高，商品的权重是否就越高呢？

答： 在淘宝的排名机制中，流量确实会影响商品的权重。流量越大的商品，系统会在一定范围内判定该商品的优秀程度。但是流量对商品 SEO 的影响更多的在于间接影响。

（1）流量影响了转化率和销量

商品的销量和转化率都是淘宝系统衡量商品权重的重要因素之一，而销量＝流量×转化率，转化率＝流量／销量。所以如果卖家一味引流，虽然提高了流量，却不注重转化，这样导致商品的销量和转化率还有所降低，当然也就不能获得好的排名。

（2）错误引流得不偿失

有的卖家为了提高流量，不惜剑走偏锋，用不恰当的手段引流，甚至花钱雇人刷流量。这样做的后果是，被系统判定违规，从而更加影响商品的排名。

1.1.3　网店商品类目和 SKU 的概念

网店商品类目和 SKU 都是卖家在发布商品时需要选择和设置的内容。合理地设置商品类目及 SKU 是优化商品搜索流量的第一步。接下来我们就来一起学习商品类目和 SKU 的概念。

1. 商品类目的概念

前面在介绍淘宝 SEO 的概念时，将淘宝平台比喻成了一个大型图书馆。在图书馆中，读者需要根据书籍的分类进行目标书籍搜索，这里的淘宝的商品类目就类似于书籍分类。淘宝卖家需要将商品放在合理的类目下，淘宝用户才能通过类目选择并快速找到目标商品。

如图 1-9 所示，用户搜索关键词"鱼干"，就会弹出一个关键词的下拉列表。不少用户会浏览下拉列表中的关键词，选择最理想的词条。但是观察下拉列表中的词条就会发现，这些词代表了不同类目的商品，如"鱼干 零食即食"和"鱼干干货 淡水鱼"明显是属于不同类型的食品，也就是说用户通过这个简单的操作就可能造成搜索结果商品类目的不同。

如果用户在进行关键词搜索时，没有通过选词行为选择商品的类目，他也很有可能会在关键词搜索后，选择所需的商品类目。如图 1-10 所示，用户在搜索文本框中输入关键词"鱼干"，并单击"搜索"按钮后，还可以通过所有分类，选择出目标商品是属于"零食／坚果／特产"类目，还是属于"水果蔬菜／水产肉类／熟食"类目，甚至还可以单击"相关分类"折叠按钮，选择更多的类目。

图 1-9

图 1-10

换言之,用户的这一搜索行为,也影响了最终展现商品的所属类目。如果卖家的"鱼干"商品是放在"零食/坚果/特产"类目下的,而用户的选择类目是"水果蔬菜/水产肉类/熟食",那么卖家的商品就很可能被排除在外,或者是获得较差的展现排名。

2. 商品 SKU 的概念

商品 SKU 指的是 Stock Keeping Unit,即库存控制的最小单位,换言之就是商品的属性。

例如,对于纺织品来说,它的 SKU 通常代表:尺码、颜色、款式。对于食品来说,它的 SKU 通常代表口味、重量。

商品 SKU 对于买家来说起到了锁定商品的作用,而对于卖家来说,不仅能确定商品,还能通过 SKU 对店铺商品进行编码,从而优化店铺商品管理。

买家下单时选择商品的 SKU 可以锁定目标商品。如图 1-11 所示,买家可以选择这款风衣的"尺码""颜色分类"来进行商品锁定。

图 1-11

对于卖家来说,商品的SKU需要在发布时进行设置。如图1-12所示,卖家需要在商品发布后台的"商品规格"分类中编辑商品属性。其中部分属性可以自定义编辑。

发布商品时,卖家虽然可以比较自由地进行商品SKU设置,但是同样有以下几个事项需要注意。

（1）SKU的内容：发布的商品须遵循销售属性的本质内容,合理的范围下自定义编辑。其中"颜色分类"部分要使用颜色名称或使用商品实物图片。如图1-12所示,卖家可以输入"红色""橙色"等表示商品颜色的词,也可以直接单击"上传图片"按钮对不同颜色的商品的图片进行上传。

（2）SKU的价格：SKU的最低价和最高价的价格差不可过大,否则有恶意引流的嫌疑,可能会被平台判定违规。例如,同一款商品,红色SKU下售价为205元,蓝色SKU下售价却为155元,就可能会被判定违规。

图 1-12

1.1.4 认识淘宝的标签

随着淘宝越来越注重个性化搜索，淘宝平台推出了标签功能。对于卖家来说，通过设置商品的风格元素、属性特点、生活场景、适用人群等关键词，就能为商品打上个性化标签。当商品打上个性化标签后，就能更精准地告诉消费者这是一件什么样的商品，从而为商品引入更精准的流量。此外，同样被打上标签的商品会根据其自身的浏览量、收藏量等因素，形成标签商品排名展现。也就是说，卖家为商品添加标签，不仅能提高流量的精准度，还能获得更多的流量入口。

对于买家来说，标签功能同样好用。毕竟淘宝的商品成千上万，如何快速找到自己喜欢的商品已成为淘宝买家最关心的事。淘宝标签为用户提供了一个发现商品的途径，这种途径有别于商品搜索途径，它更类似于淘宝的导购功能。

1. 淘宝标签在哪里

淘宝商品成功打上标签后，主要在导航页面和商品详情页进行展现。

（1）在导航页面展现的标签

在淘宝的导航市场内，商品添加上标签可以帮助消费者更精确地选择目标商品。如图1-13所示，这些商品的标签进一步对商品进行了描述，减少了消费者不知如何选择的烦恼。站在卖家的角度来说，越有吸引力的标签越能为卖家争取到更多的流量。

图 1-13

（2）在商品详情页展现的标签

如图1-14所示，商品详情页的标签显示在标题旁边或下面，不能点击。但是这种标签能增加消费者对商品的兴趣，强化商品卖点，从而提高转化率。

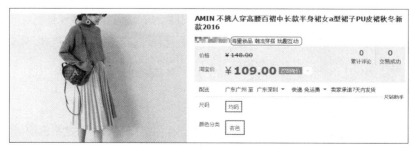

图 1-14

2. 哪种卖家才能给商品打标签

淘宝规定卖家只有满足以下要求才能给商品打标签。

① 集市卖家。

② 加入消费者保障服务，并依照约定缴纳消费者保障服务保证金。

③ 过去 365 天内严重违规扣分小于 12 分。

但是满足以上条件的卖家如果有以下违规情况，就只能打标签和修改标签，却不能获得标签导购流量。

① 有严重违规扣分的卖家。

② 有假货违规行为的卖家。

③ 有虚假交易扣分的卖家。

3. 打标签的规范

卖家给商品打标签不能随意组合字词，需要遵守一定的规范。

① 商品标签长度为 2～6 个中文字符。

② 商品标签只支持简体中文、英文和阿拉伯数字字符。

③ 商品标签不得使用类目下的类目词，如"女装""男包""围巾""帽子"等。

④ 商品标签不得使用物理属性的属性词，如"长款""V 领""加厚"等。

⑤ 商品标签不得使用品牌词：如"耐克""苏泊尔""恒源祥""ZARA"等，包括中英文。

⑥ 商品标签不得使用价格、折扣、促销、渠道等相关的描述，如"包邮""清仓""N 折""最低价""团购""清仓""批发""直销"等。

⑦ 商品标签不得使用虚假、夸大或承诺性的描述，如"治疗""包治百病""N 天见效"等。

⑧ 商品标签不得使用淘宝《消费者保障服务》的描述，如"假一赔三""七天无理由退换货"等。

⑨ 商品标签不得包含违反国家法律法规，以及淘宝网规则的信息。

4. 如何利用标签获得好的展现

由于使用标签有诸多好处，所以使用标签的卖家越来越多。但这并不代表所有使用标签的卖家都能让商品获得更好的展现。为了得到更好的商品展现，卖家在打标签时，需要做到以下几点。

① 分析了用户需求再打标签。标签的作用就是吸引特定用户的点击，卖家在为商品打标签前一定要想一想这款商品符合买家的什么需求。只有站在顾客的角度考虑才能获得更多的展现。

② 丰富标签内容。卖家使用长尾、细分，从而描述更具体的标签词能获得更多的展现，因为这种内容丰富且具体的标签对消费者有更多的吸引力。

③ 杜绝千篇一律。标签最好不要使用大众标签。大家都使用的标签会让用户麻木，从而降低用户对标签商品的点击欲望，再者新创建的标签能获得一定的扶持，从而也能增加展现量。

④ 使用个性化标签。不同的消费者有不同的个性，个性化标签能有效区分消费者。分析商品内在属性，确定其适合的人群个性，为商品打出个性化标签，也是获得展现的方法。

5. 标签费用问题

淘宝系统规定，每个商品可以打 3 个标签。卖家给商品打上标签后不一定要出价，但是出价是标签的排序因素之一，如果使用某一标签的商品太多，卖家就可以考虑出价来让商品获得更多的展现机会。如果卖家为商品出价，当买家通过标签找到商品并进行点击时，就产生了费用。

举个例子来看，某卖家为店铺商品打上了标签 A，并且为该标签出价 0.05 元，当消费者通过标签 A 找到商品并进行点击时，卖家就会消费 0.05 元。反之，如果卖家没有为标签 A 出价，那么消费者通过标签 A 找到商品并进行点击则不会产生费用。

因此，卖家需要衡量标签是否出价，对于出价标签的选择更应该谨慎。从原则上看，为符合自己商品特色的标签出价从而保证用户的购物体验，转化率会更高。

下面是给标签出价的相关规则。

① 给商品标签出价的卖家需要开通直通车账户，以获得相关的支付结算服务。

② 标签出价的商品在该标签列表页面中，每被点击一次，系统将根据出价计算卖家应付的费用并从直通车账户中扣除。有展现未点击的商品无须付费。

③ 当卖家直通车账户余额不足时，有出价标签的商品将不能在该标签列表中展现，同时商品在标签管理后台的状态为"暂停"。

④ 标签出价的最低价为 0.01 元，为避免误操作，最高价不超过 5 元。

问：如何更好地选择标签？

答：标签为商品增加了一个流量入口，但是若选择不当，尤其是付费标签，很可能让卖家白花费用。要想更合理地选择标签，最好根据用户的反馈进行标签选择，即根据商品销售情况分析用户的行为，包括分析商品的浏览量、收藏量、加入购物车量、分享、评价等一系列的买家行为。尤其要重点查看买家对商品的评价，评价中很可能就包含了理想的标签词。在评价中，买家对商品的使用感受、使用场景都是重点关注对象。

除了买家的行为反馈，卖家还可以在商品的标签后台查看标签的实时数据，包括展现量、点击量、点击率、引导成交金额等，如果有对商品标签出价，也能看到明细的消耗费用，这些数据就可以帮助卖家评估商品标签给商品带来的流量和效果，以帮助卖家更好地选择标签。

大师点拨 1：网店 SEO 的思维模式

在了解了淘宝 SEO 的概念后，便清楚研究淘宝 SEO 的目的在于引流。但是具体要怎么引流，不少卖家还是一头雾水。要解决这个问题，卖家需要形成完善的网店 SEO 思维，明白不同的流量从哪里来，又要如何优化，并且当店铺流量出现问题时，能通过系统地分析第一时间发现问题所在，并快速对症下药。

图 1-15 所示的是淘宝 SEO 的基本思路。其核心在于，卖家对店铺流量的优化行为皆建立在

懂规则、不违规的前提之下，然后对店铺流量进行实时监控，一旦流量出现问题，就要根据不同的流量特征进行分析，并找到问题的源头。同样的道理，在流量没有出现问题的前提下，卖家想要优化流量，也必须条理清楚地进行，知道自己要优化的是什么流量，与这种流量相关的因素有哪些，又要从什么方面入手。

图 1-15

这里举个例子，问题解决思路如图1-16所示。倘若卖家发现店铺商品中流量减少，首先要确定店铺运营是否存在违规情况，如果没有，则需要在数据工具中找到流量来源数据并进行分析。发现减少的是搜索流量，再进一步分析与搜索流量相关的因素是什么，逐渐细化，一一排除可能出现问题的环节。假设卖家发现关键词、上下架时间、首图等因素都没有问题，但是商品的转化率却下降了。那么卖家就需要去思考是不是引入了劣质流量，从而导致了低转化，最终影响了商品排名权重。此时卖家可以再回到流量监控数据工具中查看站内站外引入的流量中有没有突然大增的情况，如果有，可能这就是劣质流量的源头。

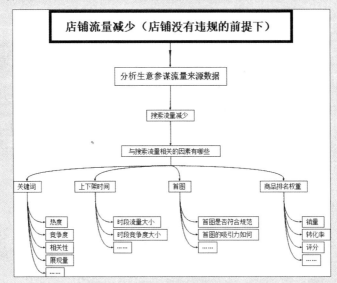

图 1-16

按照这样的问题解决思路，并清楚地知道网站流量构成、每一种流量的特点、相关因素、优化方法，是卖家做好淘宝SEO的必要知识储备。

（1）免费流量

网店免费流量是卖家最重要的流量，也是做好淘宝SEO的重点对象。图1-17所示的是淘宝常见的免费流量类型及相关因素。其中关键词搜索流量、类目流量、活动流量都是重点。免费流量的特点是，用户搜索自发性较高，即流量的精准性高、卖家付出的成本小，利润更大。但是免费流量的竞争也较大。

免费流量考验的是卖家店铺和商品的内功，卖家在做好搜索优化的同时，需要提高店铺服务质量、商品性价比等，从而形成良性循环，不断引入免费流量。值得注意的是，在免费流量中外部免费链接带来的流量可能参差不齐，转化率低的流量卖家需要少引入。

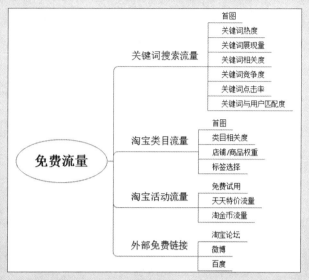

图 1-17

（2）付费流量

网店付费流量是指卖家通过付费的方式引入的流量。图1-18所示的是淘宝卖家较为关注的几种付费流量类型，以及其主要的影响因素。

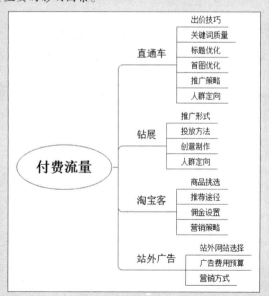

图 1-18

引入付费流量，卖家最需要考虑的是成本问题。要想维持商品利润，卖家需要分析不同付费流量的特点，然后进行营销策划，策划包括广告的展现方式、目标人群的特点等。付费流量的精确度越高,收益就越大。

(3)自主访问流量

自主访问流量是用户自发进行搜索产生的流量,不是卖家花钱打广告引入的流量。图1-19所示的是自主访问流量的类型及相关因素。由于用户是自发访问,用户的购买意愿也会更高。但是自主访问流量不是淘宝SEO的重点优化流量,它考验的是店铺的服务质量,只有产品让买家满意,客户做好售后跟进,才能维护的自主访问流量。

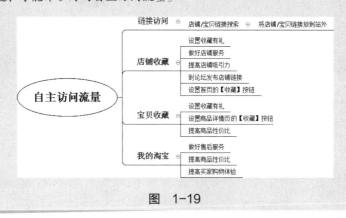

图 1-19

1.2 淘宝和天猫的搜索机制

当用户通过某种搜索方法找到商品进行点击时,流量随之产生。因此,分析用户的搜索行为,即淘宝和天猫的搜索机制,能帮助卖家们从流量的出发点研究店铺流量优化。

1.2.1 关键词搜索机制

绝大部分买家进入淘宝网站,都会在淘宝的搜索文本框中输入商品的关键词进行搜索,也就是说,由关键词搜索而产生的流量是淘宝搜索优化的重中之重。

1.淘宝关键词搜索机制

在淘宝首页,用户通过输入商品关键词进行商品搜索。图1-20所示的是搜索关键词"风衣女加厚"后的结果。而图1-21所示的是搜索关键词"大衣女加厚"的结果。两个关键词乍一看相差不大,但是搜索出的结果却完全不同。也就是说,关键词搜索机制决定了商品能否出现在买家的搜索结果中,同时也决定了商品出现在搜索结果中的排名。

图 1-20

图 1-21

2. 天猫关键词搜索机制

天猫搜索机制与淘宝搜索机制略有不同。在天猫中进行关键词搜索，还能看到搜索结果中的商品数量。

图 1-22 所示的是在天猫中搜索关键词"加厚女风衣"的结果，结果显示搜索该关键词一共出现了 3533 件商品。而图 1-23 所示的是在天猫中搜索关键词"加厚女大衣"的结果，结果显示搜索该关键词一共出现了 27051 件商品。可见搜索关键词可能指的是同一类商品，但是搜索结果的商品排名和商品数量都不相同。

图 1-22

图 1-23

3. 如何应用淘宝和天猫关键词搜索机制

研究淘宝和天猫的搜索机制，卖家们至少应该知道要从以下几个方面进行关键词搜索的流量优化。

（1）分析关键词的竞争力

在淘宝平台中，虽然看不到搜索结果的商品数量，但实际上不同的关键词，搜索结果中所包含的商品数量肯定不同；搜索结果的商品数不同，说明商品在不同关键词下的竞争力不同。原则上，搜索结果的数量越少，商品竞争度就越小。因此卖家在进行关键词数据分析时有必要分析关键词下的商品数。

（2）分析关键词的热度

不同关键词下的商品数量不同，那么是不是商品数量越少的关键词越能成为引流关键词呢？答案是否定的。卖家需要逆向思考一下，如果某一关键词下的商品数量少，可能说明了这个词不是受买家欢迎的。例如，某关键词下只存在 10 件商品，但是这是一个生僻的关键词，几乎没有买家会搜索，那么这种低热度的词对卖家来说也是没有用的。

（3）分析买家的搜索时间

买家在不同的时间段搜索相同的关键词得到的搜索结果是不一样的。这是因为在淘宝系统中，离下架时间越近的商品排名越靠前。因此，卖家需要分析，什么时间段内的搜索买家较多，从而好好利用这个时间段进行店铺商品的上下架时间设置，让商品能在流量高峰时段出现在买家的搜索结果中，从而优化搜索流量。

（4）分析买家会如何选择搜索结果中的商品

经过研究淘宝和天猫的搜索机制，会发现买家搜索关键词后，会从搜索结果中选择中意的商品图片进行点击，到这一步才会产生流量。也就是说，卖家一门心思想让商品获得好的排名，却不一定能得到买家的点击，一样不能成功优化搜索流量。而影响点击率的重要因素却是商品首图，所以优化商品首图是淘宝 SEO 重点分析的内容。

1.2.2 类目搜索机制

除了关键词搜索会产生流量外，由类目搜索得来的流量也不容小觑。这是因为很多逛淘宝的买家都是女性，而女性逛淘宝和逛商场一样，有时候并没有一个明确的目的，因此淘宝类目的作用就彰显出来了——买家可以随意地点击类目，浏览类目下的商品，再选择商品进而购买。

1. 淘宝和天猫类目搜索机制

图 1-24 所示的是淘宝首页，在首页中的"主题市场"便是淘宝的类目市场。淘宝通过类目市场，将商品放在所属的分类下，等着买家浏览。

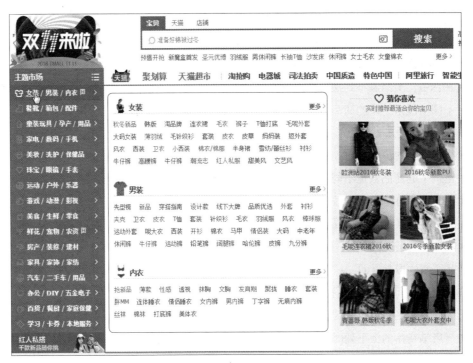

图 1-24

买家在类目市场中,可以通过一层一层的类目点击进入细分类目市场。图1-25所示的是在"鞋靴"大类目下的"绑带鞋"小类目市场的商品展现。买家可以在此类目搜索结果中选择商品点击浏览。

图 1-25

天猫类目市场与淘宝类目市场类似。如图1-26所示,天猫首页同样有"商品分类"入口,买家可以选择目标商品类目进行浏览。

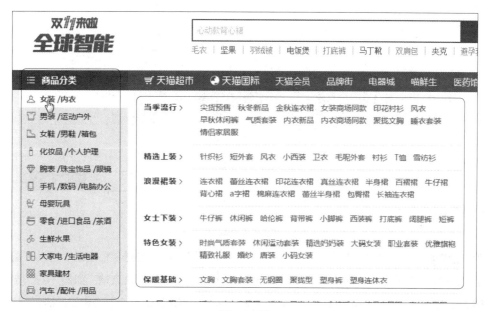

图 1-26

2. 如何应用淘宝和天猫类目搜索机制

通过分析淘宝和天猫的类目搜索机制，会发现买家进入类目市场，随意浏览类目下的商品，找到目标商品进行点击后，流量随之产生。因此，卖家要想优化类目流量，就需要研究商品放在什么类目下最为合适，商品在类目中的首图应该如何优化，才能在类目商品中脱颖而出，从而得到买家的点击。

对于类目的优化，卖家需要在商品发布时就选择好最佳类目，可以在商品发布平台通过搜索方式匹配到最佳类目，也可以在"生意参谋"中查看不同商品的最佳类目。具体方法将在本书后面进行详细介绍。

1.2.3 店铺搜索机制

除了关键词搜索和类目搜索外，店铺搜索也能产生流量。虽然很少有买家会进行店铺搜索，但是很少并不代表没有，做好淘宝 SEO 就是要将每一个可以优化的方面都优化到最佳，才能最大限度地保证店铺的流量需求。

1. 淘宝和天猫店铺搜索机制

淘宝和天猫的店铺搜索机制有所不同。图 1-27 所示的是淘宝首页，买家输入关键词后可以切换到"店铺"搜索选项。但是图 1-28 所示的是天猫首页，买家在这里不能专门进行店铺的搜索，但是如果搜索词与店铺名称相匹配，依然会出现相关的天猫店铺。因此，与天猫卖家相比，淘宝卖家需要更关注店铺搜索流量。

图 1-27

图 1-28

当买家在淘宝的店铺搜索机制下进行店铺搜索时,可以搜索到与店铺名相匹配的结果。图 1-29 所示的是搜索关键词"窗帘"的结果,从搜索结果可以发现,共有 49068 家店铺。如图 1-30 所示,如果搜索"窗纱",却出现了 9698 家店铺,并且搜索结果中的店铺与搜索"窗帘"关键词的店铺也不相同。

但是观察店铺搜索结果会发现,搜索结果中的店铺都包含了搜索关键词,并且"主营"类目显示,搜索关键词都是在其主营类目下。除此之外,排名靠前的店铺都是级别高、信誉好、商品销售量大且店铺商品数较多的店铺。

图 1-29

图 1-30

2. 如何应用淘宝和天猫店铺的搜索机制

通过分析店铺搜索机制可以发现,要想优化店铺流量需要从以下两个方面着手。

(1)为店铺取一个恰当的名称

店铺名称并不像商品标题那样能引起卖家足够的重视。综观淘宝市场,会发现许多卖家的店铺名取得很随意,甚至让人看不懂。这种取名方式从表面上看不会对店铺产生影响,但是却可能白白错失店铺搜索流量,并且影响店铺在买家心中的专业性。

比较优质的店铺名称是简单直白,并且能清楚说明店铺商品类别的,如"墙纸艺术""美妆天使""森女风衣馆"等。反之,不可取的店铺名如"1123@nhkh""爱做梦的女孩""Beauty mimi"等。这类不可取的店铺还可能造成一种情况,那就是买家对店铺很满意,也打算再次购物。可如果由于买家碰巧清空了购物车、收藏夹和已购商品列表,就只能凭记忆进行店铺搜索,这时如果店铺名称太抽象且难以正确输入,就会导致买家索性放弃搜索,转向别的店铺。

需要注意的是,天猫平台对店铺的命名有明确的规定,具体规定如表 1-1 所示。

表 1-1 天猫平台对天猫店铺命名的规定

店铺类型	命名规则	域名规则
旗舰店	品牌名+(类目)+旗舰店	品牌英文名(或者品牌中文名拼音)
专卖店	品牌名+企业商号+专卖店	品牌英文名(若无,则使用品牌中文名拼音)+企业商号全拼或者首字母
专营店	企业商号+类目+专营店	企业商号全拼或者首字母+类目名全拼或者首字母
注释	① 店铺名称不得超过 24 个字符,支持中文、英文和数字(适用于 2012 年 9 月 5 日起线上报名的商家) ② 域名不得少于 4 个字符,支持英文、数字和"-"(英文状态下的横杠) ③ 专卖店命名中,若企业商号与品牌名一致,则启用以下规则:品牌名+区域+专卖店	

(2)保持店铺的主营类目

在店铺搜索机制下,搜索结果中的店铺主营类目与搜索关键词是高度匹配的。但是卖家无法手动输入或选择进行主营类目的更改,主营类目是淘宝系统根据店铺最近销量最大的商品所属类目来自动判定的,所以要想改变主营类目,就要多销售目标类目下的商品,即保持店铺主营类目的专一性。

卖家可以在店铺后台查看店铺当前的主营类目。如图1-31所示,首先进入"卖家中心"页面,单击"累计信用评价"图标。此时就会弹出卖家店铺的信用信息,如图1-32所示。找到"卖家历史信用构成"内容,就可以看到店铺当前的主营类目了。

图 1-31

图 1-32

问:如何在线下增加消费者对店铺的搜索量?

答:消费者在购物时能想起某家店铺并直接进行店铺名称搜索,最后为店铺带来流量,是卖家乐意看到的事。那么怎样才能达到以上效果呢?

卖家可以在包裹营销上下功夫,增加消费者对店铺的搜索量。

具体做法是:卖家在商品的包裹中放上一张精美的卡片,而卡片上印有链接要求和个人二维码,买家用手机扫一扫就能进入店铺了。不仅如此,卡片由于外观精美,很可能会吸引买家的目光,卡片上的店铺名称如果是容易记忆又好听的,就很可能会被买家记住,如此一来,买家就可能会在将来逛淘宝网时,想起卡片上的店铺名称从而进行搜索,于是店铺就会增加流量,也就可能增加一笔订单。卖家还可以将卡片做成书签等实用的物品,这样书签时不时出现在买家眼前,也会引起买家的购物欲望,从而增加店铺被搜索的概率。

大师点拨2：淘宝和天猫的个性化搜索机制——千人千面

在多年的发展进程中，淘宝一直致力于平衡卖家、买家及淘宝三方利益。在个性化搜索还没有出现的时候，买家在淘宝网往往需要浏览很多件商品才能找到符合自己需要的商品，于是就出现了以下局面。

对于淘宝卖家来说，有了很多流量却不能达成有效的转化，因为买家进店后发现商品不是他所需要的。

对于淘宝买家来说，看了很多商品才能找到自己所需要的商品，因为仅一个小类目下的商品都数不胜数。例如，光"半身裙"类目下的商品就多达十万件、百万件，而这些商品又因风格、款式、细节各异，买家往往要花大量时间进行挑选。

对于淘宝平台来说，给了卖家流量，卖家却不能将之转化为订单，造成了流量的浪费，而买家的购物体验也没有达到最佳。

所以后来淘宝就推出了个性化搜索，以平衡三方的利益。

（1）淘宝和天猫个性化搜索机制

图1-33所示的是输入关键词后再进行个性化选择进行商品搜索的界面。图中输入的关键词是"短靴"，那么买家就可以根据品牌、款式、风格等条件进行设置，从而满足买家的个性化搜索需求，更快、更便捷地找到自己需要的商品。

图 1-33

不仅是关键词搜索可以进行个性化搜索，如果买家是利用类目市场的方式浏览商品，也可以进行个性化搜索。如图1-34所示，进入"女装/女士精品＞连衣裙"类目市场，买家就能在该页面中选择商品的细分属性进行目标商品筛选浏览了。

图 1-34

同样地,在天猫平台上,搜索商品关键词后,买家可能设定目标商品的属性,更精确地锁定浏览商品。如图1-35所示,天猫店铺更注重商品的品牌,因此会特意增加商品"品牌"的属性筛选。

图 1-35

除了用户的搜索选择行为会产生个性化搜索流量外,淘宝和天猫平台也会对用户的账号信息进行分析,自动为其推荐商品,将更符合用户需求的商品设置为排名靠前。其中系统会分析用户购买商品的信息记录,购买店铺的记录,收藏商品的记录,搜索时使用过的关键词记录。

如图1-36所示,用户进行关键词搜索后,会出现一行字样,表明淘宝系统已经根据用户的消费信息进行了商品匹配和推荐。

图 1-36

(2)如何应用淘宝和天猫个性化搜索机制

因为个性化搜索机制的出现,卖家能得到更精准的流量。但是卖家对商品分析的能力也需要提高,这样才能通过分析商品精确定位需求的人群,从而设定商品的个性特征。也就是说,卖家需要对商品定位、店铺定位、目标人群定位,以获得高转化的流量。

1.3 淘宝和天猫搜索的展现机制

如果说分析店铺的搜索机制是从研究用户的搜索行为出发,从而找到网店流量优化的思路,那么分析淘宝和天猫的展现机制,就是从平台规则的角度出发,通过分析规则,然后合理引流。

1.3.1 综合排序展示

淘宝最重要的商品展示模式就是综合排序模式,超过 80% 的流量都来源于此排序模式,同时它也是买家进行搜索后默认的排序模式。

如图 1-37 所示,在淘宝首页的搜索文本框中输入关键词"冬裙"后,不对排序模式进行选择,出现的商品就是按照"综合排序"的模式进行展示的。天猫店铺的综合排序模式与此相同,这里不再赘述。

图 1-37

从图 1-37 所示的商品综合排序展示模式中可以看到,并不是商品的销量大排序就能靠前,也不是商品的价格越高或越低,排序就能靠前。

实际上，与综合排序相关的因素很多，其中就包含了卖家服务质量（动态评分、退款服务投诉维权处罚等）、商品质量得分（关键词、图片、描述等因素与商品的相关性）及销量、人气、转化率、客单价、橱窗推荐、下架时间、类目、相关性、商品属性等一系列因素。在众多因素中，每一项因素都有一个对应的得分，最后将各项因素的得分进行综合，计算出商品的综合得分，从而决定商品的排名。具体的得分算法是淘宝系统的保密算法，外人无从得知，但是作为卖家可以将这些因素一一进行优化，就能使商品在综合排序中有一个较好的排名。

1.3.2 人气排序展示

除了综合排序模式，买家也很可能会选择人气排序模式，因为很多人都有从众心理，觉得人气高的商品一定会具有比较高的性价比。人气排序模式比综合排序模式简单，淘宝系统只需要衡量商品受欢迎的程度就能对商品进行排序。

如图 1-38 所示，搜索关键词"新款毛衣"，然后选择"人气从高到低"的模式进行排序。

图 1-38

在人气排序模式下，商品的人气分值直接影响了商品的排名。人气分是一个综合分数，参考因素有多达几十个，并且经过了一系列的算法。其中影响人气分的重要因素有以下几个。

交易量，包括店铺和商品的交易量，以此来判断店铺或商品受欢迎的程度。

销量，销量中又分为销售总量和交易笔数，其中最近 30 天的交易量对人气分值的计算影响最大。

转化率，分为不同流量渠道的转化率，转化率越高，商品的人气分也相对会提高。

收藏量，收藏量从侧面反映了商品受欢迎的程度。

回头客，在店铺中进行重复购物的顾客就是回头客。回头客反映了商品的质量、店铺服务。

其他因素，包括店铺是否参加了消保、店铺动态评分、卖家信用、橱窗推荐、商品浏览量等。

从图 1-38 中可以看到，排名第 3 的商品销量仅为 79，远比排名第 4 的商品销量要少，但是依然不影响这款商品的排名。这说明销量不是衡量商品人气的唯一因素。天猫人气排序模式与此相同。

问：在不能得知人气排序算法的情况下，如何提高人气得分？

答：人气排序是重要的排序模式，但是算法却不对外公开。在这种情况下似乎难以精确地对商品进行优化，提高其人气得分。其实不然，以下是一些提高人气得分的技巧。

（1）不要靠作弊来刷人气

人气得分考核的是商品受欢迎的程度，卖家难免会想到利用刷销量、流量、收藏量的方式来增加商品人气。事实上，淘宝和天猫的人气排序算法机制会越来越完善，对商品的违规判定也会越来越严格。一旦发现商品作弊，还会降低其权重分数，可谓得不偿失。

（2）优化关键词

人气排序模式下，卖家同样要关注商品的关键词及上下架时间。通过选择热度高、竞争小的关键词，以及合理调整上下架时间来帮助商品在人气排序模式下获得更好的展现。

（3）集中培养商品人气

有的卖家会将同一件商品以不同颜色、规格等方式进行发布，以为这样可以增加商品人气，事实却正好相反。卖家应该集中培养商品人气，杜绝重复铺货。

（4）恰当推广

卖家可以有效利用付费或免费推广增加商品的曝光率，从而引入更多流量，提高人气排名的权重。

（5）促成良性循环

卖家可以专心提高店铺的服务质量、选择性价比高的商品进行销售。从而增加商品的转化率，同时也增加了店铺的回头客。这 3 个因素都会让人气得分更高。人气分高了后，商品就会获得更好的排名，从而又引入更多的流量，获得更多的销量，就会进一步增加商品的人气分，最终形成良性循环。

1.3.3 销量排序展示

在消费者看来，销量越大的商品越可能是性价比高的商品，同时销量越大评价就越多，可以参考的内容也就越多，因此淘宝商品的销量排序模式也是消费者常常会选择的一种浏览模式。只不过销量排序模式的算法相对于综合排序和人气排序来说，要简单得多，最重要的衡量因素就是商品在最近 30 天内的销量大小。销量排序模式，在淘宝平台与天猫平台都是相同的。

图 1-39 所示的是在淘宝首页输入关键词"打底裤"后进行商品搜索并且选择"销量从高到低"的排序模式后的结果。从图中可以看到，商品确实是按照销量的高低进行排序的，那么在这个排序模式下，卖家只需要着重考虑提高销量就能在此排序模式下取得较好的排名。

不过需要提醒的是，销量并不等于销售出去的商品件数，仔细看图中文字可以发现，销量数据显示的字样是"XX人收货"，也就是说即使一个买家购买了1000件商品，也只计为1人收货，不是说商品销量大小等于确认收货人数的多少。

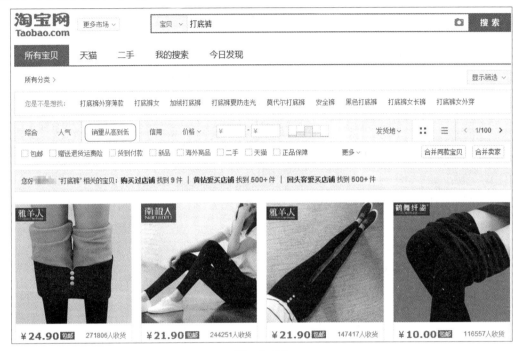

图　1-39

问：销量高就一定能在销量排序模式下获得好的排名吗？

答：销量排序模式的算法机制比较简单。但是有的卖家却发现商品的综合评分很高、销量也很好，结果在销量排序模式下还是不能获得好的排名。

这是一种比较特殊的情况。销量好的商品之所以得不到好的销量排名，是因为有类目的存在。搜索不同的关键词进行销量排序，系统会优化展示系统判定与关键词相关性最高的类目。如果卖家的商品不在优先展示类目下，就算销量再高，也可能因为类目相关性不大而降低销量排名。

1.3.4　价格排序展示

价格是影响消费者购物的重要因素之一，因此淘宝和天猫中的价格展示是买家常常选择的展示模式。分析淘宝及天猫的价格展示模式，能帮助卖家在一定范围内调整商品价格，从价格上优化流量。

在淘宝中消费者可以灵活地选择商品按照价格的展示方式，以便快速找到符合自己消费水平的商品。

如图 1-40 所示，在淘宝网站的搜索文本框中，输入商品关键词进行搜索后，可以自由选择价格从高到低或从低到高等四种排序模式。其中"价格从低到高"和"总价从低到高"的区别是，"价格"指的是一口价，"总价"指的是包括了运费的商品总价。

除此之外，买家还可以通过输入数字的方式自由设定商品的价格区间，选择一定售价范围内的商品进行浏览。

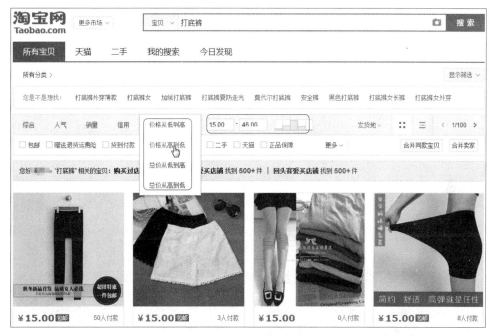

图　1-40

天猫的价格展示模式与淘宝有所不同，如图 1-41 所示，在天猫中只能选择价格从低到高或者从高到低的方式进行排序，买家不能自由设定商品的价格区间。

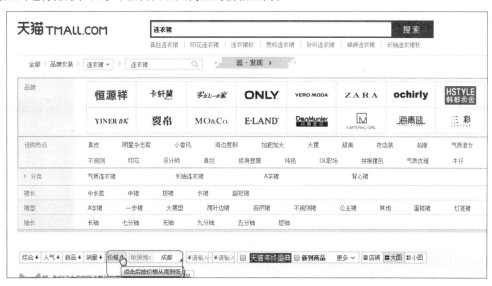

图　1-41

因此，相对于天猫卖家，淘宝卖家需要更关注商品的价格排序展示，通过分析商品的价格，确定一个最佳值，从而优化商品的价格排序流量。

在淘宝平台中，影响价格排序模式的因素首先就是商品的价格，符合买家价格设定的商品就有机会出现在搜索结果中。所有符合买家价格设定的商品还要进行综合评分、销量、转化率、上下架时间等因素的综合考核，来决定排名的先后顺序。

大师点拨3：容易被忽视的按"信用"排序展示机制

淘宝商品排序五大模式中，还有信用排序模式。信用排序模式的针对人群通常比较看重购物保障，重视售后服务，一般来说，购买的商品越贵重，买家就越倾向于选择信用排序模式。

如图1-42所示，在淘宝首页输入关键词"玉镯子"后进行商品搜索，再选择"信用从高到低"的排序模式，从图中可以看到，在该模式下，排名靠前的商品都是同一个信用较高的店铺中的商品。

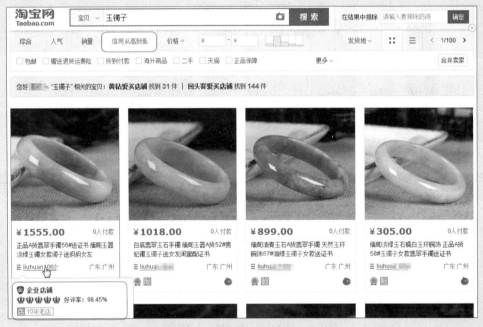

图 1-42

在信用排序模式中，淘宝系统会根据商品所属行业的信用在该店铺中的总信用占比来进行排序。例如，某店铺中既有女装商品，又有女鞋商品，而店铺中的女装商品信用得分为90分，女鞋信用得分为10分，那么消费者搜索女装商品，该店铺的相关女装商品就会按照90分来获得一个排名，而消费者搜索女鞋商品时，该店铺的女鞋商品就会按照10分来获得一个排名。

因此，卖家不能光靠店铺中某一个行业的商品信用来提高店铺所有行业商品的信用，同时这也给了卖家一个启示——同一个店铺不要经营多个行业的商品，并且店铺中信用占比最高的商品行业一定要是店铺的主营商品行业。

大师点拨 4：DSR 评分对淘宝和天猫搜索排序的影响

淘宝 DSR 评分指的是包括商品与描述相符、卖家服务态度、卖家发货速度、物流公司服务 4 项指标，由买家购物后自愿给出的评分机制。店铺评分生效后，商品与描述相符、卖家服务态度、卖家发货速度 3 项指标将分别平均计入卖家的店铺评分中，影响着店铺的权重。一旦涉及权重问题，自然对淘宝 SEO 有着隐性的影响。

1. 影响转化率

查看商品的评论和店铺的评分是许多买家网上购物时必做的事。买家们会通过 DSR 评分在心里衡量这家店铺的专业度、可信度。事实证明，如果店铺评分较低，大多买家会经过斟酌及对商品比较后离开，这就影响了店铺的转化率。转化率降低，淘宝给予的扶持流量也会降低，进而影响到全店商品的流量引入。

2. 影响搜索排名

店铺评分会被淘宝系统关注，系统通过评分来判定店铺的优质程度。一旦 DSR 评分偏低，店铺权重就会降低，淘宝对店铺的扶持也会降低。权重的降低会直接影响商品的搜索排名，继而影响商品的流量及销量。

3. 引入活动流量受阻

在淘宝中，许多官方活动对店铺的 DSR 评分都有严格的限制。而报名参加这些活动又是卖家增加店铺或商品曝光率的绝佳机会，一旦有了曝光率，流量也相应地水涨船高。如果店铺 DSR 评分偏低，达不到报名要求，卖家就错失了活动流量。

尤其是天猫商家参加天猫官方发起的营销活动，对店铺的 DSR 评分有严格的要求，部分类目对卖家的要求如表 1-2 所示。

表 1-2 天猫官方营销活动部分类目对卖家的要求

一级类目名称	DSR 前三项均值大于等于	售后服务综合指标排名大于等于
运动服 / 休闲服装	4.72	90%
运动鞋 new	4.70	90%
运动包 / 户外包 / 配件	4.80	90%
女鞋	4.74	90%
女装 / 女士精品	4.74	90%
女士内衣 / 男士内衣 / 家居服	4.73	90%
运动 / 瑜伽 / 健身 / 球迷用品	4.76	90%
户外 / 登山 / 野营 / 旅行用品	4.76	90%
服饰配件 / 皮带 / 帽子 / 围巾	4.73	90%
箱包皮具 / 热销女包 / 男包	4.76	90%

4. 影响店铺成为金牌卖家

金牌卖家意味着店铺是一家高信誉、高服务质量的店铺，这种店铺会受到买家的青睐。衡量卖家能否成为金牌卖家的重要考核因素之一便是 DSR 评分。卖家无法申请金牌卖家，店铺的流量、转化率就不能有大幅度提高，继而影响店铺的其他流量。

问：店铺 DSR 评分是由买家给出的，卖家又要如何提高呢？

答： 店铺 DSR 评分虽然是由买家给出的，但是也是根据购物体验给出的评分。卖家可以从店铺的服务质量、商品性价比、售后跟进、物流选择等方面进行改进，力求买家给出最好的评分。

（1）产品质量保证

无论店铺销售的是什么商品，最核心的就是要保证产品质量。只要产品质量好，买家满意，就算物流慢了一点，买家也很乐意在 DSR 评分中给出高分。并且，好的商品质量能让网店良性循环，让卖家的网店越做越好。

（2）服务质量

客服服务的质量和售后服务的质量都影响着买家的购物体验。一旦服务出了一点问题，DSR 评分就可能降低。卖家们尤其要杜绝售前热情，售后不理睬的服务方式。这也是为什么淘宝 SEO 包括了对网店客服培训的原因。

（3）物流问题

物流分为发货速度和物流选择。发货速度保证自然是卖家应当保证的事。当买家拍下商品后，卖家应当第一时间发货。

时常有买家抱怨物流太慢，卖家不能认为物流慢不是自己的原因，因为卖家可以选择快一点的物流。卖家可以做的是，收集店铺商品物流数据，分析出不同地域的买家适合选用的物流公司，最大限度在物流上让买家满意。

本章小结

本章的介绍目的在于让读者明白淘宝 SEO 的优化事项。让卖家在遇到流量问题时不再是无头苍蝇，而是顺藤摸瓜，找到流量优化的正确思路。

通过本章内容的学习，希望卖家朋友能从用户搜索行为、淘宝和天猫平台机制的角度再次思考网店流量优化的方法，并将这种思维方式应用到今后的店铺经营中。

第2章

搜索规则的误区及六大盲区

本章导读

无规矩不成方圆。电商经过多年的发展,平台交易规章制度进行了多次修改,越来越完善。卖家在真正进行搜索优化前,有必要先了解与搜索相关的误区及交易规则,避免在后期因为错误操作而影响流量。

本章将使用典型案例阐述各种制度下的违规情况,并且使用思维导图的方式对处罚细则进行介绍,帮助卖家以读图的方式一目了然地看懂各项处罚。根据处罚的不同,本章还进行了应对方法介绍,以帮助不小心违规的卖家早日恢复商品交易。

知识要点

通过本章内容的学习,卖家能进一步掌握SEO优化的全面思维,从全局的角度出发,将搜索优化做得更广更全面。同时卖家还能了解与搜索相关的各项规则。学完本章内容需要掌握的具体相关技能如下。

- 全店流量布局的思路是什么
- 商品引流因素多维度分析方法
- 如何避免各种搜索违规
- 出现搜索违规将受到什么处罚
- 受到了违规处罚的正确解决方法

2.1 流量优化的2个错误思维

许多卖家花了大量时间研究网店SEO，流量却不升反降。其实卖家们将SEO"妖魔化"了，它并没有想象中的那么难，关键在于要有一个正确的流量优化思维，这是一个方向性问题，一旦在最开始把握好方向，后期只要按照步骤耐心优化，搜索流量的提高就不是梦。

2.1.1 没有计划地进行广告引流

俗话说"心急吃不了热豆腐"，这句话尤其适合放在网店经营上。随着淘宝、天猫的直通车、钻展重要性的提升，以及各类官方活动、微店的各种朋友圈推广，卖家们开始意识到广告流量的重要性，有的店铺甚至完全依靠广告流量的转化来维持利润。

但是引入广告流量，需要有计划地进行。当商品及店铺没有销售基础时，引入广告流量只会造成转化率偏低的后果，卖家付出的广告费将得不到回报。正是如此，本书才将广告流量的引入放到第5章优化篇进行介绍，卖家只有打好基础，才能最有效率地利用广告流量。

没有计划的引流行为如下。

1. 为新开的店铺引入广告流量

新开的店铺，装修得不够完善，商品的类型不够明确，商品价位也不够统一，更重要的是，店铺的权重、评分都偏低，这样的店铺难以留住目标消费者，引入广告流量自然是白花钱。不仅浪费金钱，如果店铺的跳失率偏高，平台会判定店铺是不受欢迎的店铺，从而减少流量扶持，形成恶性循环。

卖家应当做的是，耐心装修店铺，将店铺页面打磨精致。同时认真研究目标消费者人群画像，根据人群特征来调整店铺风格、商品类型及商品价格的区间。当店铺培养出至少2~3款口碑不错的商品时再为店铺引入广告流量。

当卖家的店铺走上正轨，对店铺目标消费人群有一定了解后再引入广告流量的一个好处就是，卖家花钱引入的广告流量可以是有选择有针对性的流量，也就是说卖家通过一段时间的经营，已经大体知道什么样的买家进入店铺会产生交易，那么不管是直通车还是钻展，抑或站外流量，都更有针对性，从而降低跳失率。

图2-1所示的是一家新开的店铺，信用积分为1，且没有评价，装修也是最原始的，毫无审美可言，

这样的店铺，就算花钱引入再多的流量，成交量也不见得会高。

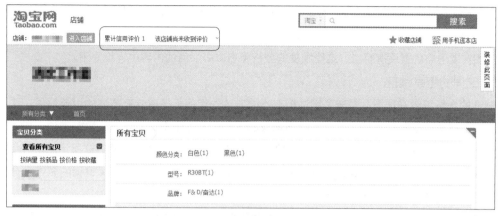

图 2-1

2. 为新上架的商品引入广告流量

由于网店消费者在收货前不能接触实物，所以商品评价是影响其购物决策的重大因素。再加上网店平台的同款商品数不胜数，消费者更倾向于选择有成交量且评价不错的店铺。

因此，在商品有交易基础前，为商品开直通车、钻展或是其他广告引流都是不明智的。卖家需要做的是，将重心放在商品上架后的一周内，尽可能多地获得销量，并且引导消费者给出内容丰富的好评。

问：新上架的商品获得什么样的评价才有助于后期转化的评价？

答：让新上架的商品获得评价，是新品销售的基础工作，这一点许多卖家都知道。但是有的商品初期评价不少，后期成交量却不高，原因在于没有获得"有效评价"，其中的诀窍如下。

有效的商品评价是指描述具体，有带入感的评价，而非单一表扬这款商品很好的评价。

例如，"这款商品太好了，很喜欢"，这种评价的效率就很低，因为商品好，到底好在哪里，消费者没有具体描述，也让后面的买家不明白。

又如，"这款手机套太让我惊喜了，不仅刚好适合我4英寸的手机，而且在办公室午休时还可以利用手机套背后的支架看电影，太方便了。"这样的评价就是效率高的评价，不仅说明了商品的适用性，还说明了适用场景，带入感极强。

简单总结一下就是，有效评价是对商品外观、使用感受、适用场合等细节的具体描述，而非抽象的空话。

2.1.2 不会从多个维度考察引流因素

影响店铺/商品流量的因素比较多，其中最受卖家关注的显性因素无非是关键词、上下架时间、类目、主图。在这几项因素中，卖家有从单一的维度进行考察的惯性思维，例如，关键词就找热度高、点击率高的词，上下架时间找流量最大的时段，类目找最合适的类目，主图做得尽量精致美观。其实不然，这4项因素的衡量均需要进行多个维度的考察。同一件商品，在不同卖家手中，哪怕使用了相同的商品标题、同一时间上架、放在同一类目下、使用同一张主图销量也会大有不同。下面就来看看关键词、上下架时间、类目、主图需要考察的维度有哪些，这些维度的分析将在本书后面的内容中详细介绍。

1. 关键词的考察维度

关键词的竞争度最好理解，同一关键词用在不同店铺的商品标题中会有不同的引流效果。这与店铺的权重、商品权重、店铺的目标人群、关键词本身的竞争度及点击率有关。对于卖家来说，找关键词的重点不在于找到行业最优秀的关键词，而在于找到最适合自己商品的关键词。图2-2所示的是"生意参谋"中关于行业热词的分析，可以看到，关键词数据化分析的维度十分丰富，所以关键词的多维度分析将作为重点在本书第3章及第4章重点进行介绍。

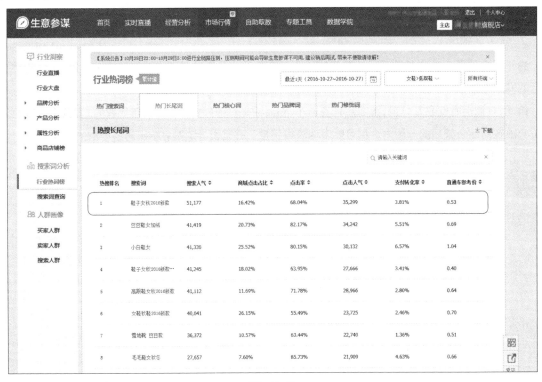

图 2-2

2. 上下架时间的考察维度

对于上下架时间，卖家们普遍都知道要找行业流量高峰期，可是流量高峰期也是行业大卖家喜欢的上下架时间段，如果卖家的商品竞争度不够，就算找到了流量高峰期，排名也不会理想。除了不同时段的竞争度，不同时段下的商品支付金额及支付订单数也是需要考虑的因素。举个例子，某卖家经过上下架时段的多维度分析，发现A时段的流量最大，但是支付订单数最少，而B时段虽然流量小了一些，但是转化率却比较高，那么B时段就是更适合于这位卖家的时段。如图2-3所示，"生意参谋"中很方便地提供了时段的多个考察数据。

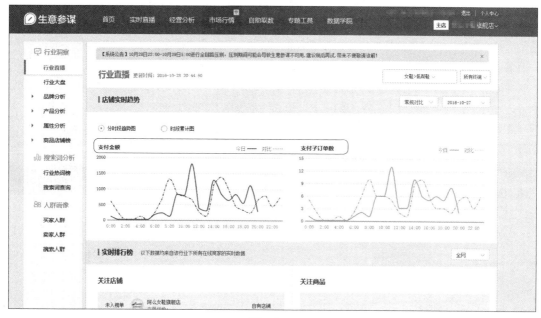

图 2-3

3. 类目的考察维度

类目的选择其基本要求是不要放错类目,更高级的做法是利用类目来优化搜索流量。同一件商品,可匹配的类目可能有多个,大部分卖家的做法是选择最热门的、匹配得最好的类目。同样,从竞争的角度来考虑,如果卖家的商品竞争度不够,又何必去热门类目中与大卖家竞争呢,要是结合商品本身的因素,选择稍微冷门一点的类目,岂不是能获得更多精准流量。

4. 主图的考察维度

看起来画面精美是衡量主图是否过关的因素之一,除此之外,卖家还应该考虑主图在同行/同款商品中的竞争度、主图的风格与店铺的匹配度、主图的文案与目标人群的匹配度等因素。基于主图的重要性,将在第 3 章进行详细介绍。

大师点拨 5:全局观,让有限的流量产生最大的价值

所谓全局观,指的是不将眼光放在单一的商品上,而是时刻关注全店的流量情况,只有这样才能最大限度地利用流量。这也是不少卖家常常忽略的地方,比如优化 A 商品时,就专门分析研究 A 商品,从而忽视店铺整体。下面将从 3 个方面介绍店铺全局观。

1. 爆款商品要和店铺同步管理

只注重店铺中的爆款商品是许多卖家的运营思维,认为一个爆款能撑起整个店铺。但是只注重爆款商品会有两个不良影响。

其一，店铺中的其他商品流量、转化率、评分降低，接着单个商品的权重降低，从而影响店铺整体的权重降低，店铺的权重降低又会反过来影响爆款商品的搜索权重。

其二，流量资源浪费。爆款商品是全店流量最好的商品，卖家应当合理利用爆款的流量资源，将这些流量分散到店铺其他的商品详情页，争取营造更多的爆款。方法是分析这款爆款商品的因素，看看适合与店铺中的哪些商品相关联，从而设计出关联销售。同时卖家也可以在如图2-4所示的店铺"生意参谋"中查看商品详情页的流量分布路径，通过流量转移特点，决定爆款商品详情页的信息设计，有意识地引导消费者在店铺内的页面跳转。

图 2-4

2. 从全店的角度来规划上下架时间

店铺中的商品不止一款，全店商品的上下架时间的分布方法也不能从单一商品的角度进行设置。一般来说，全店商品的上下架时间分布原则是将重点商品在重点时段均匀分布，这类重点商品应当占到全店商品的30%。次重点商品则可以安排在竞争较少、流量价值更低的时段分布。

这里的时段不仅指一天24小时的时段，还指一周7天的时段。卖家同样要合理分布每一天上架的商品。相同的道理，重点商品在流量价值最高的几天上架。

3. 从全店的角度合理利用关键词

卖家为店铺商品寻找最合适的标题组成关键词，如果从单一商品的角度来考虑，就可能出现店铺中多款商品使用相同核心关键词的情况。这种情况可能会造成店铺整体不必要的流量损失。

从消费者购物行为来分析其逻辑：消费者搜索到目标商品后，如果这款商品的风格让消费者很喜欢，那么他很可能会在同一家店铺中查看其他的同类商品。也就是说，一款商品的核心关键词会为其他商品带来流量，如果大多数商品都使用相同的核心关键词，就只会吸引来一类消费者，从而错失流量。图2-5所示的是某家天猫店铺的入店来源关键词排名，该店的引流关键词比较丰富，如果店铺所有女鞋都使用相同的核心关键词，相信这家店铺的流量会减少很多。

从平台竞争机制来分析，在相同的时段内，店铺中的商品就算使用了相同的热门关键词，也只能最多有两个商品可以上首页。那么其他使用相同关键词的商品，其曝光机会就浪费了。如果其他商品使用了别的关键词，则可能会获得更好的搜索排名。

一般来说，品类风格相似、上下架时间接近、销售权重接近的商品，使用相同的关键词，造成的流量浪费就越大。卖家应从全店的角度来考虑，选择覆盖面更广的关键词来作为店铺商品的标题。

图 2-5

2.2 新手易闯入的六大盲区

在第1章中介绍网店SEO优化思路时提到过，卖家要想获得更多的流量，就需要了解平台规则，且在此基础上合理地利用平台规则，合法引入流量，同时得到平台扶持，从而形成良性循环。无论是淘宝还是天猫，或者是微店都有明确的流量引入规定。

违反淘宝搜索规则，不仅会影响违规的单个商品，平台还会对违规情况进行公示警告，对全店都会产生影响，希望引起卖家重视。图2-6所示的是不同程度的违规公示警告时长。

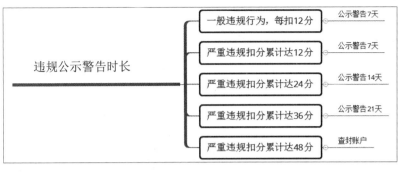

图 2-6

2.2.1 产品虚假交易

对于网店卖家来说,"刷单"不再是一个新鲜词。甚至有的卖家会认为"是个网店就需要刷单"。这里的刷单行为就属于明文规定需要卖家禁止的虚假交易行为。那么在虚假交易的定义中,什么样的行为标准会被判定为刷单?处罚又是怎样的?还有哪些行为属于虚假交易?

1. 何为虚假交易

淘宝和天猫平台对虚假交易的定义为:用户通过虚构或隐瞒交易事实、规避或恶意利用信用记录规则来干扰或妨害信用记录秩序等不正当方式获取的虚假商品销量、店铺评分、信用积分或商品评论等不正当交易的行为。

2. 虚假交易的典型案例

① 发布虚拟的无实物的商品,这类商品包括以下几种。

发布纯文字、图片类信息,如情感小故事、健身技巧、美容秘方等。如图 2-7 所示,该商品是一件"秘方"商品,属于虚拟的信息,没有实物。

发布免费获取及价格超低的商品,如资源免费下载、电子书、打折券免费领取,以及价格低于 1 元的 Q 币、点卡、彩铃等。

在商品套餐描述中写有"仅有部分商品会发货"的字样。

图 2-7

② 同一件商品却拆分为多个部件发布。如将商品的主体与零件分开销售、将商品与运费分开发布、将同一件商品拆分为不同的价格出售。图 2-8 所示的是同一家店铺内的两件商品，但是这两件商品却是桌子的桌面和支架，属于同一款商品的不同零件。像这种将同一件商品分开销售的行为也属于虚假交易行为。

③ 单独发布商品的赠品，或者利用赠品的销售来提高店铺信誉。

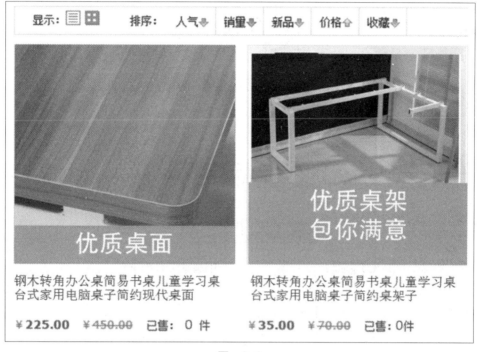

图　2-8

④ 使用虚假的发货单号或者一个发货单号重复多次使用。

⑤ 商品发布后，却以对商品的页面信息进行修改，大幅度调整商品价格。

⑥ 卖家限制买家购买虚拟商品的数量，特殊市场的规定除外。

⑦ 在移动、联通、电信充值中心，网络游戏点卡，腾讯 QQ 专区 3 个类目中发布虚拟类商品时使用限时折扣工具。

⑧ 卖家使用自己、亲朋好友或同事等的账号购买自己发布的商品。

⑨ 卖家联系第三方如刷单平台，使用其提供的工具购买自己的商品。

⑩ 其他非正常交易手段。

3. 虚假交易的处罚及解决办法

淘宝和天猫平台对网店进行虚假交易的处罚与交易笔数有关，情节特别严重的，平台会下架卖家店铺中的所有商品。当受到平台处罚时，卖家可以用对应的解决方法进行处理。图 2-9 所示的是淘宝及天猫平台经过调整后的最新版虚假交易的处罚规则。

图 2-9 中"其他"情况需要说明的内容如下。

① 卖家刻意规避淘宝监管发生虚假交易行为的或其虚假交易行为造成严重后果的情况，如研究出规

避淘宝及天猫平台对虚假交易监管的方法,并进行传播和使用;短时间内进行大量刷单。

② "降权时间滚动计算"的情况,如某商品在10月1日、2日、5日分别被发现有虚假交易行为,则时间滚动处罚方式如下:

10月1日开始应被降权30天,截止日期为10月30日;

10月2日开始应被降权30天,截止日期为10月31日;

10月5日开始应被降权30天,截止日期为11月3日。

总共的降权时间为10月1日到11月4日,加起来,为34天。

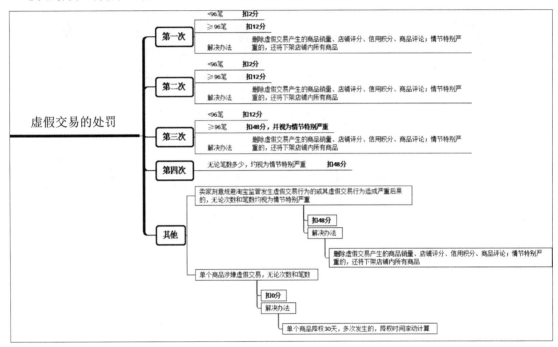

图 2-9

当卖家被系统判定为虚假交易时,应在收到处罚通知的3日内,到"卖家中心—商品管理—体检中心—我的处罚"页面中,提交凭证进行申诉,如图2-10所示。

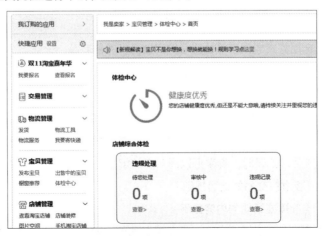

图 2-10

如果卖家的商品因为虚假交易被搜索降权,应当在"联系客服—自助服务—违规受理—降权商品申诉"页面提交凭证进行申诉,如图2-11所示,按照步骤进行申诉操作即可。

图 2-11

4. 明确平台监控机制,杜绝虚假交易行为

为了更好地规避虚假交易处罚,卖家不仅需要知道什么是虚假交易,还需要了解网店平台是如何监控网店进行虚假交易的。毕竟在某些情况下,卖家的一些交易行为并不是存心违规,却被平台判定为虚假交易,卖家只有从平台的监控机制出发,才能规范自己的交易行为。

图2-12所示的是网店平台对虚假交易行为的监控方法,以及根据这些监控方法,卖家需要避免的行为。

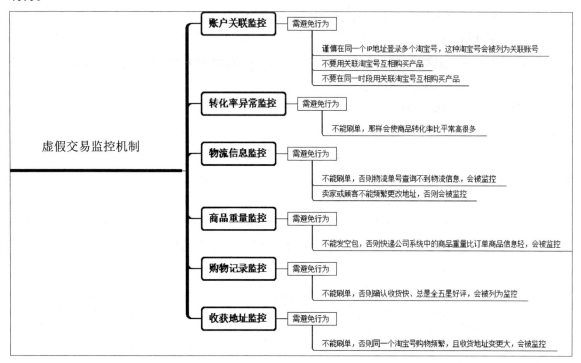

图 2-12

问：受到虚假交易的处罚，已经提供了物流凭证为什么还是不能通过申诉？

答：受到虚假交易处罚的卖家在申诉时会发现就算提交了物流交易凭证，还是不能快速通过申诉恢复商品交易。问题就出在，卖家没有正确提交最关键的物流凭证。下面是几种常见的凭证错误提供。

① 没有提供发货单，但是提供了物流信息截图、聊天记录截图及其他不相关的图片或截图。

② 提供无效凭证，包括黑白件凭证、不清晰凭证、只有单号的凭证、收件寄件信息不完整的凭证等。

③ 买家实际收货信息与底单凭证不符，包括收件人的姓名、电话、地址等信息。

2.2.2 产品 SKU 作弊

SKU 指的是商品的库存信息，如规格、数量、单位、价格、颜色等。买家想要从大量的商品中找到目标商品，不仅可以搜索商品的名称，还可以搜索商品的 SKU 属性从而找到商品。

利用个性化搜索的这一特性，卖家们难免会想一些方法来为商品增加流量，如将商品的属性改成更热门的属性；将售价更高的商品放到售价更低的商品的 SKU 中，以增加点击流量等。卖家的这些做法都属于 SKU 作弊行为，不仅不能成功引流，还会受到销售平台的处罚。

1. 何为 SKU 作弊

淘宝和天猫卖家不如实填写商品的 SKU 信息，并以不恰当的方式发布商品的规格、数量、单位、价格等 SKU 信息，都属于 SKU 作弊行为。

2. SKU 作弊的典型案例

（1）通过设置 SKU 低价引流

卖家通过设置 SKU 低价引流，其原理是让商品有一个价格比较低的 SKU 属性，并利用这个低价来引流，但是当消费者点击商品的正常 SKU 时原来的高价就会显示出来。

① 不同类型的商品放在同一个 SKU 中销售。

案例 1：如图 2-13 所示，桌子和椅子是两种品类的商品，应当放在不同的 SKU 下进行销售。但是卖家将两者放在一起进行销售，且显示的价格是椅子的价格，该价格比桌子的价格低很多，属于低价引流行为。

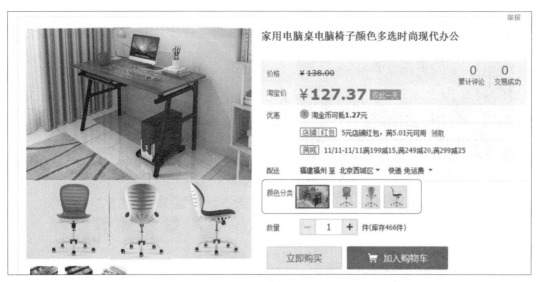

图 2-13

案例2：将商品、商品的邮费和赠品放在一个SKU中销售，且不同SKU的价格相差较大。如图2-14和图2-15所示，卖家将杯子和杯子的赠品杯垫放在一个SKU中销售，且杯垫和杯子的价格相差很大。

图 2-14

图 2-15

② 将商品的不同材质、规格、容量、大小放在一个 SKU 中销售，且不同材质和规格对应的价格也不相同。

案例：如图 2-16 所示，卖家将不同材质的墙纸放在一个 SKU 中销售，属于作弊行为。

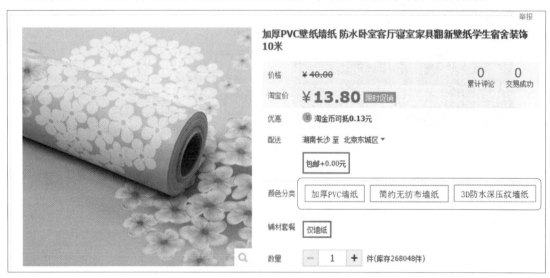

图 2-16

③ 将商品和商品的配件放在一个 SKU 中销售。

案例：手机和手机的充电器就属于商品本身和商品配件，但是商品和配件却在相同的 SKU 中进行销售，且价格相差较大。

④ 将商品不存在或者是不正常的 SKU 属性与常规 SKU 属性放在一起。

案例：如图 2-17 所示，这是一款女性服装，其中一个 SKU 属性为"180 特大"的尺码，这个尺码对于女性来说就是不正常的属性,卖家想要利用这个属性吸引更多的流量。

图 2-17

⑤ 将常规商品和非常规商品放在一个 SKU 中售卖。

非常规商品如二手商品、模型、次品、样品等。

案例:如图 2-18 所示,卖家将次品商品和常规商品放在一起进行销售,且在商品详情页中说明买家可以在颜色选项中自由选择次品与非次品,属于违规行为。

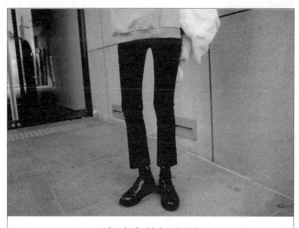

图 2-18

(2)以非常规的数量单位发布商品

正常情况下柚子水果的计量单位是"斤",但是卖家却以"克"的计量单位来发布商品,让商品的售价看起来很低，并以此来吸引消费者。同样的，还有纸巾的销售单位为"包"，卖家却以"张"为单位进行发布。

（3）商品邮费偏离实际价格

具体情况主要有以下两种。

① 发布实物商品时商品的邮费价格远远超过其商品价格，并且不符合邮费行业的标准收费。

案例：如图2-19所示，卖家为商品设置的价格比较低，但是邮费却远远超出了行业标准，属于低价引流行为。

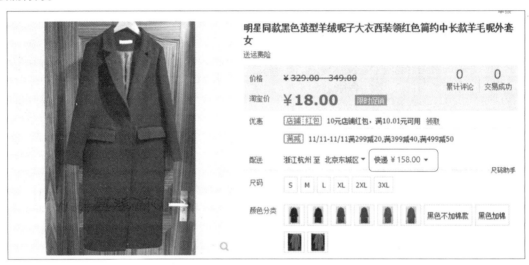

图 2-19

② 是虚拟物品，但是却有邮费。

案例：买家在店铺中购买价格为50元的PPT设计模板，商品详情页却注明"此商品需要8.00元邮费"。

（4）修改商品关键属性使其成为另一款商品

卖家的一款商品销售得好，为了保证新品流量，于是对商品的类目、品牌、型号等关键SKU属性进行修改，使其变成另一款商品继续销售。此种情况有以下3种方式。

① 将商品A修改为完全不同品类的商品B。

案例1：原出售商品为牛仔裤，现出售商品为休闲裤。

案例2：原出售商品为钢笔，现出售商品为铅笔。

案例3：原出售商品已经属于SKU作弊行为，却在原基础上进行修改，如原来将桌子和椅子放在一个商品ID中发布，现出售商品却修改为桌子。

② 将商品A修改为完全不同品牌的商品B。

案例：原出售商品为"ZARA"的女装，现出售商品为"秋水伊人"的女装。

③ 手机类目的商品，进行以下修改都属于SKU作弊。

将商品A修改为完全不同型号的商品B，或将翻新机换成全新机。

案例1：原出售商品为vivo Xplay 16GB的型号，现出售商品为vivo X7 plus。

案例2：原出售商品为三星官方翻新机，现出售商品为三星全新机。

3. SKU作弊的处罚

SKU作弊根据情节的严重程度，处罚方式也不相同，图2-20所示的是不同情形的处罚方式。

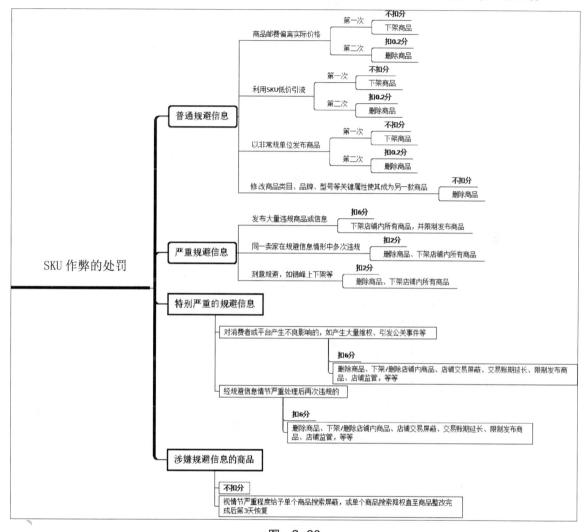

图 2-20

4. 学会这两招正确规避SKU违规

SKU违规的条款比较多，情形也并不单一。有的卖家会担心记不住，不小心触犯。这里总结了两条准则，帮助卖家们快速掌握规避SKU违规的方法，如图2-21所示。

5. 特殊情况下规避SKU违规的技巧

在某些特殊情况下，卖家确实需要向消费者传达一些信息，而这些信息又不能在SKU中设置，否则会造成违规。那么卖家可以使用哪些合法的方法来解决这类问题呢？图2-22所示的是特殊情况下规避SKU违规的技巧。

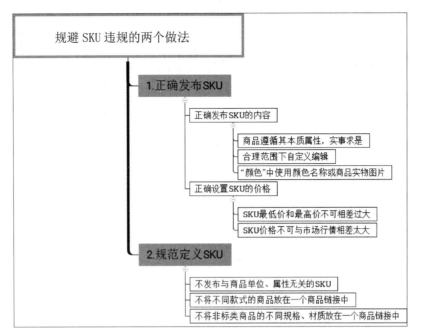

图 2-21

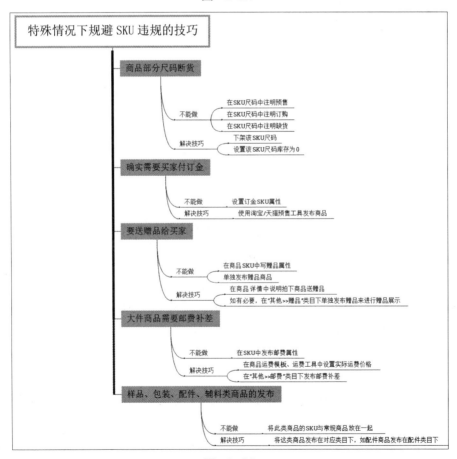

图 2-22

2.2.3 店铺重复铺货

随着电商的崛起,网店是一个竞争异常激烈的市场。那么电商平台给予每一个卖家展示商品的资源是有限的,卖家要做的是合理利用这些资源,正确地销售商品,而不是为了获得更多的流量不择手段,将一件商品重复多次发布。这种重复发布商品的行为就属于重复铺货行为,将受到电商平台的明确处罚。

1. 何为店铺重复铺货

广义的重复铺货包括商品的重复和店铺的重复。

① 商品重复指的是卖家重复发布商品的信息,以不正当的手段为商品引流,这里的商品信息包括商品的标题、图片路径、详情描述、商品价格等商品的关键属性。

② 店铺重复指的是卖家开设两家及以上数量的店铺且出售同样的商品。

需要注意的是,这里的店铺重复不是指一个会员开设了两家及以上店铺,因为会员的身份证信息是唯一的,所以会员不能用一张身份证申请两家及以上店铺。但是同一会员可以同时管理两家及以上店铺。所以这里的店铺重复是建立在管理店铺的概念上的。淘宝或天猫平台会根据不同的渠道来调查不同的店铺是否为同一会员进行管理。并且,如果商品的分销商之间或者分销商和供应商之间出售相同的商品,且两家店铺是由同一人经营管理,也会被判定为重复铺货式开店。

店铺的重复铺货行为情况比较单一,也很好理解。但是商品,根据其类型、规格等情况的不同,重复铺货的判定标准也不同。后面将以商品的重复铺货行为作为案例进行介绍。

2. 避免重复铺货的总原则

发布不同的商品,需要在商品的标题、描述、图片、重要属性等方面体现商品的不同,否则将被判定为重复铺货。因此卖家需要掌握一个总原则,即在编辑发布商品信息时,同一件商品不要发布两次及以上。

3. 重复铺货的典型案例

商品的重复铺货主要针对同款商品。同款商品指的是属性完全相同或属性高度相同的商品。不同的商品其标题、描述、图片、关键属性也应当不同,否则会被视为同款商品。针对同款商品重复铺货的案例如下。

① 同款商品以不同的颜色进行重复发布。注意,这里的同款商品不包括男装、女装、运动服、箱包、鞋类、内衣配件类目的商品,这些类目下的商品允许同款商品以不同颜色分别发布。

案例1:运动手环不属于男装、女装、运动服、箱包、鞋类、内衣配件类目下的商品,但是销售运动手环的卖家根据手环的不同颜色进行多次发布商品就属于重复铺货行为。

案例2:运动裤属于运动服类目下的商品,但是卖家先发布了一款裤子,其主图包含各种颜色的销售属性,之后又以这款裤子的不同颜色再次进行发布。如图2-23至图2-25所示,这3款商品同时发布,属于重复铺货行为。而单独发布图2-23所示的1款商品是被允许的,一起发布图2-24和图2-25的2款商品也是被允许的。

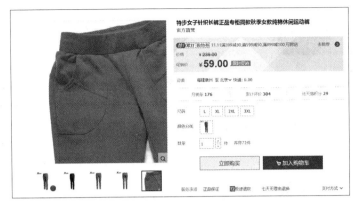

图 2-23

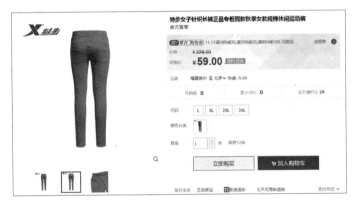

图 2-24

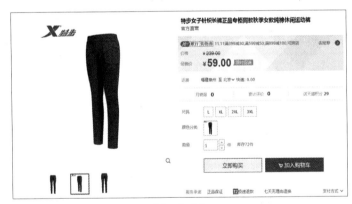

图 2-25

② 同款商品不同规格分别发布。注意，这里的同款商品不包括服饰配件、箱包类目下的商品。

案例：旅行箱属于服饰配件、箱包类目下的商品，卖家将旅行箱以大、中、小 3 个规格分别进行商品发布是被允许的。但是毛呢大衣不属于服饰配件、箱包类目下的商品，卖家将毛呢大衣以大、中、小 3 个尺码进行分别发布，就属于重复铺货行为。

③ 通用型商品以不同适用车型、不同适用机型分别发布。

汽车/用品/配件/改装类目下的通用型商品不能分不同的车型分别发布；3C 数码配件类目下的通用型商品不能分不同的机型分别发布。

案例1：如图2-26所示的汽车通用方向盘套，它适用于不同的车型。但是卖家不能以不同车型分别发布该方向盘套商品，否则将被视为重复铺货。

图 2-26

案例2：通用型3C数码配件类目下的商品，如统一尺寸的手机贴膜、数据线等商品，不能根据适用机型多次发布。

图2-27所示的是通用型手机套，这样发布商品是合乎规定的。图2-28所示的是专用型手机套，这样发布商品也是合理的。但是如果将图2-29所示的通用型手机套分为不同的适用机型发布就属于重复铺货行为。

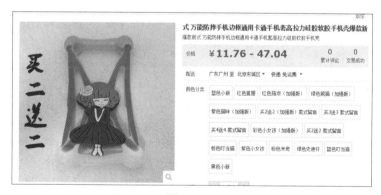

图 2-27

图 2-28

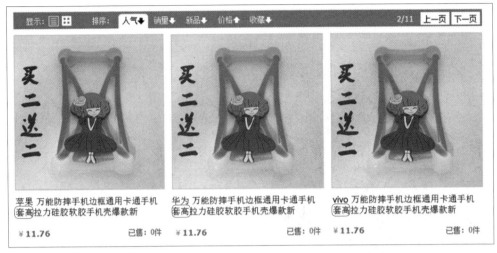

图 2-29

④ 同款商品配上不同的赠品或附加品分别发布。

案例：卖家将茶具商品配上赠品茶匙发布一次，并且又将这款茶具商品配上赠品茶叶包发布一次。两次发布的商品，其标题、图片、描述及其他关键属性都是相同的或者是高度相同的，这种情形也属于重复铺货行为。

⑤ 为同款商品拍摄多个角度的照片，并以这些照片为主图进行多次发布商品，且所发布的商品其标题、图片、描述及关键属性都相同或高度相同，这也属于重复铺货行为。如图 2-30 所示，这是一家店铺中的 3 款商品，但是其实这 3 款商品是同一款商品，其主图用了商品的不同侧面。

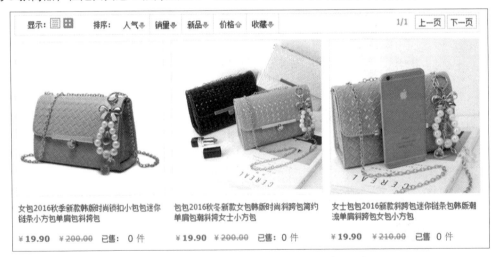

图 2-30

⑥ 同款商品不同地区分别发布。注意，这里的同款商品不包括移动／联通／电信充值中心、本地化生活服务类目下的商品。

案例：手机充值卡是属于在移动／联通／电信充值中心类目下的商品，那么手机充值卡商品可以分地区发布，如四川地区面值为 50 元的移动手机充值卡和云南地区面值为 50 元的移动手机充值卡分开发布是允许的。但是大衣商品不属于移动/联通/电信充值中心、本地化生活服务类目下的商品，如果将同一款大衣商品分为四川地区和云南地区分开发布则是违规行为。

⑦ 手机号码/套餐/增值业务一级类目下的网络电话卡类目商品，有发布数量限制。该类商品，每个卖家所发布的相同运营商的不同面值的充值商品不能超过15件。

4. 重复铺货的处罚及解决办法

重复铺货根据情节的严重程度，处罚方式也不相同，图2-31所示的是不同情形的处罚方式。

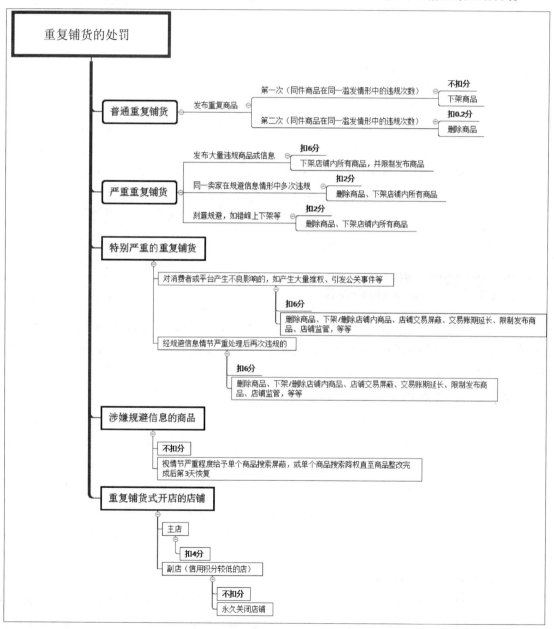

图 2-31

当卖家受到重复铺货处罚时，可以通过"卖家中心"的"体检中心"找对应违规的商品，并单击"查看原因"按钮进行查询，找到违规问题的所在并进行改正。

> **问**：产品SKU作弊在侥幸情况下没有被处罚，那带来的流量是不是百利而无一害？
>
> **答**：有的卖家存在侥幸心理，认为SKU作弊不一定百分之百会被平台发现，那么作弊商品可以在一定时间内引进流量，岂不是好事一桩。这样的想法是错误的，SKU作弊引入的流量不仅危害商品本身，也会危害到整个店铺。
>
> （1）对商品来说，流量上升了，转化率却降低了
>
> 卖家的目光应当放得更长远一点，引流的目的在于成交，不能达成交易，再多的流量也没有用。并且成交量低，流量大，会造成商品的转化率偏低，影响商品的排名权重。其实卖家犯不着进行SKU作弊，因为作弊引来的买家，一看到商品的SKU属性与自己的目标商品属性不符，最终也会离开。真实地设置商品SKU属性反而能吸引来目标消费人群。
>
> （2）对店铺来说，店铺受到了负面影响
>
> SKU作弊的商品就算初期没被发现，积累到后期被系统识别，会造成全店降权，影响全店商品的搜索排序。此外，单件SKU作弊商品的转化率降低，会拉低整个店铺的转化率，从而对全店商品产生负面影响，甚至导致店铺不能参加官方活动，错失活动流量。

2.2.4 产品错放类目、属性

网店产品错放类目、属性指的是商品的真实信息，如标题、图片、价格、运费模板、属性区域、详情描述、后台品类等与商品发布时在后台设置的类目属性信息不一致的情况。换句话说，就是商品呈现给消费者的信息与商品的实际类目、属性信息有出入。

1. 类目错放的典型案例

（1）商品的呈现信息与真实品类不符

有的卖家为了引流，故意在商品的标题中添加一些热门品类的搜索关键词，但是所销售的商品却不属于这些热门类目。例如，天气变冷的时候，衬衫商品的消费者减少，而毛衣、大衣的消费者增加，对应的关键词搜索热度也发生了变化。于是，如图2-32所示，卖家修改衬衫商品的标题，使其包含热门类目词"毛衣""大衣"，但是衬衫商品却不属于这两个类目，这样属于违规行为。

相似的例子还有，几个完全独立品类的关键词也不能同时出现在商品标题中，如"风衣""毛衣""保暖内衣"不能放在一起。

（2）商品标题信息与所放入的类目不符

一般来说，商品的标题中包含有代表商品类目的关键词，如果这个关键词与商品实际放入的类目不符合，也属于类目错放违规行为。如图2-33所示，该商品的标题显示这是一款数据线商品，是没有问题的。但是如果这款商品若是放在"家居饰品—摆件"类目下，就属于违规行为。

图 2-32

图 2-33

（3）标题与图片里显示的商品品类不一致

如图 2-34 所示，商品的标题没有问题，该商品也放在了"女鞋—凉鞋"类目下，但是商品的图片却显示这款商品不属于凉鞋类目下的商品，同样属于错放类目行为。

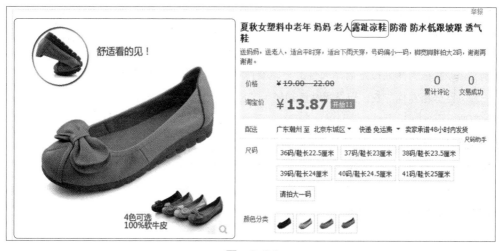

图 2-34

2. 属性不一致的典型案例

① 商品属性信息不一致（品牌属性除外）。即商品的属性信息如材质、款式、风格、型号、功效等属性信息与标题、图片、属性或者详情中描述的情况有不一致的地方。

案例1：如图2-35所示，这款商品标题及图片均显示其材质是真丝面料，但是仔细一看，在商品的"商品详情"中却有"面料主材质：棉"的字样。材质属性与标题和图片属性不相符。

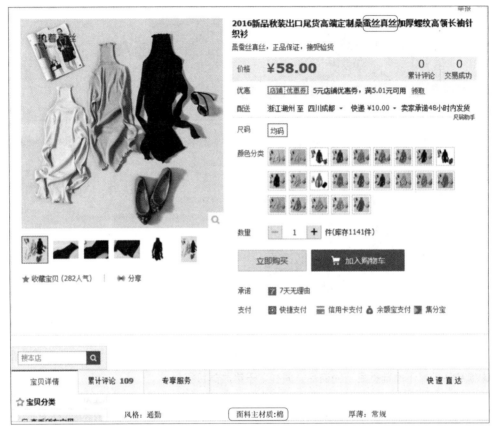

图 2-35

案例2：卖家在为商品拟定商品属性时一定要严谨，不能存在侥幸心理。如图2-36所示，标题显示这是一款"百分百纯棉"衣，但是属性值却显示"成分含量：51%(含)～70%(含)"，再者相互矛盾，属性描述不符。

② 标题中有多种同属性关键词，并且在商品发布时选择了其中一种属性或其他属性关键词。

案例：如图2-37所示，这款拖鞋的标题中显示了"条纹""格子""波点"3种说明拖鞋样式的属性，而这款商品的实际属性只与"条纹"相关，与"格子"和"波点"属性都不相符。在这种情况下，商品的标题属性关键词则与实际属性选择不一致。

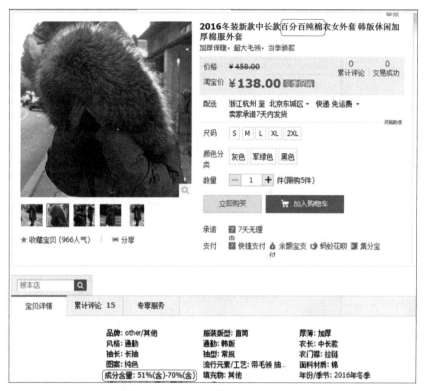

图 2-36

图 2-37

3. 错放类目、属性的处罚及解决办法

商品错放类目、属性,根据其情况的不同,处罚也不同,如图 2-38 所示。

如果卖家错放类目或属性不符受到处罚,卖家需要调整商品到正确的类目、属性下。如果是明显恶意的或者同款商品被多次下架依然错放类目及属性的,才会直接删除或扣分。

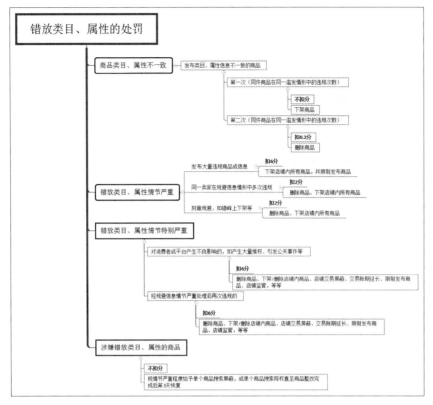

图 2-38

4. 避免错放类目的技巧

为了保证商品不发生错放类目的情况，卖家在发布商品时不要自行选择类目，而是进行类目匹配后再选择恰当的类目。方法是在卖家后台的商品"发布"中心，在"类目搜索"文本框中输入商品的核心关键词并单击"快速找到类目"按钮，就能匹配出该商品的恰当类目了。如图 2-39 所示，这里为"邮费"商品匹配到 8 个恰当类目。

图 2-39

2.2.5 产品滥用、堆砌标题关键词

商品关键词直接影响到商品的搜索流量。因此，有的卖家为了使发布的商品被更多的消费者搜索到，在标题中滥用、堆砌关键词，这种行为会导致商品降权。

1. 产品滥用、堆砌关键词的典型案例

① 滥用最高级形容词，如"最低价""最好""最优质"。

案例：如卖家的商品标题中含有"最优质的羊毛衣"字样，这种行为属于过分夸大行为，因为卖家无法证明自己的商品是最优质的商品。

② 滥用形容词的比较级。卖家为了使自己的商品显得更有竞争优势，将商品与大牌商品相比，出现"比飞科还好""可与品胜媲美""超过飞利浦性能"等字样。

案例：如图 2-40 所示，卖家为了凸显自己的商品性能的优质，将其与同类商品的名牌相比较，属于滥用关键词行为。

图 2-40

③ 出现活动类词汇，这类活动指需要卖家按照一定的流程参加的活动，如"秒杀""限时抢购""秒杀包邮"等。如果商品没有参加这些活动，却使用了相关的活动关键词，就属于滥用关键词行为。

④ 商品关键词中出现描述国家保密机构的词汇。

⑤ 商品关键词中出现描述淘宝禁卖品的词汇，如与淫秽、色情、赌博、迷信、恐怖、暴力等相关的商品词汇。

⑥ 商品标题关键词中出现了表示进货渠道不合格的商品信息，如"原单""尾货"等。

⑦ 商品标题关键词中堆砌与商品无关的多个品牌词汇、堆砌当下热门搜索却与商品无关的词汇。

2. 产品滥用、堆砌关键词的处罚及解决办法

一旦受到电商平台关键词滥用、堆砌的处罚，卖家应先将标题修改正确后，再联系在线客服进行申诉。申诉入口路径是：体检中心—急需处理—查看原因—我要申诉。

详细的处罚与 2.2.4 节中"产品错放类目、属性"的处罚一致，请参照其相关的处罚明细。

2.2.6 详情页描述不符

在淘宝和天猫的众多规则中，有一项规则是因描述不符而违规，这项规则主要指的是商品详情页的描述与实际情况不符。卖家之所以有必要了解这项规则，是因为转化率间接影响到了商品及店铺的权重（回顾第1章），从而间接影响流量。

1. 详情页描述不符深度解读

描述不符是指买卖双方达成交易后，或者是网店官方抽检商品时，发现商品与卖家对其的描述存在不一致行为。包括卖家没有对商品的瑕疵、保质期、附带品等必要信息进行说明，妨害了消费者的权益。

在这项规则中，卖家需要深度理解的内容如下。

① "买卖双方达成交易后"具体指的是买家拍下商品的时候。

② 商品瑕疵指的是不影响商品正常使用的功能及质量小缺陷，如服装类商品上的跳线、塑料类商品表面不够平整等。卖家之所以要对商品瑕疵、保质期、附带品等信息进行说明，是因为这样可以让买家从多方面了解商品的真实情况，确保交易是建立在公平、公开的原则上。这样也能避免交易后期产生不必要的纷争。

③ 附带品指的是商品详情页中所描述的包装清单内的所有物品。

④ 如果针对同一个订单的多笔交易发生了多次描述不符的投诉，这将合并成一个投诉进行处理。

2. 详情页描述不符的典型案例

① 卖家对商品的材质、成分等信息描述与商品实际情况严重不符，甚至导致消费者不能正常使用该商品。

案例：图2-41所示的是买家购买这款桌子商品后给出的评价，评价中明确指出桌子的材质与详情页描述不符。再看商品详情页的描述，如图2-42所示，表示这款桌子的材质是"松木"，与买家的购物情况不符。

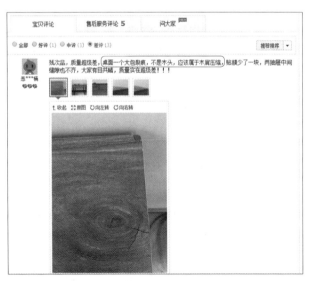

图 2-41

图 2-42

② 卖家没有对商品的瑕疵信息进行明确的描述，让商品影响了买家的正常使用。

案例：如图 2-43 所示，卖家的商品详情页中指出这款切菜器商品是"有效护手，绝对不伤手"的。但是消费者使用后的评价却是"护手非常不好用"，如图 2-44 所示。这一点信息算是商品使用不够方便的地方，卖家不仅没有进行提醒，还绝对地否定加以掩盖，属于违规行为。

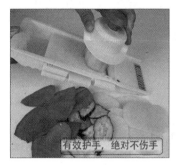

图 2-43

图 2-44

3. 淘宝及天猫描述不符的处罚

有关详情页描述不符的处罚如图 2-45 所示。

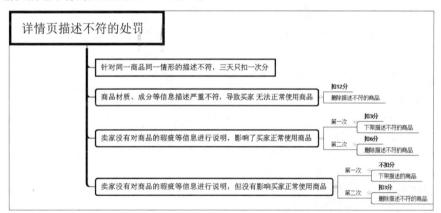

图 2-45

由于天猫是商家店铺，更注重店铺的商品质量，所以淘宝平台针对天猫店铺描述不符的处罚细则进行了修改，最新结果如图 2-46 所示，可以看到，处罚程度明显更重了。

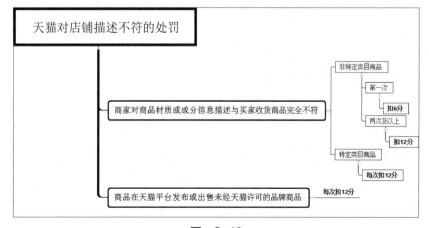

图 2-46

问：描述不符的处罚，卖家的解决办法是否也是到"卖家中心"进行申诉呢？

答：描述不符的处罚与前面介绍到的违规情况不同，描述不符的处罚往往会有买家参与，因此卖家不能向电商平台单方面提起申诉。卖家可以从以下3个方面着手解决问题。

① 检查商品详情页描述是否有歧义或让人误解的地方，从而对症下药，找到问题的根源。

② 再次检查是否给消费者发错了商品，及时与买家协商解除误会。

③ 如果确实是描述有误，卖家可以直接与买家协商，可以用退货退款、部分退款、换货、补发其他货物等方式进行处理。

大师点拨6：发布广告产品也是一个盲区

除了前面重点讲到的6类搜索违规行为，发布广告商品也是容易被卖家忽视的一个盲区。所谓广告商品，指的是卖家在商品详情页或店铺其他装修页面发布的不以成交为目的或带有交易风险的外部网站商品及信息。具体情形及案例如下。

① 发布非实际销售的商品。

案例：如图2-47所示的商品，标题信息显示该商品"仅供欣赏"，不以交易为目的发布商品，属于广告商品违规行为。

图 2-47

② 发布价格远远不符合市场行情的商品，这种行为也是不诚心交易的行为。

案例：如图2-48所示，这款窗帘的售价为"15000.00"，明显不符合窗帘市场的售价行情，属于违规行为。

图 2-48

③ 在商品或店铺装修页面发布批发、代理、回收、置换、求购类信息，或者是发布除淘宝客及淘宝提供的友情链接外的其他店铺及商品信息。

案例：如图 2-49 所示，卖家在商品详情页中发布招代理的信息，属于广告行为。

④ 发布易导致交易风险的外部网站的商品或信息，如社交账号、导购、团购、其他购物平台等外部网站的名称、商标、二维码、超链接、手机号、微信号等信息。

案例：如图 2-50 所示，卖家在商品详情页中添加了外站二维码，要求消费者站外付款，形成了交易风险。

图 2-49

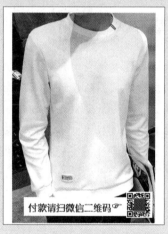

图 2-50

本章小结

本章的内容同样是为后期流量优化打基础，希望卖家们认真阅读。不要以违规的方式获取流量，毕竟真正走得长远的店铺都是建立在符合平台规则的基础上的。读完本章，还希望卖家对 SEO 优化有更深的认识，拓展思维，减少局限性。

第2篇

淘宝、天猫站内 SEO 搜索营销技能

该篇重点介绍淘宝店、天猫店的站内 SEO 搜索营销措施、方法与技巧，包括网店的基础优化方法、标题关键词及标题组合优化，以及产品上架后的相关优化方法。

第3章
SEO 搜索营销第一步——做好基础优化

本章导读

本章正式进入流量优化的实战操作部分，从高点击率主图的设计到商品上下架时间的选择，均用落到实处的知识点进行介绍。在介绍的过程中，不拘泥于某一类商品，而是针对多种类型的商品，并从不同实力卖家的角度出发，全面分析主图的设计及上下架时间的安排，帮助卖家找到最适合自己店铺流量的基础优化方法。

知识要点

通过本章内容的学习，卖家需要对主图设计及上下架时间的寻找形成体系化思维，学会系统地分析问题，知道如何按照"套路"，一点一点进行流量优化。学完本章的内容需要掌握的具体相关技能如下。

- 主图优化全流程是什么
- 自己的商品是什么类型，这种商品需要如何挖掘卖点
- 多维度分析上下架时间的思路是什么
- 如何理性判断店铺在行业的竞争实力
- 什么样的时段才是最适合于自己商品的时段

3.1 主图优化

流量 = 展现 × 点击，也就是说商品光有好的排名并不能保证获得好的流量，还需要消费者进行点击，流量才能成功产生。而主图效果又是影响流量优化的重要因素之一，所以设计一张好的主图显得尤为重要。设计高点击率的主图，其实有一套设计流程，卖家只要跟着这套思路进行设计，获得高点击率主图并不难，这套流程不仅能帮助卖家设计出好的主图，还能帮助卖家有效进行主图优化。

高点击率主图设计思路主要包括以下 3 个部分，如图 3-1 所示。

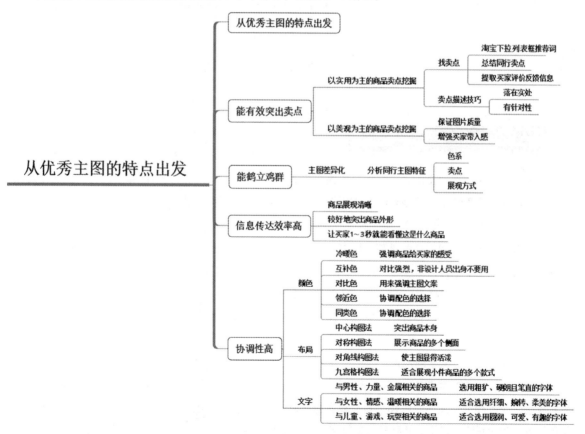

（a）

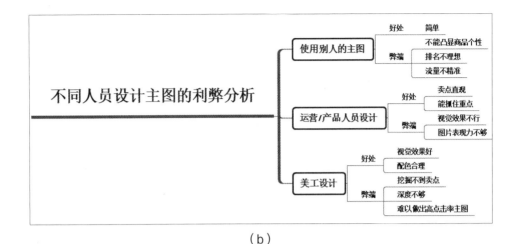

（b）

（c）

图 3-1

3.1.1 优秀主图的评判标准

要设计出高点击率的主图，卖家首先应该心中有数，知道什么样的主图才能算是优秀的主图，而非凭个人喜好进行随意设计。当卖家有了对主图的评判标准后，才能在后期的设计中把握好设计方向。

1. 协调性高

高点击率主图的首要特点就是整体协调性高，说得通俗点就是看起来不别扭。主图的协调性主要从颜色、布局、文字3个方面来考虑。具体如何让主图协调，将会在后面详细介绍。

首先，在颜色上，整体要协调，没有相互冲突且刺眼的配色。

其次，在布局上，主次要分明，能让商品的主体得到充分展现，且展现位置恰当，不会给人主图重心不稳的视觉效果。

最后，在文字上，文字的位置、配色及字体选择都要与图片整体保持和谐。

图 3-2 所示的是搜索"充电器"关键词得到的部分主图效果，这四张主图整体都十分和谐。如第3张，其背景色、商品颜色、文字颜色都是同一基调的颜色，搭配起来很和谐。又如第2张和第5张，虽然深灰色和黄色对比鲜明，但是这两种配色是符合色彩搭配和谐原理的，既能强调重点又不失美观。

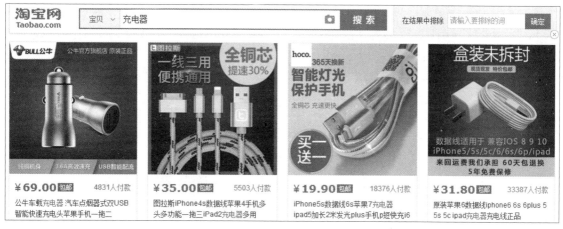

图 3-2

2. 信息传达效率高

主图的首要作用就是向买家传达商品信息，告诉买家这是一款什么样的商品。站在买家的角度来看，搜索一个关键词会出来数量众多的商品，买家在浏览关键词搜索结果时，目光在每一张主图上停留的时间平均只有 1~3 秒。所以如果主图不能快速向买家传达信息，就会错失一次点击。衡量主图是否优秀的第 2 个标准便是，能否在这 1~3 秒内，让买家看懂这是一款什么样的商品。

图 3-3 所示的是搜索关键词"台灯"后的部分主图结果。对比这四张主图，会发现第 3 张主图不能让买家一眼看出这是一款什么样的台灯商品。卖家可能想表达的是，这款台灯适合在工作时使用，从而将工作场景作为主图的主要内容，却将商品本身放在旁边。这就导致买家视觉在大量台灯主图中一瞟而过，基本上不能快速识别出这张主图的内容。

图 3-3

3. 能鹤立鸡群

现在很多大型网店都有自己专业的美工设计，将主图做得整体协调、信息传达效率高并不是难事，难就难在如何让自己的主图在众多同类商品主图中脱颖而出。这就需要主图有一点差异化的元素。实际中能凸显主图差异化的元素有很多，但是主要有以下 3 种。

① 主图差异化元素可以是文案，向买家传达不一样的信息。图 3-4 所示的是 4 款"狗粮"商品，第

1张图、第3张图、第4张图的文案都在说这款商品如何优惠、品质如何让人放心。只有第2张图的文案表示"壮骨补钙 皮毛靓丽",这条文案从具体的角度阐述商品的特殊性。如此一来,不仅能吸引有此需求的人群,也让其脱颖而出。

图 3-4

② 主图的差异化还可以体现在主图的颜色上。仔细观察网店商品,会发现不同类目下的商品,会有几种大多数卖家都使用的色调,如果在符合审美的基础上,合理更改色调,商品主图很可能就会与众不同。图3-5所示的是搜索关键词"手机套"后出现的4款商品,第3款商品的主图明显更突出。这是因为其他3款商品背景都是深灰色,只有第3款商品背景是白色,且用了黄色描边,与其他3款商品属于不同的色调,且显得更为突出。

图 3-5

③ 主图差异化还能体现在商品的展示方式上。一般来说,同种类目的商品,大多数卖家都会使用相同的展示方式,如台灯商品,主图通常是拍摄台灯使用时的图。而晾衣架商品,卖家通常也会拍摄衣架上挂着衣服时的使用场景图。如图3-6所示,在这四款商品中,第3款就比较突出,因为它展现的不是衣架使用时的图,而是展现衣架的承重图,从侧面告诉买家"这款衣架能承受成年男子的重量,你还怕它不能承受普通衣物的重量吗"。

图 3-6

4. 能有效突出卖点

网店商品竞争激烈，买家在浏览商品时，第一眼看到的就是商品的主图，除了在颜色搭配、协调性、准确展现信息及体现差异化外，还要重点突出产品的卖点。一般来说，主图的卖点会体现在文案上。如图 3-7 所示，这四款"智能马桶"商品中，第 2 张图与第 4 张图的卖点都是优惠，第 3 张图的卖点是品牌强硬及优惠。但是第 1 张虽然图下面有文字，却看不清，图片也很普通，让人找不到突出的卖点，从而找不到点击的理由。

图 3-7

问：卖家做主图会有思维局限性，做好后如何才能客观判断这张图好不好？

答：卖家做主图，通常由于个人审美等因素会造成一定的局限性，常常会从主观意识上来判断这是一张不错的主图，但是消费者买不买账就不能确定了。

所以卖家做好主图后，可以找身边的朋友帮忙看看主图的效果。其诀窍在于，找非电商行业的朋友、找不懂主图设计的朋友，让他们站在消费者的角度，凭个人喜好来看待这张主图，询问他们的感受并进行优化。

3.1.2 高协调性主图的设计方法

主图的协调性是给买家的第一直观感受，通常情况下，买家会选择看起来不别扭的，视觉效果比较好且比较舒服的主图进行点击。所以，在设计主图时，一定要慎重考虑图片协调性的问题。要想主图协调性高，可以从颜色、构图、文字设计 3 个方面来考虑。

1. 搭配出协调色的"公式"

很多卖家不是美工出身，没有专业的颜色搭配知识，那么卖家可以了解一些颜色的基本常识，并选择合适的配色。

（1）冷暖色

冷暖色指的是颜色带给人的心理温度感受。图 3-8 所示的是色环中冷暖色的区分。暖色调颜色有红色、橙色、黄色等，冷色调颜色有青色、蓝色等。

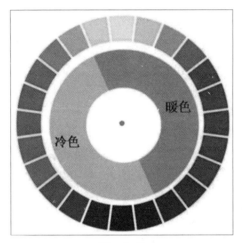

图 3-8

暖色调会让人联想到火焰、朝阳，因此给人温暖、亲密的心理感受。适合用在与温暖相关、强调幸福的商品上。

冷色调会让人联想到冰雪、蓝天，因此给人冷静、凉爽的心理感受。适合用在与降温相关、强调力量、个性的商品上。

因此，卖家在设计商品主图的色调时，首先要了解自己的商品，明白它要表达的是什么。如果是表达温暖的商品，最好不要选用冷色调配色，这样会让图片看起来很奇怪。如图 3-9 所示，图中展示的是保暖衣商品，卖家使用了橙色背景，带给人温暖的感受，让色调与商品性能保持和谐。又如图 3-10 所示，图中展示的是制冷器件，卖家使用了淡蓝色作为主图背景，从视觉上告诉买家这款商品的制冷效果非常好，图片整体色调与商品功能保持协调。

图 3-9

图 3-10

（2）互补色

互补色指的是在色相环中，两个颜色互相对立形成180°的颜色，如图3-11所示。互补色的特点是对比鲜明，如果运用不当会造成主图视觉效果刺眼，如红色配绿色。因此，建议不是美工出身的卖家在自己设计主图时，不要选择互补色作为主图色调。

如图3-12所示，红色的裙子配上了绿色的背景，裙子本身得到了突出，但是整个视觉效果十分不和谐。

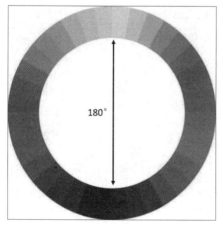
图 3-11

图 3-12

（3）对比色

对比色指的是在24色相环上相距120°到180°之间的两种颜色，如图3-13所示，黄色和蓝色互为对比色。对比色的颜色对比效果比互补色要稍微弱一点。对比色同样有比较强烈的对比效果，所以同样建议不懂配色的卖家不要使用对比色调作为主图的基本色调。

但是对比色有一个不错的用途，那就是用在主图的文字上，强调文字，不让文字被背景掩盖，同时又保证文字与背景的色调不那么刺眼。如图3-14所示，红色的色块加上黄色的文字，既有效地突出了文字，又保证了主图整体色调的和谐性。

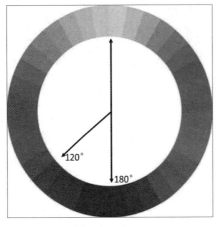

图 3-13

图 3-14

（4）邻近色

邻近色指的是色相环中相距 90° 的颜色，如图 3-15 所示。邻近色的对比效果比对比色更弱。邻近色的特点是冷暖性质比较一致，色调比较统一，如红色与橙色、蓝色与绿色、蓝色与紫色都属于邻近色。

邻近色由于性质比较接近，是卖家制作主图时较好的选择。如图 3-16 所示，卖家的背景颜色是紫色，于是卖家选择了紫色的邻近色红色作为搭配色调，图片整体色调十分和谐。

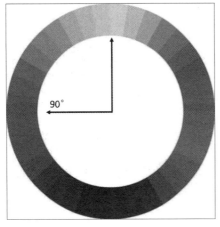

图 3-15

图 3-16

（5）同类色

同类色指的是色相环中，两种颜色的夹角小于 15° 的颜色，如图 3-17 所示。同类色的对比效果比邻近色更弱，和谐性也会更强，如黄色与橙色、绿色与黄绿色、紫色与蓝紫色等，都是同类色。

与邻近色一样同类色搭配也是比较保险的配色选择，互为同类色的颜色适合作为主图的主色调和次色调。如图 3-18 所示，这款狗粮商品的包装是米黄色，于是卖家选用了米黄色的同类色土黄色作为背景，并且文字颜色也与商品包装是同类色关系。这种搭配的结果就是主图整体色调十分和谐。

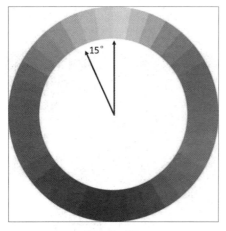

图 3-17

图 3-18

2. 设计出协调构图的"套路"

主图除了颜色协调外还需要构图协调,构图协调通俗点讲就是让图片重心稳定,保持平衡。卖家可以根据常用的构图法来保证主图的构图协调。

（1）中心构图法

中心构图法是最常用的主图构图法,其特点是将商品放在图片中心,从而突出商品本身,并且保证画面的平衡感。

中心构图法适合用在长宽比相差不是特别大的商品上,如长宽比相差不大的摆件,如图 3-19 所示。对于长宽比相差太大的商品,如数据线,单纯地放在图片中,很容易造成空旷感、倾斜感,如图 3-20 所示。

图 3-19

图 3-20

（2）对称构图法

对称构图法也是网店主图常用的构图方法,其特点是利用左右、上下等方位的元素的对称性来保证图片整体的协调性和平衡感。对称构图法带给买家的感受是比较完美与巧妙。同时对称构图法还适合于同时展现商品不同的侧面。需要注意的是,这里对称元素不仅是商品本身,还可以是色块、文字等元素。

图 3-21 所示的是典型的对称式构图,左右两边的图正好展示了服装商品的正反两个侧面,既保证

了左右的平衡，又能在主图上向买家传达商品两方面的信息。而图3-22所示的商品虽然是放在右边的，但是左边添加的文字元素与右边的商品形成较好的对称，同样保证了图片的平衡性。

图　3-21

图　3-22

（3）对角线构图法

对角线构图法顾名思义就是将商品放在主图的对角上，有效地利用了画面对角线的长度。这种构图法适合于长宽比相差比较大的商品上，如数据线、锅铲、裤子等。对角线构图会带给买家活泼、灵动的视觉感受。

图3-23和图3-24所示的分别是锅铲商品和裤子商品的对角线主图构图，灵活展现商品的同时又维持了画面的协调性。

图　3-23

图　3-24

（4）九宫格构图法

九宫格从字面意思来看就是将主图分为9个格子，其中放置不同的元素。九宫格因为均分了主图画面，所以平衡感比较强。但是由于九宫格的每一个格子面积较小，因此适合用来展现体积较小、款式又比较多的商品，如彩色橡皮泥、小摆件、耳钉、小饰品等。

图3-25所示的小摆件商品用九宫格构图法十分合适，既能展现商品的多个款式，又保证了画面的

饱和感。

卖家使用九宫格构图法不要太死板，不一定非得用9个格子，可以根据实际情况减少格子的数量，如将格子减少为"四宫格"，如图3-26所示，这样可以保证有更大的面积来展示商品。

图 3-25

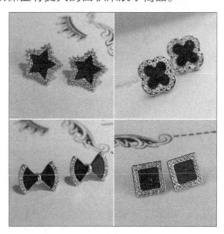

图 3-26

3. 让文字与产品协调的"秘诀"

计算机中的字体数不胜数，之所以有这么多的字体是因为不同的字体有不同的"个性"，传达出不一样的意味。图3-27所示的是字体的部分物质展现，楷体字比较端庄、柔和，方正舒体显得洒脱有灵气，而汉仪家书简字体则显得纤细、柔弱。

正是基于字体丰富的"个性"色彩，卖家在设计主图时要力求字体与商品特性搭配协调。下面将根据商品类型面向人群的不同，介绍不同字体的选择方法。

图 3-27

① 与男性、力量、金属相关的商品，适合选择粗犷、硬朗且笔直的字体。这类商品有健身器材、男士用品、数码商品等。

这类字体有：造字工房尚雅体、方正粗体、汉仪大黑简等。

图3-28所示的男士冲锋裤是与运动、力量相关的商品，其主图用了棱角分明且笔直的字体，从字体向买家传达信息，并且字体与商品特性保持一致。如图3-29所示的是健身器材商品，所以选用了粗犷类型的字体，象征着力量。

图 3-28　　　　　　　　　　　图 3-29

② 与女性、感情、温暖相关的商品适合选用纤细、婉转、柔美的字体。这类商品如鲜花、女性服装、护肤品等。

这类字体有：汉仪家书简、楷体、方正铁筋隶书简、汉仪秀英体简等。

如图 3-30 所示的塑身衣商品，图中使用了纤细的字体，从字体上传达出曲线美。而图 3-31 所示的是同一款塑身衣商品，卖家却选用了厚重的字体，这会让买家丝毫感受不到纤细感，该字体与商品的特征不协调。

图 3-30　　　　　　　　　　　图 3-31

③ 与儿童、游戏、玩耍有关的商品更适合选用圆润、可爱、有趣的字体。这类商品如儿童服装、儿童玩具、休闲零食、益智游戏产品等。

这类字体有：汉仪娃娃篆简、幼圆、方正卡通简体、华康娃娃体等。

如图 3-32 和图 3-33 所示的分别是儿童服装和儿童玩具，均使用了圆润、有趣的字体。这种字体与商品搭配在一起就十分和谐，字体的外形向买家传达了浓浓的童趣，增加了主图信息的传达效果。

图 3-32

图 3-33

> **问**：在设计主图时，除了保证主图字体的协调外，还需要保证文字位置的协调吗？
>
> **答**：卖家在设计主图文字时，如果只将注意力放在文字的字体选择上，而不注重文字位置，很可能毁了一张不错的主图。一般来说，主图文字的位置可以有以下 4 种选择。
>
> （1）放在图片底部
>
> 放在图片底部是最常见的文案位置选择，这种选择的好处在于文案信息不会破坏主图的整体性，也不会遮挡住商品本身。大多数情况下，置于图片底部的文案需要添加底色色块，以突出文字。这个位置适合只有一行字的文案。
>
> （2）放在图片左边或右边
>
> 如果文案超过一行，则最好选择放在主图的左边或右边。这个位置的文案通常采用竖式排版，显得简洁有力。
>
> （3）放在图片中间
>
> 放在图片中间的文案对主图设计者的设计水平要求较高，一般不要轻易使用，否则会破坏主图的信息传达。放在中间的文案最好是字数少、简洁的文案。
>
> （4）其他位置
>
> 除了以上 3 种文案位置，卖家还可以根据商品及构图特点灵活设计文案位置，如倾斜放置、右下角放置等。

3.1.3 实用型商品主图卖点挖掘与描述

主图的颜色搭配、字体选择、构图设计都协调了，还差一个最重要的元素，那就是卖点的表现。主图的卖点表现通常对点击率有决定性的影响。

在网店商品中，更注重卖点表现的是实用型商品，这类商品影响消费者购买决策的因素是商品的功能用途而非商品的外观。

1. 找出商品卖点的三大"宝地"

主图卖点文案是一个需要灵感刺激才能提炼得好的东西，文案设计者如果闭门造车，很可能写不出直击买家内心的文案。这里介绍3个技巧，帮助卖家快速找到商品卖点。

（1）淘宝搜索下拉列表框中的词汇

在淘宝搜索文本框中输入关键词后会弹出下拉列表框，其中显示了最近被买家热搜的关键词。这些词就代表了买家对某类商品的卖点关注。如图3-34所示，输入"狗窝"关键词，可以看到排名比较靠前的是"狗窝可拆洗"，说明购买狗窝商品的买家比较关注狗窝的可拆洗性能。如果将鼠标指针指向这个关键词，还可以看到更多层级的搜索词，如这里在"狗窝可拆洗"关键词下又发现了"小型"这个关键词。说明可拆洗的小型狗窝也是买家重点关注的商品性能。

图 3-34

对搜索下拉列表框中找到的商品卖点进行验证，可以发现确实有不少卖家有效地利用了这些商品的卖点。图3-35所示的是在淘宝中搜索"狗窝"后出现在首页的部分商品，其中第二款和第三款商品均使用了"可拆洗"这个卖点。而第一款商品则放了泰迪犬，泰迪属于小型犬，所以该卖家使用了狗窝"小型"的卖点。

图 3-35

（2）有效总结同行的主图卖点

同品类的商品不乏有做得比较好的商家，卖家可以参考同行的主图卖点进行总结提炼，然后加以利用，从而发现自己没有发现的卖点。如图3-36所示，搜索"碗架"关键词，观察排名第1~5页的商品主图卖点，并在观察的同时将这些卖点摘抄到Excel表中，以方便后续分析。在摘抄卖点时，如果指向的是同一卖点但描述不同，则记录为一个卖点。例如，碗架商品的"生锈换新"卖点和"十年不生锈"卖点，表达的意思相同，可以总结卖点为"不生锈"，并且记录该卖点出现的频率为两次。

图 3-36

卖家可以总结同品类商品排名第1~5页的卖点，这里总结了碗架商品排名前两页的卖点，结果如图3-37所示。

当完成总结后，卖家可以为卖点的出现次数进行排序，以方便筛选。如图3-37所示，❶右击"出现次数"单元格；❷选中下拉菜单中"排序"选项；❸单击级联菜单中"降序"选项。

卖点总结结果如图3-38所示，从该结果中可以发现，碗架商品最受卖家看重的卖点分别是"不生锈""加厚""特价""大号"。

图 3-37　　　　　图 3-38

（3）利用买家评价找有效卖点

对商品感受最深的当数成功交易的买家，买家在使用过程中会对商品产生切身体会。因此，查看商品的买家评论，可以发现一些隐藏的卖点。如图3-39所示，首先在"大家印象"这里，就出现了次数较多的买家评论关键词，这些词中不乏优秀卖点。其次在买家具体的评论中，也可以找到卖点。如图中的"苹果泥特别细腻"可以提取成为"打磨食物细腻"的卖点，而"保留了苹果的香味"也可以提取成为"让食物保持原汁原味"的卖点。

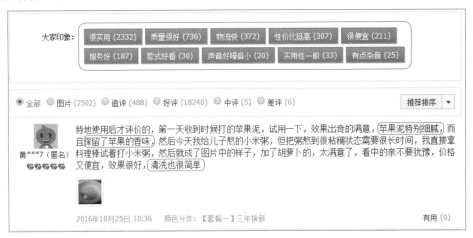

图 3-39

2. 实用型商品的卖点描述技巧

实用型商品，相比商品的外观，消费者更看重的是商品的实用价值。因此描述卖点有两个重要的方面，一是落在实处，二是有针对性。

（1）落在实处

何为落在实处？就是指卖点描述要尽量描述出商品实用的用处、优点、好处，而不是用一堆形容词天花乱坠地称赞商品。

图 3-40 所示的是搜索"果汁机"关键词后出现的部分商品。第 1 款商品的卖点很具体，表示这款果汁机榨汁迅速且容易清洗；第 2 款商品的卖点也很具体，表明这款商品具有多功能，且列出了具体的功能类型；第 3 款商品的卖点则是体积小，也很具体；但是第 4 款商品，用了三句话来夸赞这款果汁机，说它"方便""功能丰富""完美"，问题是这款商品是哪里"方便"，哪里"功能丰富"，哪里"完美"，并没有表达清楚，而买家不能从这张主图上感受到这款商品具体的优点，那么这款商品的卖点提取是失败的。

总之，要想将商品的卖点落在实处。卖家首先要摒弃虚浮的形容词，然后站在用户的角度，设想商品在使用过程中的感受，从这个方向来描述卖点，才能直击买家内心。

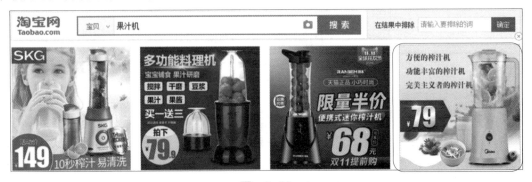

图 3-40

（2）有针对性

一款商品的卖点不止一个，卖家最好不要贪心，想将商品的所有卖点都列上去，这样反而失去了重点，不能吸引精准流量。举个例子，狗粮商品的通用性其实是比较广的，同一种狗粮可能适合多种犬类。但是当买家浏览商品时，他心里可能会有一个最大的需求，如想给狗狗补钙、想买泰迪专用狗粮、想给狗狗美毛等。如果主图正好表现出了买家需要的这个卖点，买家进行点击的可能性就会大很多，点击进入商品详情页后，成功转化的可能性也会大很多。

图3-41所示的是搜索"狗粮"商品出现的部分主图。第1款和第4款狗粮卖点提取得很精准，针对"贵宾成犬"；第2款商品的卖点也精准，可以让狗狗"美毛去泪痕"；相对来说，第3款商品的卖点精准度就不是那么的高。然而卖点精准的商品，能吸引精准的买家，从而获得精准且高转化率的流量。

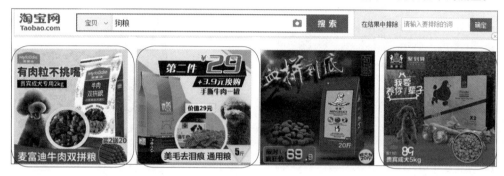

图 3-41

问：寻找商品卖点时，有必要研究与自己店铺商品排名在同一屏幕的主图卖点吗？

答： 卖家在总结商品卖点时，可以搜索商品的核心关键词，总结出排名在前5页的主图卖点。但是同样有必要研究与自己店铺商品排名在同一屏幕上的主图卖点。因为同屏商品从某种角度上来看，才是真正与自己商品竞争最激烈的商品，也将影响买家在浏览这一屏商品时是否会点击自己的商品。

卖家可以做的是，在同屏商品中，比较自己的商品主图与其他商品主图的卖点，如果卖点相似度太高，获得有效点击的可能性会降低。那么卖家可以从不同的角度来提取更新颖的卖点。例如，销售婴儿服装的商品，同屏的卖家都是从父母的角度来描述商品"品质好""材质安全"。那么卖家可开拓思维，从婴儿的角度和口吻来描述商品，如"穿着舒服""像躺在棉花里一样"。

3.1.4 以美观为主的商品卖点挖掘

在淘宝中，还有一类商品是以美观为主的，也就是说买家购买这款商品首先是看它的外观，其次才是注重它的用途。这类商品最常见的有女装、女鞋等。这种商品的流量其实与选款关系很大，款式在很大程度上决定了商品的点击率。在款式问题不大的前提下，卖家设计美观型商品的卖点有以下技巧。

1. 提高主图质量

主图的明暗看起来与卖点关系不大，但是美观型商品，其本身的展现就是一种卖点。这也是为什么许多美观型商品的主图根本没有文字，卖家只需要力求商品主图漂亮吸引眼球就成功了一大半。

对比图 3-42 和图 3-43，会发现这是同一款商品，但是前者比后者暗了很多，这样一个小小的细节就直接影响到了商品的卖点。主图不够明亮会让买家觉得这款商品不好看、有点旧、材质不好、品质不高，从而打消点击的念头。

图 3-42

图 3-43

即使是没有太多 PS 功底的卖家，要想调整图片的明暗还是很简单的。只需要将图片放到 PS 中，如图 3-44 所示，❶单击"图像"菜单项；❷选中下拉菜单中的"调整"选项；❸单击级联菜单中的"曲线"选项。

当打开"曲线"对话框后，调整曲线左右两边的位置，直到图片变得明亮为止，如图 3-45 所示。

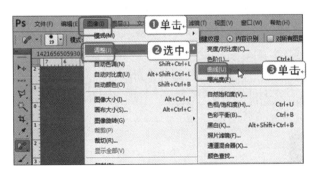

图 3-44

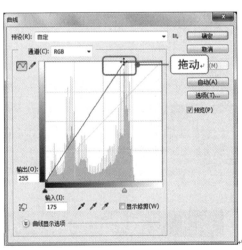

图 3-45

2. 增加买家的带入感

美观型商品的重点虽然在于外表，但是站在买家的角度，购买这种商品时的第一想法还是使用这件商品的情景。例如，一件连衣裙，买家在进行点击之前，多半设想过自己穿上这款裙子会是什么效果，这就是买家的带入感，带入感越强的商品，卖点越能得到强化，点击率自然也更高。这就是为什么许多服饰类商品的背景都是实景图的原因。

如图 3-46 所示，搜索"裙子"关键词，出现的基本上都是以实景为背景的主图，这能方便买家设想自己穿上这款裙子的效果。

图 3-46

带入感弱的例子如图 3-47 和图 3-48 所示，背景都太虚浮了，买家很难想象自己穿上这两款裙子会到这样一个虚浮的场景中去，因此带入感弱，卖点表现弱。

图 3-47

图 3-48

大师点拨 7：主图优化，去这里找行业最佳主图

主图做好后，如何判断这张主图在同行主图中的优秀程度，如何找到正确的方向进行优化？最快捷的途径，就是寻找行业中最优秀的主图，分析其主图特点，再加以利用。行业最优秀的主图可以从以下 3 个地方寻找。

1. 直通车同款主图

直通车是付费广告，卖家肯定会在直通车主图上花更多的工夫，以求更大的点击率。所以卖家们要想寻找同行优秀主图，可以浏览同品类商品的直通车主图。如图 3-49 所示，搜索结果的右边便是直通车推广主图，不难发现，这些主图的设计、卖点挖掘都更用心。

图 3-49

2. 同款商品爆款主图

一款商品能卖爆，流量是基础，而流量的基础是点击率，所以爆款商品的主图无论是设计上还是卖点上，都有值得学习的地方。如图 3-50 所示，卖家可以搜索商品关键词后进行"销量从高到低"排序，然后观察销量最好的这些同品类商品主图，分析其优点。如图中这四款爆款商品中，就有两款商品的卖点是"真空节能高压"，说明这个卖点的消费者群体比较多，或者说这是广受消费者欢迎的一个卖点。

图 3-50

3. 到钻展创意中去找灵感

钻展也是一个寻找主图优化灵感十分不错的地方。尤其是在钻展的"创意排行榜"中可以找到同品类商品的优秀创意图。如图 3-51 所示，卖家可以在钻展中自行设置要查看的创意排行榜商品类别。

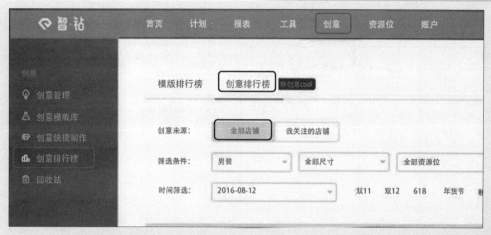

图 3-51

钻展创意排行榜中主图的图片设计、文案都可以带给卖家不少的启发。图 3-52 所示的是钻展中"男装"商品的创意图排行。"清凉一夏 只要一元""花一件钱买两件穿",都是不错的主图文案。而这些图片中,商品的摆拍方式也不错,销售男装的卖家大可模仿这类优秀主图进行主图优化设计。

图 3-52

大师点拨 8:如何优化详情页才不拖流量的后腿

表面上看详情页与流量没有关系,但是详情页会影响商品的转化率,转化率又能影响商品权重,商品权重又转而会影响搜索排名。此外,详情页的转化率大小又能检验流量的精准度,卖家可以根据这一项标准,回过头来进行流量精准的优化。

图 3-53 所示的是详情页优化思路,希望读者首先根据这张图进行思考,然后再看接下来的优化思路介绍。

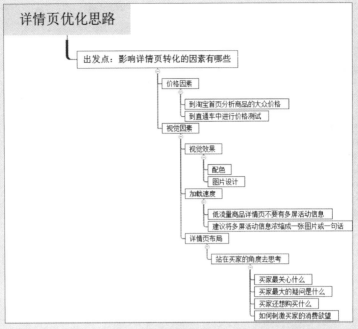

图 3-53

1. 调整好商品的价格

同品类商品，不同的价格区间其转化率肯定是有区别的。不同类目下的商品，在普通消费者心中有一个最恰当的价格区间，在这个价格区间内的商品，得到高转化的可能性更高。分析某品类商品的大众价格，最简单的方法是到淘宝中进行检验。如图 3-54 所示，输入商品关键词进行搜索后，查看最为用户喜欢的价位区间。

图 3-54

但是从淘宝首页寻找到的价格区间往往跨度比较大，不够精确。所以卖家可以进行价格测试。方法是到直通车中去进行主图测试，使用相同的一批主图，但是设置不同的价格，看哪个价格的主图点击率更高，就说明这个价格更受买家欢迎。

2. 完善详情页商品 SKU

一款商品的 SKU 属性往往有很多，例如，裤子商品可能有多个颜色属性、尺码属性。但是许多卖家却不在详情页中完整地进行 SKU 属性展示。SKU 属性不完善，导致很多买家进入详情页时没有看到他想要的属性，于是就离开了，从而导致流量的浪费。另外需要注意的是，这里的SKU完善不仅是指购物时的属性选择，还指详情页下方不同属性的大图展示，这能留住针对不同属性的潜在消费者。

如图3-55所示，这张图购物时的SKU选择十分完善，并且针对不同的属性，详情页下方也进行了大图展示，如图3-56所示。这样的SKU优化就很好。

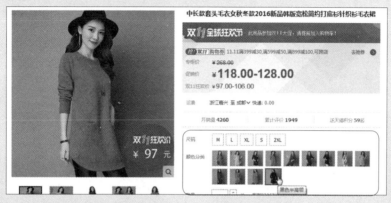

图 3-55

图 3-56

3. 高转化的详情页布局

详情页的布局是有讲究的，不是随便堆一些商品信息就能获得高转化率。卖家需要从买家的购物心理出发并进行分析。

首先买家进入详情页，最想看到的内容肯定是与商品密切相关的内容。因此，详情页的首屏要放最主要的商品信息，而不是放广告、商品优质售后服务这类次要信息。

当买家浏览了首屏后，想要继续浏览下面的内容，他的心里肯定想解决一些对商品的疑问，当疑问打消的时候，差不多也是买家准备下单的时候了。那么到底买家对商品最关心的疑问是什么呢？

这里有个技巧。

卖家可以先到淘宝或者是天猫中搜索同品类的商品，最好能找到同款商品，然后进入商品详情页中，找到商品的评价，专门看针对这款商品的差评。之所以这样做，是因为差评最能看出这款商品的问题所在，这些问题同时也是消费者心中最大的疑问所在。图3-57所示的是一款收纳箱商品的差评页面，从差评中可以分析出，对这款商品，买家普遍在担心质量问题。那么回过头来，卖家可以到自己的收纳箱商品详情中去进行内容优化，例如，写上这样的文案"实惠的价格，高质量的回报"。让买家在浏览详情页时快速解决心中一大疑问，从而留住买家。

同样的道理，如果经过差评分析，发现买家对某款商品最大的担忧是运输过程中的损伤问题。那么卖家大可在详情页首屏或首屏下面的位置放上优质物流的实拍图，让买家放心。

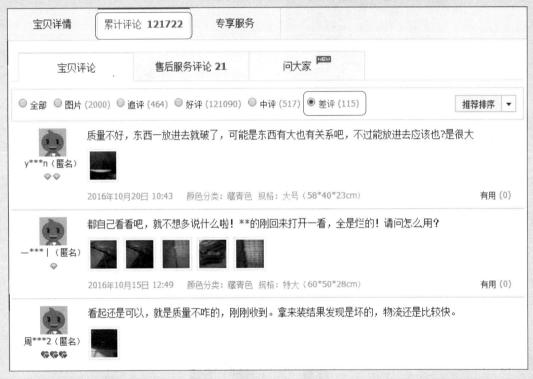

图 3-57

4. 理智地进行关联销售

在详情页中进行有效地关联销售，其要点有两条。第一是不要关联太多，否则会引起买家的反感。第二是要选择可搭配商品进行关联，最好不要关联同款商品。例如，连衣裙商品的详情页，不要全部放成其他连衣裙的关联，而是将可以与连衣裙商品相搭配的商品放在关联列表中。这样做的好处是，可以展示更多的商品给买家，也能刺激买家的购物欲望，提升客单价。

图3-58所示的是一款锅铲商品的关联商品，做得很不错。卖家站在消费者的角度去想，购买锅铲商品的买家还可能需要什么，于是放了一些配套使用的厨具。

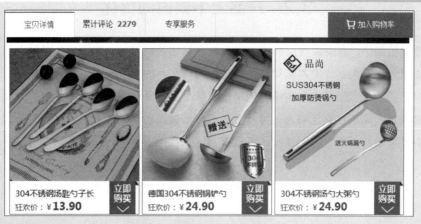

图 3-58

5. 详情页要有鼓动性

详情页能流畅地打开，清晰地描述商品，这还不能完全点燃买家的热情。这是因为电商竞争激烈，对手商品的详情页都有各种刺激人心的"收藏有礼""多买多送"等信息，而自己的详情页就只是平淡地描述商品，买家就缺少了一个购物的理由。

如图 3-59 所示，卖家在详情页前面的位置添加了一条简单的"买二送一"活动信息，就这么一条简单的信息就能对买家的购物欲望起到增强的作用。

如图 3-60 所示，这样的信息鼓动性就更强了，虽然看起来有点危言耸听，但是红色的色调加上急促的文案，能让买家加速付款决心。

图 3-59

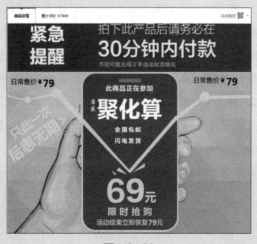

图 3-60

3.2 产品上下架时间优化

在网店搜索机制中,离下架时间越近的商品排名越靠前。因此,选择什么时候上架商品将直接关系到商品的流量大小。大部分卖家都知道要去分析同行商品的上下架时间,选择同行商品上架时间的夹缝点上架自己的商品,避开竞争高峰。但是这仅仅是上下架时间分析的一个维度,如果卖家是一个大卖家,店铺权重和商品权重足够大,为什么要避开流量高峰,错位上架商品呢?所以说,商品的上下架时间没有最准确的时间,不同情况的卖家有不同的最佳上下架时间点,这需要从多个数据维度进行分析。

图 3-61 所示的是多维度分析上下架时间的整体思路,希望读者先进行思考再接着阅读下面的内容。

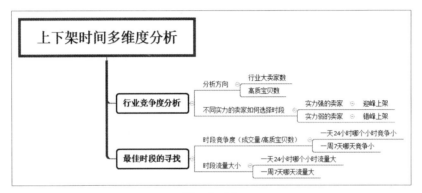

图 3-61

3.2.1 理性地判断店铺竞争力

1. 分析店铺竞争力的目的

寻找商品上下架时间,首先需要理性地判断店铺在行业中的竞争力水平。举个例子,如图 3-62 所示,是生 e 经中显示的"咖啡/麦片/冲饮"行业的商品在 2016 年 5 月不同时段的成交量分布图。

从图中可以看出,22 时是成交量最大的时间点,说明这个时间的买家流量特别大。那么对于竞争力十足的卖家来说,这就是最佳的上架时间点,因为大卖家有足够的实力获得好的排名。但是对于竞争力稍微弱一点的卖家来说,在 22 时上架这类商品,虽然会迎来流量高峰,但是同类竞品也很多,在这个时候可能反而得不到好的排名,还不如退而求其次选择 10 时上架,这个时段成交量也不错,竞争可能会小一点。

总结一下就是,卖家的竞争水平决定他能选择什么流量水平的时段。

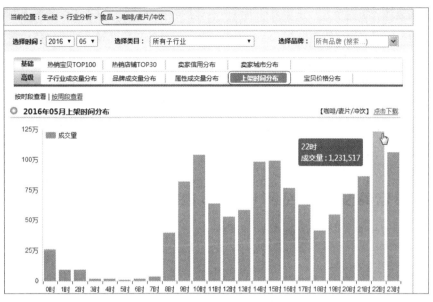

图 3-62

2. 利用"大卖家"数据分析竞争力

在生 e 经中,有各大小行业的"卖家信用分布",既然卖家信用是影响店铺权重、衡量卖家实力的重要因素之一,那么就可以利用卖家的信用分布数据客观地分析自己的店铺在行业中的水平。

如图 3-63 所示,进入生 e 经,选择一个行业打开其"卖家信用分布",如这里选择了"食品 > 咖啡 / 麦片 / 冲饮"行业。然后选择一个最近的时间点,如这里选择了 2016 年 5 月。

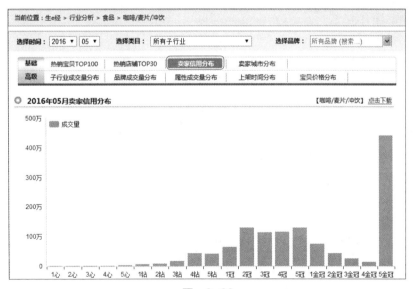

图 3-63

首先可以看到卖家信用分布条形图,卖家可以从图中粗略看出不同信用下的卖家在行业下的商品成交量的大小,不难看出"5 金冠"的卖家销量是最大的。这样的数据结果再次说明,信用是衡量卖家实力的重要因素,信用影响到了店铺商品的销量。

但是要想细致地分析竞争力,还需要往下浏览具体的数据表。图 3-64 所示的是不同信用下的卖家数量数据表。卖家可以将这张表复制到 Excel 表中,进行简单的求和计算,算出比自己信用高的卖家数量有多少,比自己信用低的卖家数量有多少。

例如,"食品 > 咖啡 / 麦片 / 冲饮"行业下的某卖家级别是 1 冠,那么信用高于 1 冠的卖家都算是实力强大的竞争对手,而信用等于或低于 1 冠的卖家都可以视为实力较弱的竞争对手。根据图 3-64 中的数据,经过简单的加减计算,可以算出级别为 1 冠的卖家,其强大竞争对手的数量是 11312 个,而较弱竞争对手的数量是 29561 个。

信用	成交量	销售额指数	高质宝贝数	大卖家数
1心	880	2	38	37
2心	6118	20	243	180
3心	8742	28	314	215
4心	14641	40	428	239
5心	24970	82	566	291
1钻	60366	177	1143	583
2钻	85847	285	1793	756
3钻	158586	525	2601	1006
4钻	427398	1469	5874	1785
5钻	406995	1349	5942	1555
1冠	651133	1948	8515	1677
2冠	1289949	3919	13276	2067
3冠	1139678	3585	9754	1159
4冠	1158456	3749	8266	848
5冠	1287313	3303	7448	607
1金冠	755425	1986	3493	198
2金冠	434704	1308	1369	88
3金冠	246576	469	1081	43
4金冠	132794	119	313	13
5金冠	4407987	10000	7207	7

图 3-64

为了更直观地进行数据分析,这里将前面计算出的数据进行可视化处理,做成更直观的数据图,图 3-65 所示的是"食品 > 咖啡 / 麦片 / 冲饮"行业下信用为 1 冠的卖家实力分析图。从图中可以看到,该卖家实力在此行业中处于靠前的水平,完全有能力选择流量次高峰期上架商品。

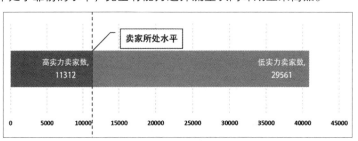

图 3-65

但是如果卖家的信用为 1 钻,则会是另一种情况。图 3-66 所示的是"食品 > 咖啡 / 麦片 / 冲饮"行业下信用为 1 钻的卖家实力分析图，该卖家实力处于靠后水平，只能尽量选择大卖家上架的夹缝空隙上架商品。

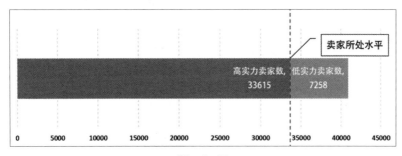

图 3-66

3. 利用"高质商品数"数据分析竞争度

在生e经的"卖家信用分布"中还可以看到不同级别卖家的"高质商品数"，即优质商品数量。一般来说，优质商品数虽然不等于实际的商品数，但是可以从侧面反映出该行业竞争的激烈程度。尤其是实力不强的中小卖家更需要进行这个维度的分析，以便客观评估出不同的上架时间点。现在淘宝搜索机制改变了，在淘宝中已经不能通过关键词搜索判断某类商品的具体数量，所以这个方法是不错的分析方法。

如图 3-67 所示，卖家可以将生e经中的数据复制到 Excel 表中利用公式进行求和计算，快速得到某行业下的高质商品数总和。

	A	B	C	D	E
1	信用	成交量	销售额指数	高质宝贝数	大卖家数
2	1心	850	1	201	182
3	2心	9880	17	1022	810
4	3心	14487	33	1708	1141
5	4心	16597	30	1790	1062
6	5心	31925	58	2737	1436
7	1钻	68871	132	5623	2627
8	2钻	126423	235	8294	3223
9	3钻	226006	474	11694	3798
10	4钻	483731	913	23390	5881
11	5钻	631365	1173	25568	4717
12	1冠	935441	1824	33276	4684
13	2冠	1632611	3031	56398	5137
14	3冠	1453481	2393	46443	2680
15	4冠	1593826	2874	44205	1741
16	5冠	2177118	3409	45280	1165
17	1金冠	1292452	1723	20057	335
18	2金冠	1266528	1878	11671	159
19	3金冠	915612	1038	7995	68
20	4金冠	679616	1112	4130	19
21	5金冠	7687309	10000	11583	8
22	总数			363065	

图 3-67

这里对"食品 > 咖啡 / 麦片 / 冲饮"行业下的"蜂蜜果味茶""藕粉""冲饮麦片""芝麻糊" 4 种商品进行了高质商品数统计分析，其结果如图 3-68 所示。

从这个结果可以看出，哪怕是同一行业下，不同的细分类目，其竞争程度也是完全不一样的。在这

4种商品中，销售"冲饮麦片"的卖家竞争度最大，那么该行业下实力较弱的卖家需要更保守地选择上架时间点。而销售"芝麻糊"的卖家竞争度最小，那么该行业下实力较弱的卖家可以大胆一点，选择流量较高峰上架商品。

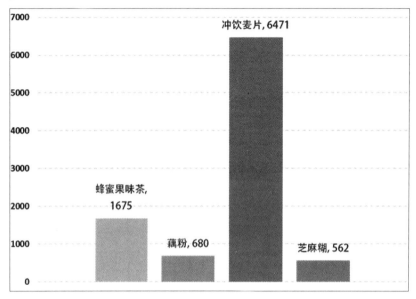

图 3-68

3.2.2 找准竞争较小的时段

当卖家使用3.2.1节的方法，对自己的店铺实力有了一个客观的判断后，就可以着手开始分析店铺商品的上架时间了。对于卖家来说，最佳上架时间点 = 竞争较小时段 + 流量较高时段。

1. 一天24小时，哪个时段竞争最小

寻找竞争较小的时段，同样可以在生e经中进行。如图3-69所示，在生e经中找到行业类目下的"上架时间分布"选项卡，如这里选择了"食品 > 零食/坚果/特产"行业。

图 3-69

在"上架时间分布"选项卡下，首先可以看到该行业商品在一天24小时中不同时段的"成交量""销售额指数"及"高质商品数"，如图3-70所示。

为了近一步分析不同时段的竞争程度，这里将图3-70所示的数据复制到Excel表中进行分析，具体步骤如下。

第一步 如图 3-71 所示，❶ 重新命名一列数据，这里选择 F 列，命名为"竞争度"，并输入文字；❷ 在"F2"单元格中将输入法切换到英文状态下并输入公式"=b2/d2"，表示用"b2"单元格的"成交量"数据除以"d2"单元格的"高质商品数"数据，通过计算一个高质商品数在某一时段平均能获得的销量来衡量这个时段的竞争度大小。

第二步 如图 3-72 所示，算出第一行的竞争度数据后，将鼠标指针放在该单元格的右下角，当鼠标指针变成黑色十字形状时，按住鼠标左键不放往下拖动鼠标，以此来复制公式。

上架时段	成交量	销售额指数	高质宝贝数
0时	2427487	3786	6464
1时	551025	852	2166
2时	264037	400	1012
3时	51471	82	466
4时	55776	52	363
5时	48906	74	356
6时	138197	201	653
7时	425240	456	2034
8时	1851444	2640	8554
9时	4987114	7055	18748
10时	6058131	9158	28792
11时	6157677	10000	24726
12时	2877933	4695	16786
13时	3603254	5050	19432
14时	5694832	8544	24039
15时	5992407	8029	27400
16时	5271198	7481	27368
17时	4591496	5984	21762
18时	3630405	4873	15158
19时	2847419	3721	13380
20时	3980805	5053	18195
21时	4080142	4948	20160
22时	6952212	7677	18752
23时	6776731	8095	12242

图 3-70

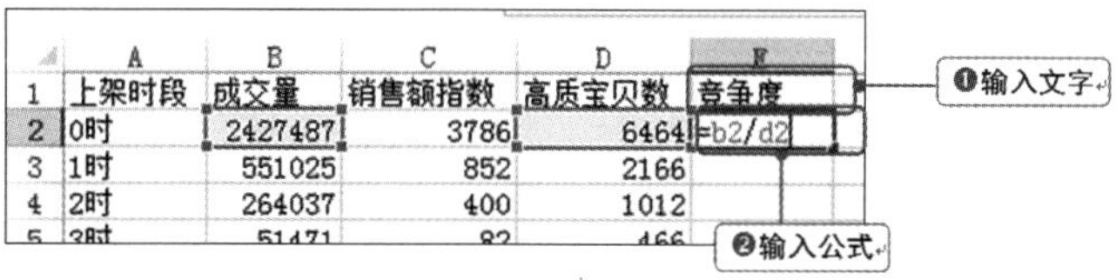

图 3-71

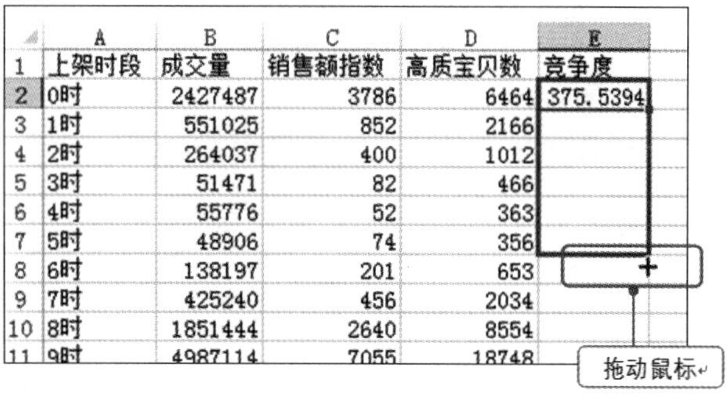

图 3-72

第三步 当完成公式复制后，就能计算出一天 24 小时不同时段的竞争度。这里为了方便数据比较，对数据进行排序操作，如图 3-73 所示，❶ 右击"竞争度"单元格；❷ 选中下拉菜单中的"排序"选项；❸ 单击级联菜单中的"降序"选项。

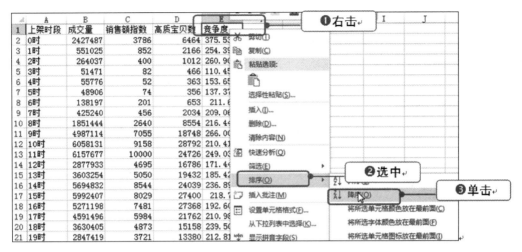

图 3-73

完成计算且排序后的结果如图 3-74 所示，从这张表中，卖家完全可以轻松比较出某行业下的商品在一天中什么时段的竞争度最小。

2. 一周 7 天，哪一天的竞争度最小

寻找完一天 24 小时中竞争度较小的时段后，还需要分析一周 7 天哪一天的竞争度最小。卖家可以按照相同的方法，计算出一周 7 天每一天的竞争度大小。图 3-75 所示的是"食品 > 零食 / 坚果 / 特产"行业下的商品在一周 7 天的竞争度比较。利用这个数据结果，卖家可以轻松找出竞争较小的时段。

图 3-74

图 3-75

3.2.3 找准流量较大的时段

卖家找出竞争度较小的时段还不够，还要看时段的流量大小。例如，凌晨 4 时，竞争确实很小，但是网上购物的消费者也很少，这样的时段就不算是最佳时段。分析时段的流量，同样要从一天 24 小时和一周 7 天两个维度进行分析。

这里以生e经不同时段的成交量进行分析，因为成交量大的时段在很大程度上说明这个时段的流量也很大。

1. 一天 24 小时，哪个时段流量最大

在生 e 经的"上架时间分布"数据中，可以利用条形图比较直观地看到不同时段的商品成交量大小。但是数据没有经过排序，卖家不能快速进行时段成交量比较，如图 3-76 所示。

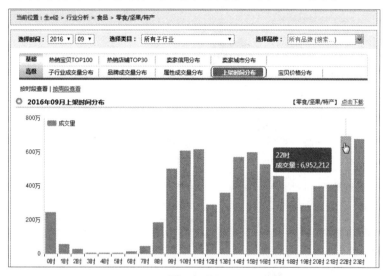

图 3-76

对生 e 经中的时段成交量数据进行排序很简单，只需要将数据复制到 Excel 表中，然后进行如图 3-77 所示的操作就可以了。❶右击"成交量"单元格；❷选中下拉菜单中的"排序"选项；❸选择级联菜单中的"降序"选项。

排序结果如图 3-78 所示，从这张表中可以快速看出成交量高的时段分别是 22 时、23 时、11 时、10 时。

图 3-77　　　　图 3-78

2. 一周 7 天，哪一天的流量最大

在生 e 经中，有一周 7 天每天的成交结果条形图，并且一周只有 7 个数据量，所以分析周段数据，卖家可以直接在生 e 经中进行观察，不用在 Excel 中进行数据排序。图 3-79 所示的是生 e 经中"食品 > 零食 / 坚果 / 特产"行业下一周 7 天不同天数下的成交量分布图。从图中可以快速看出周三、周四、周一是成交量不错的时间。

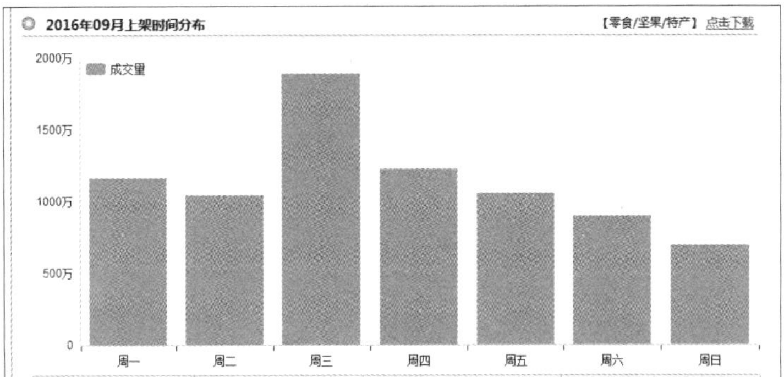

上架周段	成交量	销售额指数	高质宝贝数
周一	11595739	8064	50046
周二	10378744	6594	50887
周三	18833371	10000	56180
周四	12188462	7718	51262
周五	10537105	6598	47152
周六	8894195	5726	38690
周日	6887723	4220	34791

图 3-79

问：总结出竞争小的时段和流量大的时段后，如何准确找到上架时间点？

答： 通过分析一天 24 小时及一周 7 天不同时段的竞争度，以及不同时段的流量大小后，卖家可能会觉得数据量较多，有点儿混乱，不好整理。在这种情况下，卖家最好准备一张 Excel 表，将每一条分析结果都在表中列出来，然后直观地找到备选时间点，如图 3-80 所示。

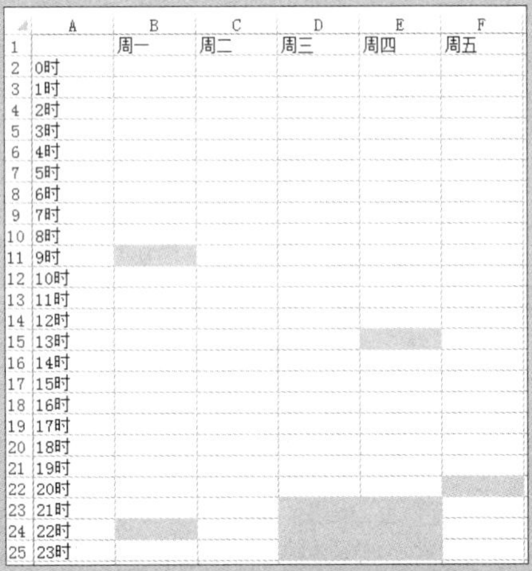

图 3-80

3.2.4 精细化避开竞争对手

网店商品的特点之一就是同质化严重。试想一下，同一款商品，有多位卖家同时销售，并都选择了同一时段上架，结果如何？自然是实力更强的卖家获得更好的搜索排名。就算排名相同，对于买家来说，也会选择销量更好、价格更实惠的店铺。

图 3-81 所示的是搜索关键词"切菜机"之后显示出来的部分商品。从图中可以看到，第 2 款和第 3 款商品是类似款商品，颜色、外形都很像，价格和销量也接近。这样的两款商品就是最直接的竞争商品。卖家最好避开直接竞争品上架。那么卖家就需要精确了解对手的下架时间。

图 3-81

要想知道对手商品的下架时间，有很多工具都可以查看。但是这些工具大多数要付费，这里就推荐一款免费工具。如图 3-82 所示，搜索关键词"店侦探"进入其官网页面，然后单击右上角的"淘宝运营神器"按钮。

图 3-82

接着在打开的页面中，单击"一键在线安装"按钮，如图 3-83 所示。为自己的浏览器安装一个插件。

图 3-83

当插件安装成功后，卖家就可以看到每一款商品的具体下架时间了，如图 3-84 所示。卖家需要做的是排除最直接、最强大竞争品的上架时间。

图 3-84

大师点拨 9：充分利用橱窗推荐优化流量

淘宝商品的橱窗推荐就相当于实体店铺中的玻璃窗，实体店铺中的商品数量很多，卖家不可能让每一件商品都充分地展示在消费者眼前，因此实体店铺的卖家往往会在透明的落地玻璃窗中放置最具吸引力的物品，让路过的消费者能一眼就看到，从而进店购物。而淘宝的橱窗推荐可以提高商品的搜索权重，从而比店铺中没有橱窗推荐的同类商品获得更好的排名。

1. 店铺橱窗位推荐情况

网店中的橱窗位的展示意义很强，卖家很有必要充分利用。如图 3-85 所示，卖家可以在"卖家中心"的"商品管理"中单击"橱窗推荐"按钮，打开"橱窗推荐商品"页面，查看店铺的橱窗推荐商品，或者是进行操作。

在"橱窗推荐商品"页面中，卖家还可以看到自己的店铺橱窗位利用了多少。如图中显示的"已推荐（15/15）"，表示卖家店铺中有15个橱窗位，每一个都被利用上了。卖家一旦发现还有没利用的橱窗，就要赶紧加以利用。

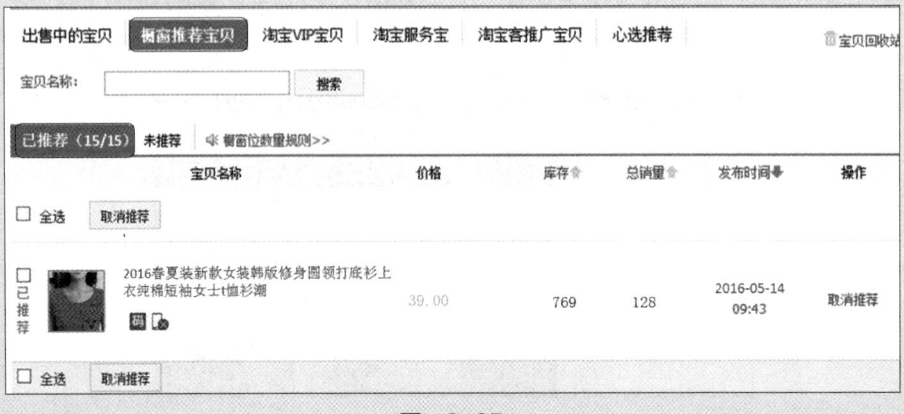

图 3-85

2. 橱窗位数量规则

既然橱窗位这么有用，卖家们肯定都想多多益善吧？可惜淘宝平台对橱窗位的数量有着相当严格的规定，不是卖家想要多少个橱窗就有多少个橱窗的。

卖家将鼠标指针放在“橱窗推荐商品”页面中的“橱窗位数量规则上”，就会出现店铺中的橱窗数量情况及规定。图 3-86 所示的是某卖家店铺的橱窗位，从中可以看出，橱窗位数量与卖家的信用等级、开店时间、消保、店铺周成交额、金牌卖家、违规扣分这些因素都有关系，所以卖家要想获得更多的橱窗位，还需要靠自己的努力经营。

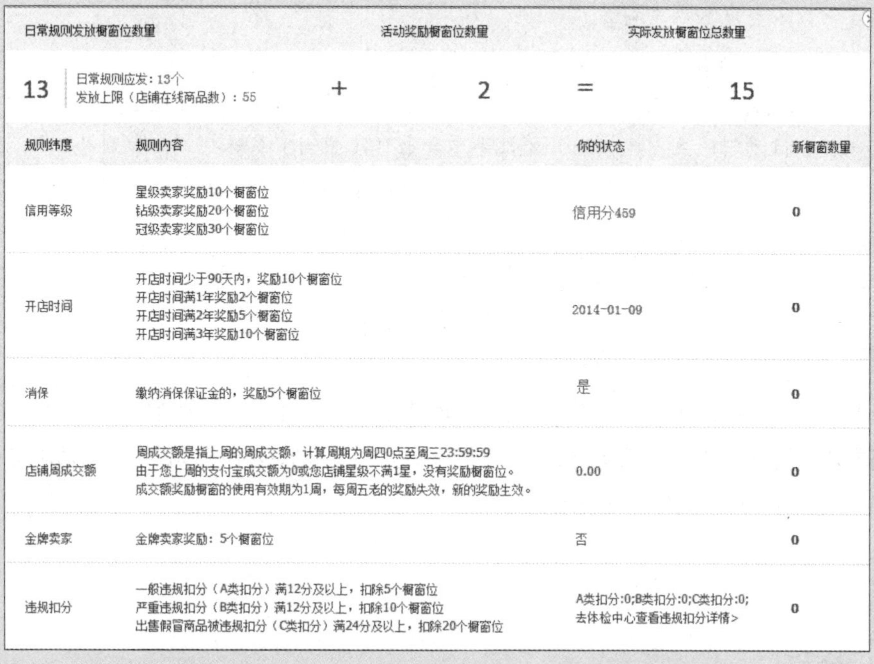

日常规则发放橱窗位数量		活动奖励橱窗位数量		实际发放橱窗位总数量
13	日常规则应发：13个 发放上限（店铺在线商品数）：55	+ 2	=	15

规则纬度	规则内容	你的状态	新橱窗数量
信用等级	星级卖家奖励10个橱窗位 钻级卖家奖励20个橱窗位 冠级卖家奖励30个橱窗位	信用分459	0
开店时间	开店时间少于90天内，奖励10个橱窗位 开店时间满1年奖励2个橱窗位 开店时间满2年奖励5个橱窗位 开店时间满3年奖励10个橱窗位	2014-01-09	0
消保	缴纳消保保证金的，奖励5个橱窗位	是	0
店铺周成交额	周成交额是指上周的周成交额，计算周期为周四0点至周三23:59:59 由于您上周的支付宝成交额为0或您店铺星级不满1星，没有奖励橱窗位。 成交额奖励橱窗的使用有效期为1周，每周五老的奖励失效，新的奖励生效。	0.00	0
金牌卖家	金牌卖家奖励：5个橱窗位	否	0
违规扣分	一般违规扣分（A类扣分）满12分及以上，扣除5个橱窗位 严重违规扣分（B类扣分）满12分及以上，扣除10个橱窗位 出售假冒商品被违规扣分（C类扣分）满24分及以上，扣除20个橱窗位	A类扣分:0;B类扣分:0;C类扣分:0; 去体检中心查看违规扣分详情>	0

图 3-86

3. 橱窗使用小诀窍

使用店铺中的橱窗位来增加店铺商品的曝光率，从而获得好的排名，可不是简单地将商品设置为橱窗推荐这么简单，还得讲究策略。这就和田忌赛马的故事一样，同样的三匹马，在田忌使用了不同的赛马策略后，输赢结果就大大不一样了。下面来看看淘宝店铺橱窗位的使用小诀窍。

（1）充分利用橱窗位

这一条要点不必多加解释，其核心就是不要让橱窗位空着，橱窗位中的商品要尽量是具备一定竞争力和性价比的商品，这样才能让有限的橱窗位发挥最大的价值。

（2）将快下架的商品设置为橱窗推荐

卖家都知道，商品离下架时间越近，越能获得好的排名。所以卖家要抓住这个特点，时时检查店铺中的商品，将快下架的商品设置为橱窗推荐，让该商品获得最好的排名。

（3）将促销商品设置为橱窗推荐

店铺中的促销商品肯定是需要大量达成交易的商品，那么这个时候卖家就可以将这类商品设置为橱窗推荐，从而增加商品促销的效果。

（4）将店铺商品分类为可推荐和不用推荐

店铺中由于商品的价格、质量等因素不同，就决定了不同商品的销量也不同：有的商品如果不进行推荐就会成为没有流量、没有销量的商品，卖家就需要将这样的商品归类到可推荐商品类型中；而有的商品如果进行推荐就能有很好的流量和销量，一旦取消推荐就表现平平，这样的商品也需要归类到可推荐商品中。同样的道理，对于店铺中市场需求大、销量已经很好的商品，就算是加入橱窗推荐也不能使其再有更大的提高，对于这样的商品卖家就可以归类为不用推荐商品，从而节约橱窗数量，将宝贵的橱窗位用到真正需要推荐的商品上。这样的做法或许牺牲了部分商品的一点流量、销量，但是可以有效提高全店业绩。

（5）最好不要改动橱窗位中的商品

随意地改动橱窗位中的商品可能会引起商品下架或者是橱窗位数量的减少。同时对于已经有销量的商品来说，改动它的主图、标题、属性等元素也可能被淘宝系统判定为换商品犯规，从而降低搜索权重，所以无论从哪个角度来考虑，橱窗中的商品最好都不要随意进行改动。

本章小结

本章开始正式进入引流实战操作部分，从主图优化到商品的上下架时间的分析确定，均使用了实实在在的分析方法，并且通过思维导图来帮助卖家理清思路。希望卖家在学习过程中能灵活地进行实战操作，针对自己的店铺做到"没有最好，只有最合适"。

SEO搜索营销第二步——标题关键词及标题组合

本章导读

本章开始介绍卖家最为关心的商品标题及关键词选择。考虑到读者朋友会有大、中、小型店铺，订购了和没有订购"生意参谋"的卖家，以及会数据分析和不会数据的卖家。因此，本章将从多个角度进行标题及关键词的知识介绍。帮助卖家从不同的渠道找到优秀的关键词，同时配上案例及实操介绍关键词的数据分析，并介绍运用相关的免费工具和渠道，以此来帮助没有订购"生意参谋"的卖家分析关键词。

知识要点

通过本章内容的学习，卖家需要充分了解商品标题是怎么一步一步组合而成的。学完本章内容需要掌握的具体相关技能如下。

● 最全面的标题关键词找词渠道
● 如何从数据及消费者的角度分析关键词的优秀程度
● 不同实力的卖家应该如何选词
● 如何从零开始培养关键词权重
● 高流量标题的组合原理

4.1 建立关键词词库——十大找词渠道

网店大部分消费者会通过关键词搜索的渠道进行商品浏览。"揣摩"出消费者会搜索哪些词,是商品标题组合的第一步。为了给商品标题找到有效的关键词,卖家不能仅凭个人经验判断。一定要跟上市场变化的脚步,通过不同的渠道检测出最新的关键词表。

事实上,标题关键词的找寻渠道很多,如果卖家的渠道不如同行竞争对手丰富,可能就会错失一些有效关键词。卖家不仅需要知道这十大找词渠道,还需要知道各渠道关键词的特点,以便在建立词库时更有侧重点。

4.1.1 从 PC 端、移动端搜索下拉列表框中找词

在搜索下拉列表框中寻找关键词包括了 PC 端、移动端、淘宝平台和天猫平台的下拉框词 4 个方面。并且卖家需要利用工具如 Excel 表将搜索词收集起来,以便后期数据分析。下拉找词有两个原因:一是这些词是淘宝平台总结出来的热门搜索词;二是很多消费者会直接选择下拉列表框中的词进行商品搜索,所以这些词带来的流量会很大。

1. 从 PC 端搜索下拉列表框中找词

在 PC 端打开淘宝首页,输入一个与商品相关的关键词,立刻就会出现与该关键词相关的最近热门搜索词。

如图 4-1 所示,输入关键词"棉衣男"后会出现一些与之相关的一系列关键词,卖家不仅需要关注这些词,还需要关注下一层级的关键词。例如,卖家的商品为一款青年男士棉衣,那么"棉衣男青年"的下一层级关键词,如中长款、短款等也是重点关注对象,这些词同样需要被收集。

为了找到热门长尾关键词,卖家可以对淘宝下拉列表框中找到的词再次进行相关词寻找,如这里通过下拉列表框找到了一个关键词"棉衣男青年",那么将这个词输入到搜索文本框中,会出现该词的长尾关键词。因为长尾关键词带来的流量更精准,卖家同样需要关注,如图 4-2 所示。

由于淘宝平台的搜索机制改变了,在淘宝进行关键词搜索后不再出现商品数量,但是天猫平台可以看到。而且卖家收集关键词,并不是只收集这个词本身就可以了,而是要尽可能地将连词的数据一起收集。

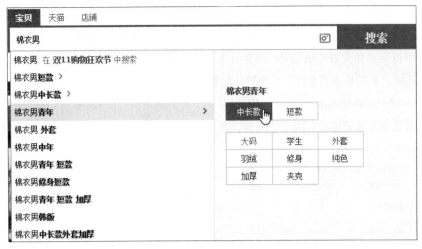

图 4-1

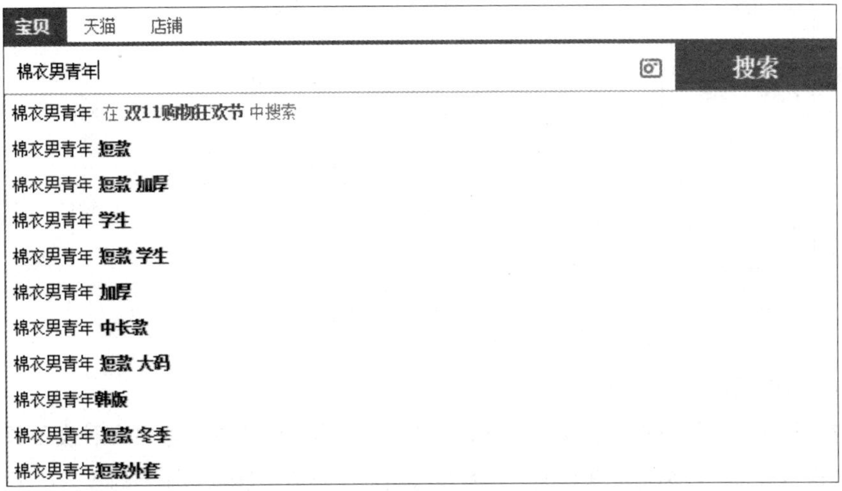

图 4-2

尤其是天猫平台的卖家，需要将关键词输入到天猫搜索文本框中，在收集关键词的同时将天猫商品数据一起记录下来。图 4-3 所示的是同一个关键词"棉衣男"在天猫搜索下拉列表框中的结果。

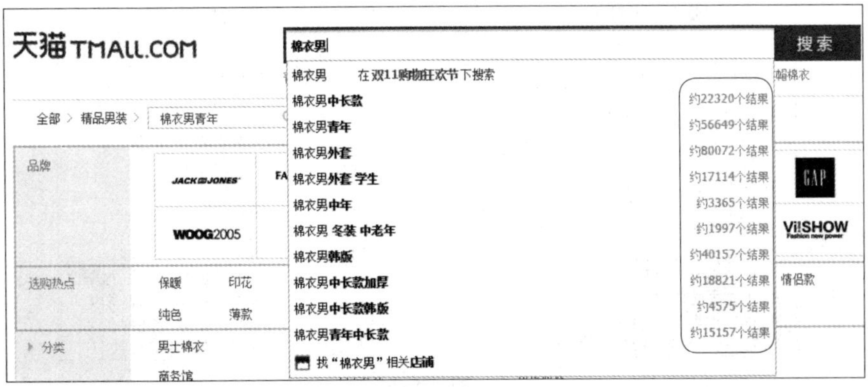

图 4-3

2. 从移动端搜索下拉列表框中找词

随着移动端的崛起，无线流量优化的重要性也越来越明显。但在移动端，由于手机屏幕比 PC 端计算机屏幕小，所以买家的搜索习惯与 PC 端有所不同。在移动端，买家倾向于输入更短的词，并从下拉列表框中进行选择，也就是说买家对下拉词的依赖更重。

图 4-4 所示的是在移动端搜索关键词"棉衣男"的下拉词结果，将此结果与 PC 端相比，是有所不同的。同时卖家也需要关注关键词在移动端的长尾词，并进行拓展研究。图 4-5 所示的是将下拉列表框中找到的词"棉衣男青年"进行相关长尾词寻找的结果。

图 4-4　　　　　　　　　图 4-5

3. 正确保存收集到的关键词

正确保存关键词的重要性在于，卖家最终建立起来的关键词库数据很多并且种类不单一，如果不能有条理地将其保存起来，容易造成在后期进行数据分析时，不能准确得到需要的数据。图 4-6 所示的是淘宝下拉词保存的示例，这里对这张词表进行了备注，并且标明了日期，同时也将词进行了清晰的分类。

	A	B	C	D
1	备注：男士棉衣下拉框关键词寻找　2016年10月25日			
2	PC端淘宝下拉	PC端天猫下拉		无线端关键词
3		关键词	宝贝数	
4	棉衣男短款	棉衣男中长款	22320	棉衣男中长款
5	棉衣男中长款	棉衣男中青年	56649	棉衣男 外套
6	棉衣男青年	棉衣男外套	80072	棉衣男韩版
7	棉衣男青年 中长款	棉衣男外套 学生	17114	棉衣男短款
8	棉衣男青年 短款	棉衣男中年	3365	棉衣男青年 短款
9	棉衣男青年 大码	棉衣男冬装 中老年	1997	棉衣男中年
10	棉衣男青年 学生	棉衣男韩版	40157	棉衣男青年 学生
11	棉衣男青年 外套	棉衣男青年中长款	15157	棉衣男童
12	棉衣男青年 羽绒	棉衣男青年纯色	37149	棉衣男青少年
13	棉衣男青年 修身			棉衣男青年 学生
14	棉衣男青年 纯色			棉衣男青年 短款 加厚
15	棉衣男青年 加厚			棉衣男青年 短款 学生
16	棉衣男青年 夹克			棉衣男青年 加厚
17	棉衣男青年 短款 加厚			棉衣男青年 中长款

图 4-6

4.1.2 通过移动端"方块词"找词

在淘宝移动端,大多数卖家都会关注搜索下拉词,却忽视了"方块词"。所谓"方块词"指的是在移动端进行商品关键词搜索后,搜索结果中出现的推荐词。由于移动端屏幕小的原因,买家更倾向于选词而非搜词。因此这些小方块中的关键词点击率也是非常高的,带来的流量不可小觑。

图 4-7 所示的是在移动端搜索关键词"打底裤"后出现的结果。从结果中可以看到一些白色小方块中的关键词。卖家还需要继续拖动页面,寻找到更多的"方块词"。图 4-8 所示的是拖动页面后又发现的打底裤商品推荐的"方块词"。卖家需要将这些词收集起来。

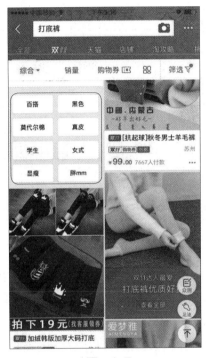

图 4-7

图 4-8

问: "方块词"的变动会不会很大,如果变动大,收集还有意义吗?

答: 有的卖家担心"方块词"会随时变动,从而认为没有收集的意义。其实不只是方块词,就连淘宝的下拉词及其他地方找到的关键词都是有变动性的。毕竟市场在变化,消费者的搜索习惯也在变化。卖家需要明白的是,收集关键词没有一劳永逸的方法。正是如此,卖家才需要为每一次收集到的关键词标注上日期,以便保证词库的更新。

对于移动端的"方块词",卖家最好时刻关注,如果发现有新词,就立刻更新词库,一般来说,建议每5~10天更新一次比较好。

4.1.3 通过淘宝排行榜找词

淘宝排行榜是淘宝系统根据平台数据统计出来的消费者最新的搜索动向与商品成交动向的反映。淘宝排行榜的关键词还带有具体的搜索升降数据，方便卖家后期分析。关键词的搜索升降数据，对于销售与季节相关商品的卖家尤其有用。例如服装商品，卖家可以提早发现商品的换季动向。

1. 进入淘宝排行榜的方法

进入淘宝排行榜的方法有两种。卖家首先可以在淘宝首页的搜索文本框下方看到一些热门搜索推荐词。单击后面的"更多"链接，即可进入淘宝排行榜页面，如图4-9所示。卖家也可以在浏览器中直接输入"淘宝排行榜"关键词进行搜索，然后单击"淘宝排行榜"链接进入淘宝排行榜官网，如图4-10所示。

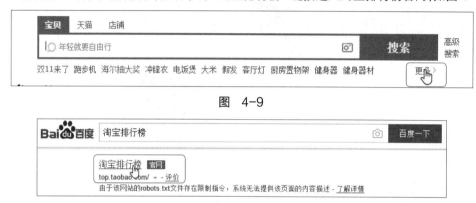

图 4-9

图 4-10

2. 收集淘宝排行榜中的数据

进入淘宝排行榜页面后，卖家首先可以看到"今日关注上升榜"，在这里可以发现淘宝和天猫中当天搜索上升最快的关键词，如图4-11所示。卖家可以将词及词的"关注指数""升降位次"一同收纳到自己的关键词库中。

关注"今日关注上升榜"还有一个好处，卖家容易在这里找到潜力词。有的词可能是从某一天突然受到买家关注的，这类词可能是新产品，卖家需要看看这种产品与自己店铺的商品有无相关性，如果有，则要加以利用。

图 4-11

在淘宝排行榜首页还能看到“一周关注热门榜”，如图 4-12 所示。这里的词就比“今日关注上升榜”持续性更好，毕竟关键词是持续一周都被热门关注的，搜索热度趋于稳定。因此可以将其中的词记录下来，图 4-13 所示的是单击“一周关注热门榜”页面中的“完整榜单”链接后出现的更多关键词数据。

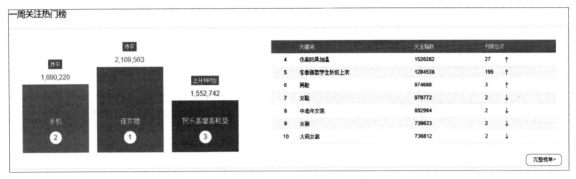

图 4-12

首页 > 一周关注人气 >

排名	关键词	关注指数	升降位次	升降幅度
1	连衣裙	2109563	0 -	0% -
2	手机	1690220	0 -	0% -
3	祝乐高增高鞋垫	1552742	197 ↑	100% ↑
4	仿真阳具加温	1520282	27 ↑	87.1% ↑
5	冬季新款学生针织上衣	1284538	195 ↑	100% ↑
6	男鞋	974688	3 ↑	33.3% ↑
7	女鞋	970772	2 ↓	40% ↓
8	中老年女装	892964	2 ↓	33.3% ↓
9	女装	739623	2 ↓	28.6% ↓

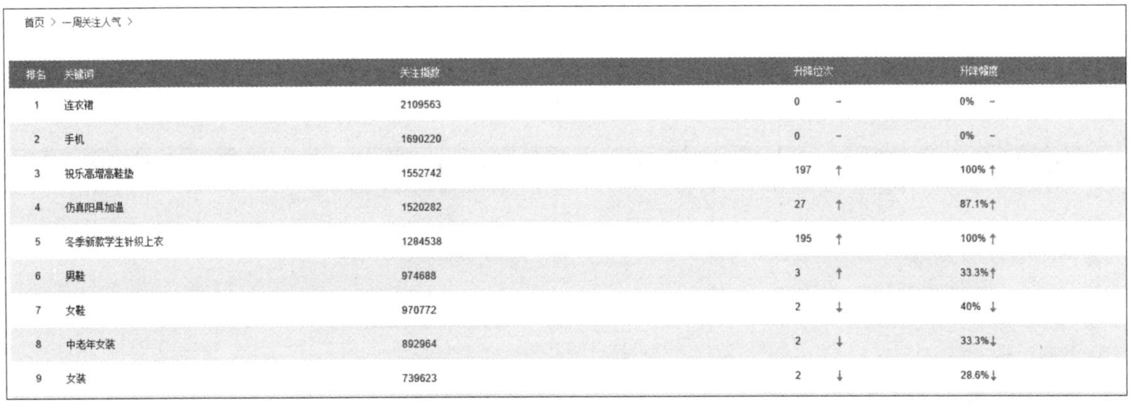

图 4-13

在淘宝排行榜中，可以查看不同类目下的热门关键词。但是并不是所有类目都能查看，有一些小的冷门类目无法查看。图 4-14 所示的是卖家可以选择查看的八大类目商品。点击进入某一大类目，还可以继续选择查看更小类目下的商品关键词，如这里选择“服饰”类目下的“女士皮衣”类目。

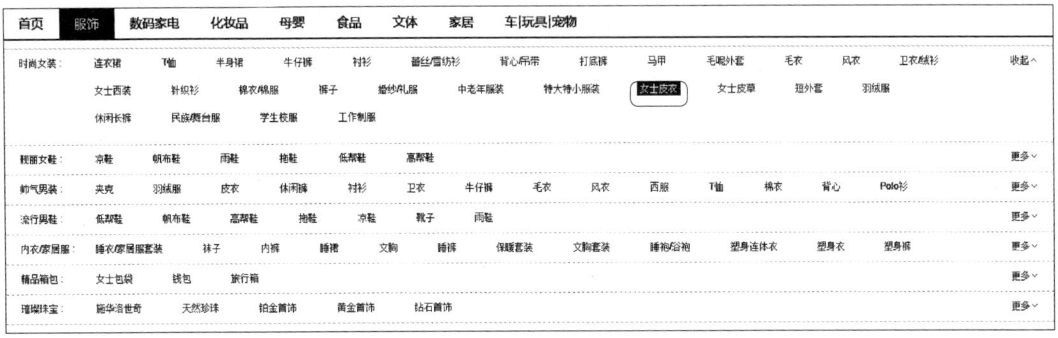

图 4-14

卖家选择好类目后，首先可以查看“销售上升榜”，如图 4-15 所示，在该榜单中，虽然查看到的是完整的商品标题，但是商品标题是由关键词组成的，卖家完全可以分析这些标题的关键词，将其与自己店铺中的商品相关性大的词摘抄下来。

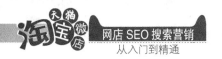

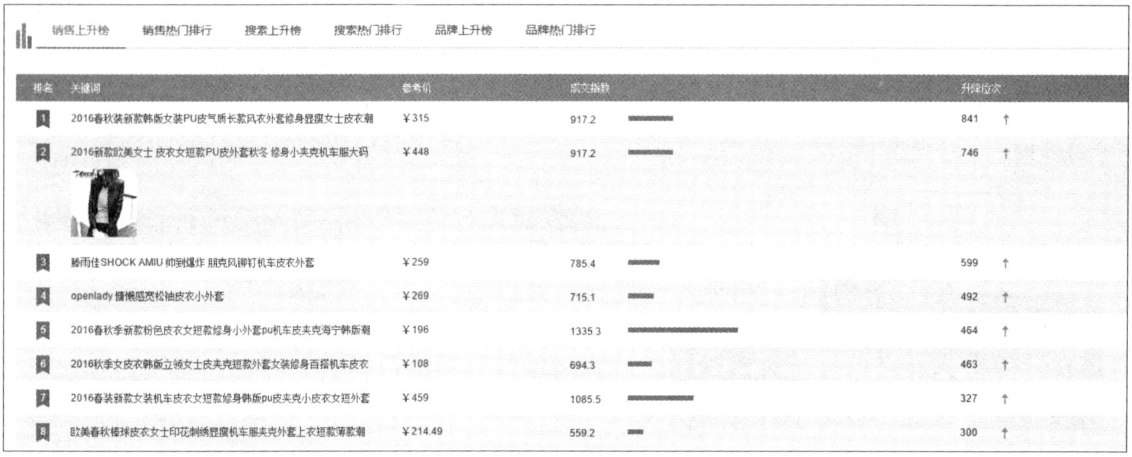

销售上升榜　销售热门排行　搜索上升榜　搜索热门排行　品牌上升榜　品牌热门排行

排名	关键词	参考价	成交指数	升降位次
1	2016春秋装新款韩版女装PU皮气质长款风衣外套修身显瘦女士皮衣潮	¥315	917.2	841 ↑
2	2016新款欧美女士 皮衣女短款PU皮外套秋冬 修身小夹克机车服大码	¥448	917.2	746 ↑
3	滕雨佳SHOCK AMIU 帅到爆炸 朋克风铆钉机车皮衣外套	¥259	785.4	599 ↑
4	openlady 慵懒感宽松袖皮衣小外套	¥269	715.1	492 ↑
5	2016春秋季新款粉色皮衣女短款修身小外套pu机车皮夹克海宁韩版潮	¥196	1335.3	464 ↑
6	2016秋季女皮衣韩版立领女士皮夹克短款外套女装修身百搭机车皮衣	¥108	694.3	463 ↑
7	2016春装新款女装机车皮衣女短款修身韩版pu皮夹克小皮衣女短外套	¥459	1085.5	327 ↑
8	欧美春秋棒球皮衣女士印花刺绣显瘦机车服夹克外套上衣短款薄款潮	¥214.49	559.2	300 ↑

图　4-15

再切换到“销售热门排行”榜中，如图 4-16 所示，在这里看到的同样是完整的商品标题。但是卖家可以从中发现有潜力的商品及与之相关的潜力关键词。

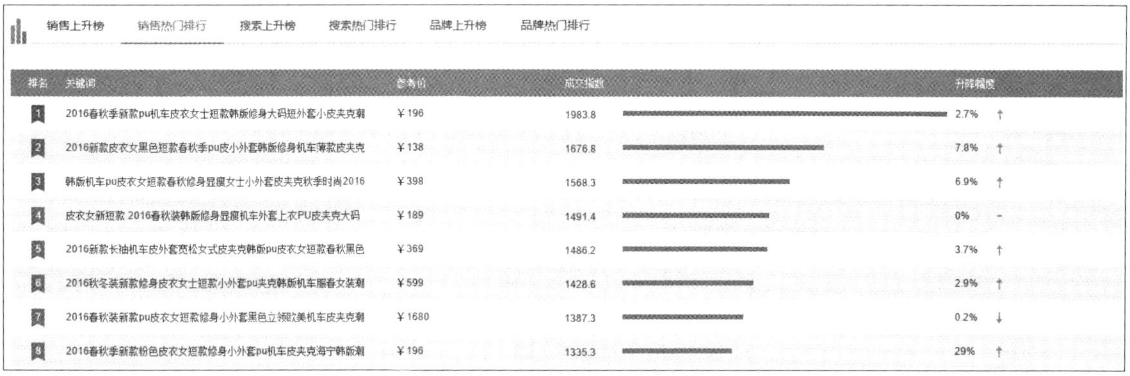

销售上升榜　销售热门排行　搜索上升榜　搜索热门排行　品牌上升榜　品牌热门排行

排名	关键词	参考价	成交指数	升降幅度
1	2016春秋季新款pu机车皮衣女士短款韩版修身大码短外套小皮夹克潮	¥196	1983.8	2.7% ↑
2	2016新款皮衣女黑色短款春秋季pu皮小外套韩版修身机车薄款皮夹克	¥138	1676.8	7.8% ↑
3	韩版机车pu皮衣女短款春秋修身显瘦女士小外套皮夹克秋季时尚2016	¥398	1568.3	6.9% ↑
4	皮衣女新短款 2016春秋装韩版修身显瘦机车外套上衣PU皮夹克大码	¥189	1491.4	0% -
5	2016新款长袖机车皮外套宽松女式皮夹克韩版pu皮衣女短款春秋黑色	¥369	1486.2	3.7% ↑
6	2016秋冬装新款修身皮衣女士短款小外套pu夹克韩版机车服春女装潮	¥599	1428.6	2.9% ↑
7	2016春秋装新款pu皮衣女短款修身小外套黑色立领欧美机车皮夹克潮	¥1680	1387.3	0.2% ↓
8	2016春秋季新款粉色皮衣女短款修身小外套pu机车皮夹克海宁韩版潮	¥196	1335.3	29% ↑

图　4-16

“搜索上升榜”是淘宝排行榜中寻找热门关键词的关键榜单，如图 4-17 所示。在该榜单中可以发现最近买家搜索数量飙升最大的一些关键词，这些关键词可以作为有潜力关键词储存到词库中。在不久的将来，这些搜索上升快的词很可能成为数一数二的热门搜索词。

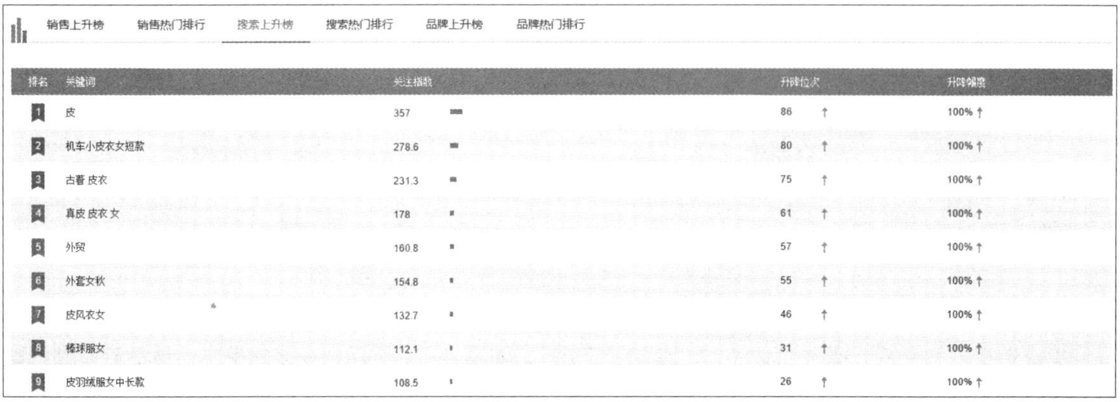

销售上升榜　销售热门排行　搜索上升榜　搜索热门排行　品牌上升榜　品牌热门排行

排名	关键词	关注指数	升降位次	升降幅度
1	皮	357	86 ↑	100% ↑
2	机车小皮衣女短款	278.6	80 ↑	100% ↑
3	古着 皮衣	231.3	75 ↑	100% ↑
4	真皮 皮衣 女	178	61 ↑	100% ↑
5	外贸	160.8	57 ↑	100% ↑
6	外套女秋	154.8	55 ↑	100% ↑
7	皮风衣女	132.7	46 ↑	100% ↑
8	棒球服女	112.1	31 ↑	100% ↑
9	皮羽绒服女中长款	108.5	26 ↑	100% ↑

图　4-17

最后卖家还需要关注"搜索热门排行"榜，如图4-18所示。这是当下搜索指数较高的类目关键词，是真正的行业热词。卖家需要将这些词以及相关数据一同保存下来，以便后续分析。

至于"品牌上升榜"和"品牌热门排行"榜，卖家可以浏览一下，但是不作为重要分析。因为大多数卖家的商品品牌比较单一，或者说根本没有品牌，但是商品的品牌属性是不能乱改的，否则会视为违规处理。

图 4-18

问：如何有效利用淘宝排行榜中"搜索上升榜"和"搜索热门排行"榜？

答：许多卖家能从字面意思区分"搜索上升榜"和"搜索热门排行"榜，却不知道如何真正有效利用二者。同时，卖家们会觉得淘宝排行榜中的词，基本上都是引流大词。卖家们会担心这样的大词竞争太激烈，自己使用了也排不上好的名次。

淘宝排行榜中的词竞争激烈不假，但是卖家只要懂得提前布局，也能用这些大词来获得流量。方法就是在货源能保证的前提下，某类商品还没有热销就开始进行推广销售，为商品打下流量、销量、口碑等基础。而这种商品什么时候开始有消费者关注，什么时候卖家该进行布局了，就需要关注淘宝排行榜中的"搜索上升榜"，去发现潜力商品。当商品有了基础后，需要真正的引流大词了，卖家又需要关注"搜索热门排行"榜，在商品已经积累起权重的前提下，用最热的词为商品引流。

4.1.4 通过"您是不是想找"找词

在淘宝中，还有一个地方称为"您是不是想找"推荐了与搜索关键词相关的词，这些词会引起买家的点击欲望，同时也是淘宝经过数据分析为买家推荐的词。

如图4-19所示，卖家需要输入与自己店铺商品相关的词，如卖家的商品是一款男士风衣，那么输入关键词"风衣男"，单击"搜索"按钮后，会出现"您是不是想找"推荐词。这个地方的词之所以会被

买家点击,是因为很多买家逛淘宝,并不知道自己究竟想要什么类型的商品。一旦看到这里的词,就会点击进行商品浏览。所以说"您是不是想找"推荐的词也是卖家需要关注的热词。

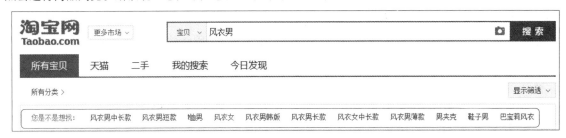

图 4-19

4.1.5 通过"掌柜热卖"找词

与"您是不是想找"类似,在淘宝中进行关键词搜索后,页面最下方会出现"掌柜热卖"推荐词。买家进行商品浏览时,拖动页面到最下方看到这些词也很可能进行点击。如图4-20所示,这些词同样是卖家需要收集到词库中的热门关键词。

图 4-20

4.1.6 按产品属性找词

在商品的详情页中,有商品的属性介绍,这也是卖家找词的一个方向。这里的词流量不大,但是对转化率却很有帮助,当卖家需要找提升转化率的词时就可以关注产品的属性词。图4-21所示的是某款男士夹克的属性词,其中的"收口袖""立领"等都是不错的属性词。

卖家在发布商品时需要填写商品属性,有的属性不是必须填写的,但是卖家最好将属性填写完整。完整的属性对后面的直通车引流帮助很大,可以增加商品在直通车中的基础分。这时,卖家也可以去浏览同行竞争商品中的属性,找一些与自己商品相关性大的属性词进行填写。

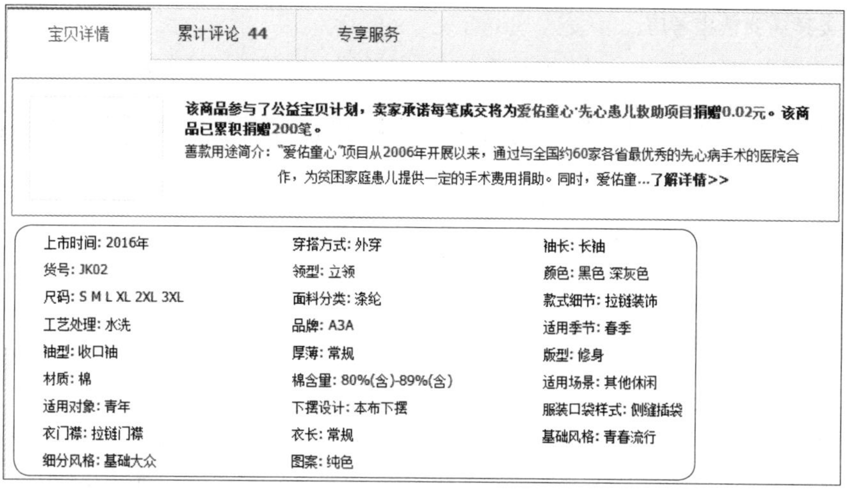

图 4-21

4.1.7 通过"生意参谋"—市场行情找词

通过"生意参谋"找词是极为重要的找词渠道,这是因为"生意参谋"中的词数据量丰富,能够较为精准地衡量关键词是否适合店铺商品,是否能成功为店铺引来流量。

在"生意参谋"中找词,最主要是在"市场行情"选项卡下的"行业热词榜"和"搜索词查询"两个地方。

1. 分析"行业热词榜"

在"生意参谋"的"行业热词榜"中,卖家可以先选择好商品类目后,再选择查看最近1天或7天的类目热门词榜。这里建议卖家重点查看最近7天的词,因为最近1天的词时间太短,词的变化难以预测,经过7天还能榜上有名的词通常是比较稳定的热搜词。

图4-22所示的是"生意参谋"中"行业热词榜"下的"热搜搜索词"。在该榜单中,一般重点类目都能查询到500个左右的关键词,并且每个关键词都有七项数据指标,这些指标如下。

"搜索人气",代表了这个词在全网的搜索人气大小。卖家可以单击"搜索人气"右边向上或向下的三角形按钮对关键词进行搜索人气数据的升序或降序排序。关键词的首要能力就是引流,如果搜索人气不高,这个词就不是优秀词。

"商城点击占比",指的是搜索该关键词的买家点击天猫店的概率是多少。图4-22中,关键词"女鞋"的商城点击占比是"25.71%",说明搜索该关键词的买家有25.71%会选择点击天猫店铺中的女鞋商品进行浏览。C店卖家(即淘宝卖家)分析关键词的商城点击占比指标,有助于判断关键词使用在自己商品中的竞争效果。如果一个词的商城点击占比超过了50%,说明买家对与之相关的商品质量及售后保障很看重,所以才会选择更有保障的天猫店铺。

"点击率"和"点击人气",分别代表了买家点击某个关键词的概率及某个关键词的买家点击数量的多少。

"支付转化率",代表了搜索某个关键词的买家中,最终成功购买商品的概率。卖家之所以要关注这项指标,是因为商品引流的最终目的是转化,不能成功交易,流量再多也没用。所以对于支付转化率太低的关键词，卖家需要慎重考虑。

"直通车参考价"指的是某个关键词在直通车的出价均值，这项指标对卖家开直通车作用比较大。

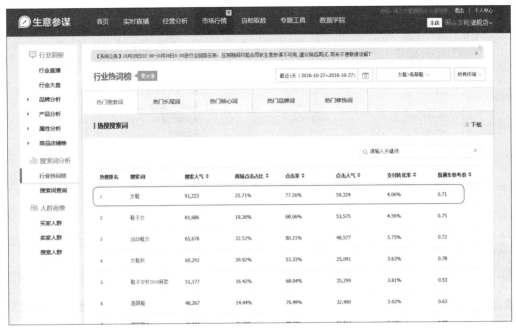

图 4-22

在"生意参谋"的"行业热词榜"中还可以切换到"热门长尾词"榜。长尾词的转化率是比较高的，但是长尾词的搜索量往往又比较小。为了找到搜索量大且转化率高的长尾词，卖家就需要好好利用"热门长尾词"榜。如图 4-23 所示，其中关键词"豆豆鞋女加绒"这个长尾词就不错，搜索人气排名第二，且点击率和支付转化率都不错。而搜索人气排名第一的"鞋子女秋 2016 新款"支付转化率则有点偏低。

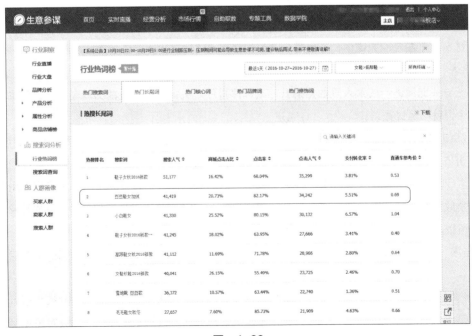

图 4-23

切换到"热门核心词"榜，卖家可以找到商品热门的核心关键词。所以核心关键词说通俗点就是决定商品是一件什么样商品的词，如"女鞋"说明商品是女性穿的鞋，而不是给男性穿的。不少买家的搜索词都是商品核心词，因为买家不是做淘宝的，可能不知道描述一件商品可以用多少不同的词，所以买家只能选择最大众、通俗的核心词。如图4-24所示，这里的词价值很大。

如果卖家是品牌卖家或者是一个店铺同时经营多个品牌商品的卖家，就需要关注"热门品牌词"榜了，如图4-25所示，卖家可以在这里分析不同品牌词的搜索指标。

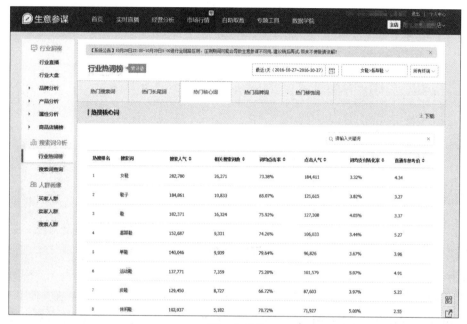

图 4-24

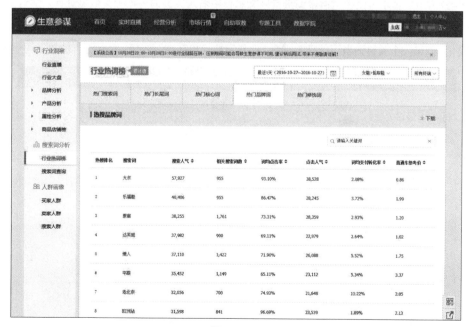

图 4-25

买家在搜索商品时，除了会输入核心词描述商品外，还可能会搭配上一些简单的修饰词限定商品搜索结果。为了找到热门的修饰词，卖家就需要切换到"热门修饰词"榜中，如图4-26所示。

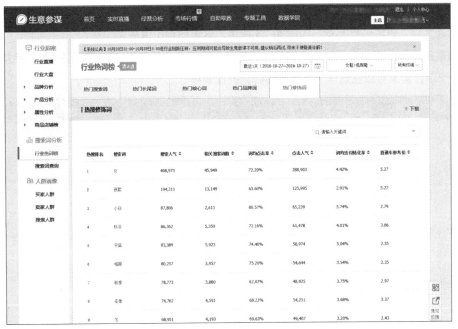

图 4-26

2. 分析"搜索词查询"榜

在"生意参谋"中，卖家可以针对某一个关键词进行相关数据查询。包括卖家在其他渠道如淘宝搜索下拉列表框、淘宝排行榜中找到的词，都可以输入到"生意参谋"的"搜索词查询"榜中分析其数据表现。

如图4-27所示，卖家可以在"搜索词查询"文本框中输入关键词进行相关数据查询。如这里查询"短靴女"，图4-28所示的是查询关键词结果的"搜索趋势"。从这个趋势图中，卖家可以快速分析出关键词的搜索热度变化，如果一个关键词当下的搜索很高，但是它的趋势在持续走低，那么这样的关键词也不是好词。

图 4-27

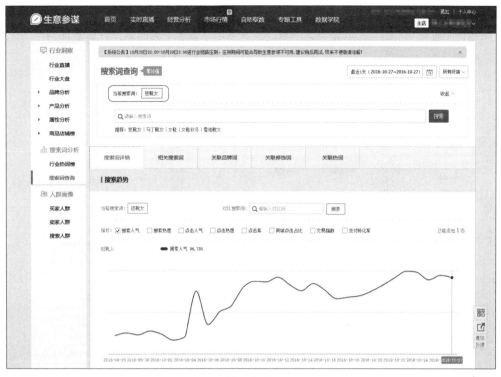

图 4-28

卖家进行关键词查询后,还可以在"相关搜索词"表中选择多项数据指标查看与词相关的关键词数据。如图 4-29 所示,这里选择了"搜索人气""搜索人数占比"等多项数据指标,进行关键词的全方位分析。

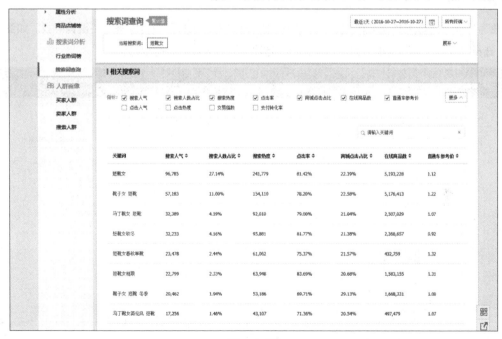

图 4-29

针对搜索词，卖家还可以查看该词的"关联品牌词""关联修饰词""关联热词"表。图4-30所示的是关键词"短靴女"的"关联修饰词"表，卖家可以从该表中判断选择什么修饰词与之形成标题组合。

图 4-30

4.1.8 通过"生意参谋"—专题工具找词

"生意参谋"是重点找词工具，除了"市场行情"外，"专题工具"中也能进行关键词寻找。如图4-31所示，选择"专题工具"菜单下的"行业排行"选项，可以查找分析行业热词。

图 4-31

进入“行业排行”页面后，卖家可以查看行业的“热销商品榜”“流量商品榜”等 6 个榜单。卖家在建立关键词词库时，最需要关注的是“热门搜索词”和“飙升搜索词”两个榜单。

图 4-32 所示的是“热门搜索词”榜单，从中可以发现行业最热门的搜索关键词。从词榜中可以快速看出，在女鞋行业中，关键词“女鞋”和“短靴”都是热度较高的搜索词。

热门排名	搜索词	搜索人气	商城点击占比	点击率	点击人气	支付转化率	直通车参考价	操作
1	女鞋	97,372	34.53%	112.47%	54,964	1.88%	0.77	相关词分析
2	短靴	81,561	34.33%	108.87%	49,339	1.23%	0.91	相关词分析
3	2016女鞋短靴	67,081	0.50%	129.72%	40,729	1.69%	1.07	相关词分析
4	2016女鞋秋	64,442	0.53%	89.32%	32,671	1.45%	0.98	相关词分析
5	马丁靴	57,053	56.60%	75.81%	30,715	1.21%	1.18	相关词分析
6	女鞋秋	47,614	61.32%	44.40%	15,794	2.73%	0.80	相关词分析

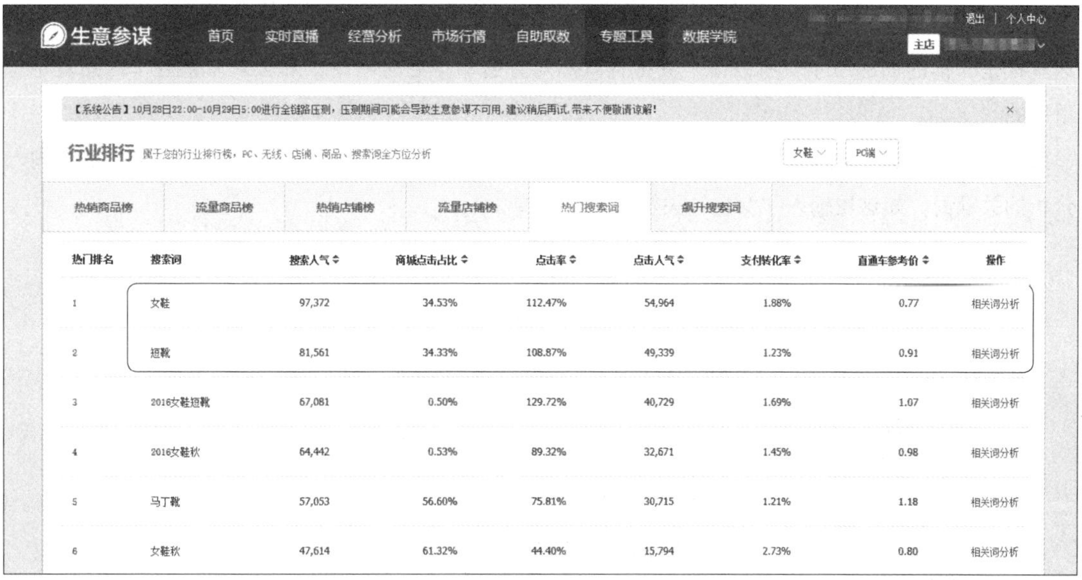

图 4-32

图 4-33 所示的是“飙升搜索词”榜单，卖家可以从中找到搜索量上升最快的一些潜力词。例如，“运动鞋女版”，其搜索涨幅较大，且点击率和支付转化率都不错。而“短筒 雪地靴”的点击率太低了，且支付转化率为 0。

飙升排名	搜索词	搜索增长幅度	搜索人气	点击率	点击人气	支付转化率	直通车参考价	操作
1	短筒 雪地靴	↑16200.00%	940	35.91%	155	0.00%	1.40	相关词分析
2	平跟女靴子	↑15100.00%	895	232.24%	798	0.00%	0.94	相关词分析
3	雪地靴 粗跟	↑14900.00%	887	158.28%	758	0.00%	0.99	相关词分析
4	运动鞋女版	↑13500.00%	828	303.28%	815	3.76%	0.73	相关词分析
5	4806豆豆鞋	↑9100.00%	628	193.75%	618	1.11%	0	相关词分析
6	乐福鞋 坡跟	↑8450.00%	972	163.37%	1,112	0.00%	0.76	相关词分析

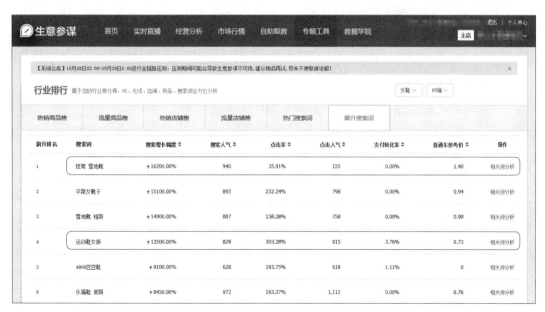

图 4-33

4.1.9 通过直通车找词

直通车也是不错的找词渠道之一，直通车中有免费查询关键词数据的功能。这对没有订购"生意参谋"的卖家是一种弥补。虽然说直通车中的关键词数据是与直通车相关的，但是分析一下直通车的展示位置，是与非直通车商品一起展现，对于买家来说他们并不知道搜索结果页面的右边和下面是直通车，他们认为这些都是一样的商品展示。所以说，关键词既然对直通车排名有帮助，那么对非直通车商品肯定也会有帮助的。

如图 4-34 所示，进入直通车后，打开"流量解析"页面，然后在"关键词分析"文本框中输入需要分析的关键词，如这里输入"女包"关键词进行查询。

图 4-34

当完成关键词查询后，可以自由选择关键词数据时间段，如图 4-35 所示，在右上角选定时间。时间设定完成后，卖家就能分析固定时间段内某一关键词的"展现指数""点击指数"等多项数据指标的波动情况了。

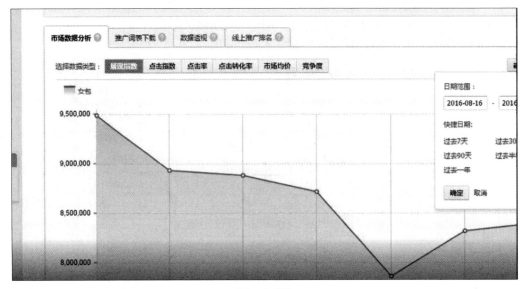

图 4-35

图 4-36 所示的是关键词"女包"在固定时间内的"点击指数"波动折线图。从图中可以发现"女包"关键词的点击指数是比较大的，那么引流能力也会不错。

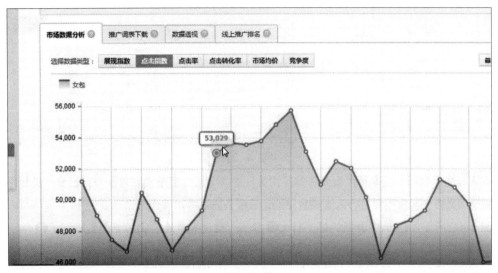

图 4-36

4.1.10 通过"TOP20W"找词

"TOP20W"是一个海量的关键词库，该词库是定期每周更新的，方便卖家查看行业最新的搜索关键词，对找词用处很大。下载"TOP20W"词表的方法有多种，卖家可以关注"淘宝直通车"的微博，然后查看每周三微博中更新的词表下载地址。如图 4-37 所示，单击最新词表的"网页链接"。

图 4-37

进入下载链接页面后，卖家可以看到如图 4-38 所示的 3 张最新词表。这里选择 PC 端的词表，并单击右上角的"下载"按钮。

图 4-38

当词表成功下载后，卖家可以看到海量不同类目的关键词。但是卖家只要与自己商品类目相关的词即可。由于词太多，卖家不要进行人工类目筛选，只需为类目添加筛选按钮。

如图 4-39 所示，❶ 选中表格的第一行；❷ 单击"排序和筛选"下拉三角形按钮；❸ 从下拉菜单中选择"筛选"选项。

图 4-39

成功添加筛选按钮后，卖家就可以方便地进行关键词的类目筛选了。如图 4-40 所示，❶ 单击类目右边的"筛选"按钮；❷ 然后从弹出的下拉菜单中选中自己商品所在的类目复选框；❸ 最后单击"确定"按钮。按照这样的方法，对不同级别的类目进行选择，就能精确定位商品类目了。

图 4-41 所示的是对商品类目定位后的筛选结果，所有的关键词都属于"饰品 / 流行首饰 / 时尚饰品

图 4-40

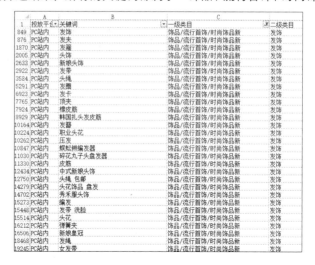

图 4-41

新 >> 发饰"类目。卖家从"TOP20W"词表中会发现很多自己没有使用过，但是流量却不错的词，这些词都可以添加到自己的关键词词表中。

问：在"TOP20W"词表中，如何快速筛选出包含同一个词的关键词？

答："TOP20W"词表词汇量太大，卖家会发现就算进行了类目筛选，同一类目下的关键词数量还是很多。如果卖家想找出包含同一个词的关键词，如找出所有包含"发饰"的关键词，就需要再次进行筛选。

如图 4-42 所示，卖家需要单击"TOP20W"词表"关键词"单元格右上角的筛选按钮。然后从下拉菜单中选中"文本筛选"复选框。接着再选择级联菜单中的"包含"选项。

此时会弹出"自定义自动筛选方式"对话框，如图 4-43 所示，卖家设定筛选条件。最后结果如图 4-44 所示，将所有包含"头饰"的关键词筛选出来了。

图 4-42

图 4-43

图 4-44

大师点拨 10：建立长尾关键词词库

长尾关键词指的是由 2 个及以上关键词组成的词，特点是比较长，流量往往不如短的关键词大，但是流量的精准度高，转化率也高。

1. 建立长尾关键词词库的思路

要建立长尾关键词词库，卖家需要知道长尾关键词是怎么来的。长尾关键词通常是由一个核心词＋若干个修饰词／属性词／形容词组成。如一款女裤商品，其核心词可以是"女裤""裤子"等，表明这款商品是什么。它的修饰词／属性词／形容词就可以是对商品的颜色、款式、细节、风格、面料材质等的描述词。

所以卖家需要做的是，列出商品的核心词，然后用不同的核心词去匹配不同的修饰词／属性词／形容词，再将匹配结果输入到找词渠道中找到买家热搜的相关长尾关键词，并将这些词收集起来。

卖家在寻找核心词及修饰词／属性词／形容词时需要注意，不要使用太偏的词。例如，裤子商品有一种材质叫"聚酯纤维"，事实上非业内人士很难想到这个词。如果买家不搜索这个词，那这个词就没有引流意义。

2. 建立长尾关键词的具体方法

商品的核心关键词往往比较好找，但是其修饰词／属性词／形容词，卖家可能想得不全面。此时卖家可以利用生 e 经，分析商品的热门属性。如图 4-45 所示，进入生 e 经后选择"裤子"类目，然后选择"属性成交量分布"选项，从出现的页面中可以查看到不同属性的细分属性组成。卖家可以将这些属性中与自己商品密切相关的属性摘抄下来。

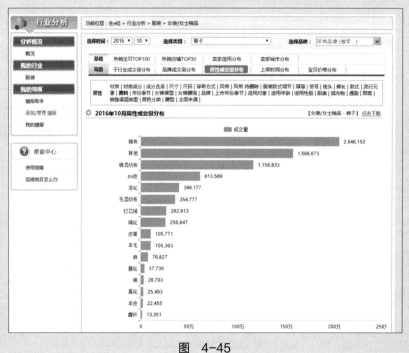

图 4-45

例如，卖家利用生e经摘抄到了女裤商品的"纯棉"属性，将组合词"女裤纯棉"输入到淘宝搜索文本框中，就会出现相关的长尾关键词，如图4-46所示，这些关键词都可以放到长尾关键词词库中。

同样的道理，卖家还可以将组合词输入到"生意参谋""直通车"中进行相关长尾关键词查找，也可以在"TOP20W"中筛选出包含组合词的相关长尾关键词。

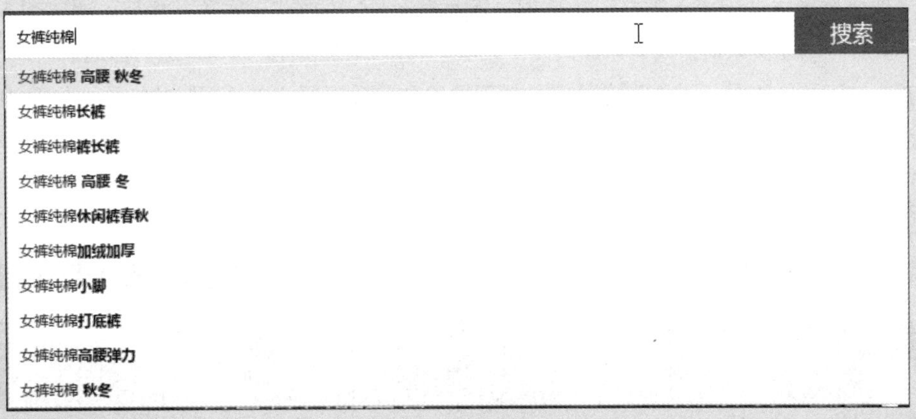

图 4-46

卖家要有条有理地整理长尾关键词词库表。如图4-47所示，在词库表中，卖家可以按照不同的核心词组合不同的属性词，记录其得出的不同长尾关键词。

	A	B	C
1	核心词	属性词	相关长尾词
2	女裤	纯棉	女裤纯棉 高腰 秋冬
3			女裤纯棉长裤
4			女裤纯棉裤长裤
5			女裤纯棉 高腰 冬
6			女裤纯棉休闲裤春秋
7			女裤纯棉加绒加厚
8			女裤纯棉小脚
9			女裤纯棉打底裤
10			女裤纯棉高腰弹力
11			女裤纯棉 秋冬
12	女裤	打底	女裤打底裤
13			加绒打底女裤
14			女裤 打底裤黑色
15			女裤打底裤 修身

图 4-47

4.2　高效筛选关键词

通过前面介绍的十大找词渠道卖家可以找到不少关键词扩充自己的关键词词库。可是这些词或许并不是每一个都适合卖家，也不是每一个都能高效引流，所以卖家需要对关键词进行初步筛选，才能进入下一步的数据分析环节。

4.2.1 快速去掉违禁关键词

在关键词词库中，卖家首先要去掉的就是违禁词，在不符合规则的前提下，一切流量优化都是无用功。

1. 找到最新违禁词表

电商平台在发展过程中多次修改了违禁词。尤其是 2015 年最新广告法颁布后，淘宝和天猫对违禁词也进行了更新。因此卖家需要找到最新的违禁词表，再对照自己的关键词词库进行筛选。

找最新违禁词的方法是，进入淘宝论坛，然后搜索含有关键词"违禁词"的帖子，如图 4-48 所示。论坛网址是 http://bbs.taobao.com。

图 4-48

此时就会搜索出一些带有违禁词信息的帖子，选择更新时期比较近、标题内容比较全面的，如图 4-49 所示。

图 4-49

进入"违禁词"的帖子页面，卖家可以看到各类目下全面的违禁词介绍，如图 4-50 所示。

> **一、所有类目商品适用的相关要求：（Ctrl+f 检索当前页面即可查询对应关键词）**
>
> （一）不得在商品包装或宣传页面上使用绝对化的语言或表示用语。
>
> 1、《广告法》及监管部门明令禁止使用的：最高级、国家级、最佳、顶级、极品、第一品牌；
>
> 2、含有绝对化词义且无法通过客观证据证明，建议不要使用的：绝无仅有、顶尖、万能、第一、最低、销量+冠军、抄底、最具、最高、全国首家、极端、首选、空前绝后、绝对、最大、世界领先、唯一、巅峰、顶峰、最新发明、最先进等。
>
> （二）不得在商品包装或宣传页面上使用"驰名商标"、"中国名牌"的字样、图案，如下图：

图 4-50

2. 利用 Excel 智能删除违禁词

当卖家找出违禁词后，千万不要人工在关键词库中寻找不符合规定的词进行删除，而可以利用 Excel 的筛选功能（这就是为什么一开始建议卖家们将词库建立到 Excel 表中）。

假设现在卖家需要快速删除包含关键词“首选”和“最好”的关键词，方法如下。

如图 4-51 所示，为需要进行关键词筛选的列添加筛选按钮（方法参考 4.1.10 节）。❶ 单击筛选按钮；❷ 从下拉菜单中选择“文本筛选”复选框；❸ 选择级联菜单中的“包含”选项。

此时会弹出“自定义自动筛选方式”对话框，如图 4-52 所示。❶ 在对话框中设置筛选条件为包含“首选”或包含“最好”的文本；❷ 单击“确定”按钮。

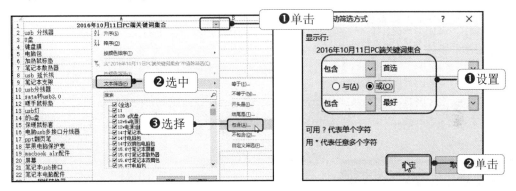

图 4-51

图 4-52

此时 Excel 表就自动筛选出包含“首选”和“最好”的所有关键词了，选中这些词并删除即可，如图 4-53 所示。

	A
1	2016年10月11日PC端关键词集合
32	最好usb 集线器
46	最好笔记本电池
53	首选电脑贴膜
77	首选保暖鼠标垫
85	最好USB转串口 母头
88	最好内存卡
93	首选U盘63g

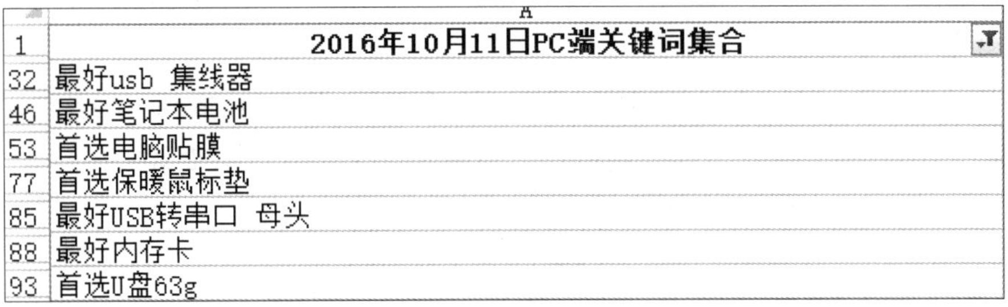

图 4-53

4.2.2 去掉不合适的品牌词

在淘宝和天猫平台中，滥用品牌词也是一种搜索违规行为。因此卖家筛选关键词时，还要将不符合商品实际情况的品牌词去掉，方法参考 4.2.1 节中的相关内容，在 Excel 表中使用筛选功能将包含功能语的品牌词筛选出来并进行删除。图 4-54 所示的是某卖家筛选出来的 3C 类目下包含“华硕”和“联想”两个品牌词的关键词，因为这两个品牌都不是卖家所销售的商品品牌，所以需要删除。

2016年10月11日PC端关键词集合
57 华硕笔记本电源适配器
64 联想笔记本键盘膜
67 华硕笔记本电脑充电器
106 华硕笔记本键盘膜
121 联想笔记本贴膜
132 手提联想电脑包15.6英寸
133 联想笔记本屏幕
150 电脑贴纸15.6英寸联想
163 联想键盘膜
173 联想电脑包
194 华硕笔记本充电器
208 联想笔记本电源适配器
210 联想拯救者贴膜
236 联想e430
238 键盘膜 联想
250 华硕键盘膜
251 联想手提电脑包
256 华硕a43s电池
262 联想笔记本电脑充电器
270 联想拯救者散热器
275 华硕电脑包
292 华硕笔记本电池

图 4-54

4.2.3 去掉不相关的词

衡量关键词是否优秀的指标不仅有引流能力，还有转化能力。而影响关键词转化能力的重要因素之一就是相关性。这里的相关性包括了类目相关性、属性相关性。例如，某款长款连衣裙，肯定不能用带有"短裙"字样的关键词。这样的关键词就算能带来流量也很难带来转化，还会让点击进入商品详情页的买家有一种被欺骗的感觉。

快速去掉类目、属性不相关词的方法参考4.2.1节中的相关内容，使用Excel的筛选功能就能快速达成。图4-55所示的是某3C数码配件卖家筛选出来的带有"15.6英寸"属性词的关键词。因为他店铺中的商品没有"15.6英寸"的，所以这类词必须去除。

2016年10月11日PC端关键词集合
30 笔记本电脑贴膜15.6英寸
56 15.6英寸电脑手提包
83 15.6英寸电脑包
132 手提联想电脑包15.6英寸
150 电脑贴纸15.6英寸联想
168 电脑包15.6英寸
261 15.6英寸笔记本散热器
303 15.6英寸笔记本屏幕
341 华硕笔记本包15.6英寸
354 15.6英寸电脑包双肩包
355 15.6英寸笔记本双肩包
365 笔记本屏幕15.6英寸
370 笔记本包15.6英寸
460 电脑双肩包15.6英寸

图 4-55

4.2.4 去掉"外强中干"的词

电商市场变化莫测,卖家从十大找词渠道中找到的词可能今天表现尚可,明天就一落千丈;也有可能搜索这个关键词的买家都是抱着看热闹的心态而非诚心购物的心态进行搜索的。这种外表看起来不错,实际上却生命周期不长、转化率不高的词就属于"外强中干"的词,需要卖家通过数据分析将其删除。

1. 分析关键词的趋势

在电商平台中,有的关键词只是一时搜索人气大增,实际上生命周期不长。卖家对这类词要小心使用。尤其是卖家在淘宝排行榜的"今日关注上升"榜中发现的词。图 4-56 所示的是"今日关注上升"榜中的部分词,卖家需要注意的是看起来比较陌生,且升降位次变化很大,升降幅度也很大的词,这种搜索量突然猛涨的词也可能使流量猛跌。

排名	关键词	关注指数	升降位次	升降幅度
1	实木儿童床带护栏	72293	177 ↑	100% ↑
2	羽绒被	63037	169 ↑	100% ↑
3	逸阳女裤	58723	163 ↑	100% ↑
4	浴室柜	49492	151 ↑	100% ↑

图 4-56

对于这类词,卖家最好到"生意参谋"中进行关键词的搜索趋势分析。分析方向有两个:一是分析词是不是搜索量突然大增;二是分析搜索趋势是否在下跌。

如图 4-57 所示,对关键词"短靴女"的搜索趋势分析,可以发现该关键词的流量是缓慢上涨的,且最近一段时间呈搜索上升趋势,这样的词就是没问题的词。

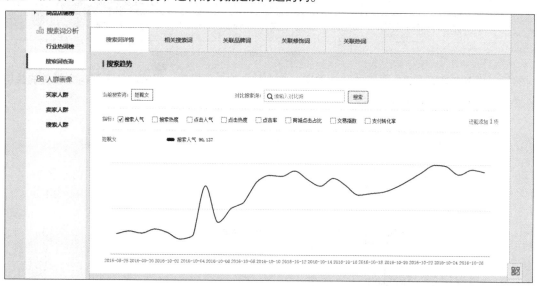

图 4-57

其实搜索量突然猛增的词往往是与热点事件相关的词,这一点卖家可以在百度指数中进行验证。例如,淘宝中突然出现了与某演员相关的商品销售,该演员的名字关键词搜索量大增,于是到百度指数中去搜索该演员的名字，结果如图 4-58 所示，呈陡峭的猛增猛跌趋势，这种搜索趋势对淘宝是有影响的。对于这类涨得快、跌得也快的词卖家要谨慎使用。

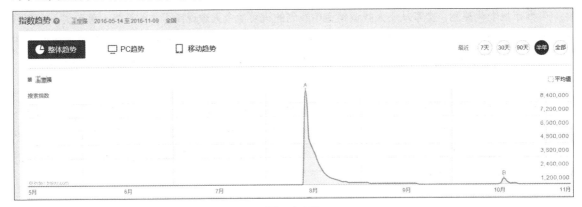

图 4-58

2. 分析关键词商品数量

在淘宝和天猫平台中，通常情况下一个正常关键词的商品数量少则成百上千，多则上百万千万。如果一个关键词的商品数量才几件或几十件，这就是不正常的情况，这个关键词很可能存在问题。毕竟卖家们都不使用，要么是没市场，要么是违规词。

这里教卖家一个快速查看关键词商品数量的方法，也为没有订购"生意参谋"的卖家提供一个途径。如图 4-59 所示，单击淘宝首页"搜索"框后面的"高级搜索"按钮。

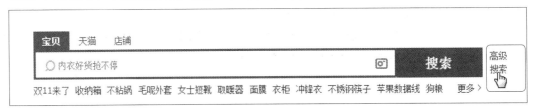

图 4-59

然后在"淘宝高级搜索"页面的"关键字"文本框中输入关键词，很快就能看到与之相关的关键词下的具体商品数量，如图 4-60 所示。

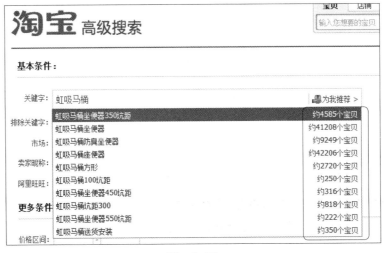

图 4-60

3. 分析关键词商品的销售表现

与商品数量道理相同的还有一个点，那就是商品的销售表现。如果某关键词下的商品销量都不好，那么这个关键词也极有可能是看起来不错但实际却不好的关键词。

方法是，将关键词输入淘宝首页进行搜索，然后观察搜索出来的首屏商品销量情况。图 4-61 所示的是搜索关键词"火锅桌"后出现的首屏商品。首屏商品都是排名靠前的商品，销量却如此惨淡，说明这个关键词的转化率太差了，这类关键词需要去掉。

图 4-61

4.2.5 一步去掉重复的词

卖家建立起来的关键词词库是从不同的渠道收集而来的，渠道的多样化自然会造成同一个词的重复记录。这时卖家可以利用 Excel 的重复值筛选功能一步删除重复数据。方法如下。

如图 4-62 所示，❶ 卖家选中一整列需要删除重复数据的数据列，然后切换到"数据"选项卡下；❷ 单击"数据工具"组中的"删除重复项"按钮。

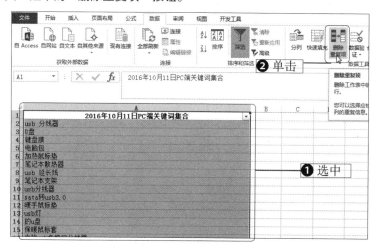

图 4-62

接着就会弹出"删除重复项"对话框，如图 4-63 所示，单击"确定"按钮即可。

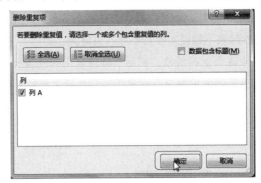

图　4-63

最后就会弹出如图 4-64 所示的对话框，显示发现了多少个重复值，保留多少个唯一值，卖家只需要单击"确定"按钮就能将重复值一步删除了。

图　4-64

大师点拨 11：指标分析，确定核心竞争关键词

一款商品的标题是由若干个关键词组成的，在这些关键词中，只有 1~3 个词是最主要的核心竞争关键词，同时也是为商品引来流量最多的词。那么核心竞争关键词就显得尤为重要。图 4-65 所示的是确定核心关键词的思路，不同类目的卖家、不同实力的卖家的选词方向是不同的。

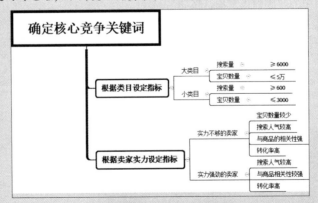

图　4-65

1. 根据类目设定指标

不同的类目有不同的市场行情，不能以同一标准衡量所有类目的关键词指标。大类目商品的关键词肯定在搜索人气、商品数等平均指标上都要大于小类目。根据类目的不同，卖家确定核心关键词主要根据关键词的搜索量和商品数量。这是因为搜索量是 SEO 优化最重要的部分，关键词的搜索量不高意味着市场不行，这个指标是一个大前提。其次商品数量意味着竞争度，如果商品的搜索量还行，但是商品数太多，对引流也起不了太大作用，那么这样的词就不能成为商品的核心关键词。

这里需要提醒的是，在图 4-65 中的大小类目的指标数也仅仅是作为参考所用，卖家还需要根据自己的行业经验有所判断。

下面来看实际案例。例如，卖家想分析关键词"男鞋高帮鞋"是否可以作为核心竞争关键词，于是将该词输入到"生意参谋"中进行数据分析，注意要选择大于7天的数据，结果如图 4-66 所示。从图中可以看到该词的搜索人气仅仅是 543，但是商品数量却高达 371 733，竞争远远超过了其他相关词。因此该词不适合作为核心关键词。

接着再分析一个词，如"匡威帆布鞋女—高帮鞋"，结果如图 4-67 所示。从图中可以看到关键词"匡威帆布鞋女—高帮鞋"和关键词"高帮鞋女—帆布鞋 匡威"的在线商品数都是 10 690，但是前者的搜索量 2938 远远大于后者的搜索量 157。因此，两个词相比，关键词"匡威帆布鞋女—高帮鞋"更适合作为核心关键词。

关键词	搜索人气	搜索人数占比	搜索热度	点击率	商城点击占比	在线商品数
男鞋高帮鞋夏季潮	710	13.53%	2,342	71.77%	26.40%	28,814
男鞋高帮鞋	543	9.35%	1,736	74.57%	32.77%	371,733
Cat男鞋 高帮鞋	539	9.28%	1,371	68.91%	8.26%	898
男鞋高帮鞋潮鞋	470	7.67%	1,426	80.81%	23.32%	49,326
Gz男鞋高帮鞋	451	7.99%	1,386	90.48%	2.45%	2,843

图 4-66

搜索词查询 日均值

最近30天（2016-07-24~2016-08-22）

当前搜索词：匡威帆布鞋女 高帮鞋

请输入关键词

关键词	搜索人气	搜索人数占比	搜索热度	点击率	商城点击占比	在线商品数	直通车参考
匡威帆布鞋女 高帮鞋	2,938	91.40%	7,195	72.70%	28.97%	10,690	0.19
高帮鞋女 帆布鞋 匡威	157	1.56%	409	55.82%	6.17%	10,690	0.19
匡威帆布鞋女 高帮鞋 …	145	1.45%	389	66.68%	1.95%	2,004	0.00
匡威帆布鞋女 高帮鞋 …	114	1.08%	263	26.86%	17.69%	239	0.00
匡威帆布鞋女 高帮鞋16	70	0.67%	185	27.54%	5.85%	143	0.00

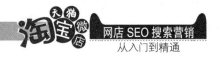

图 4-67

卖家找到核心关键词还可以在淘宝中进行验证。图 4-68 所示的是对关键词“秋装连衣裙”的研究，分析发现“秋装连衣裙 a 型”更适合作为核心关键词，因为该词的搜索量较大，且在线商品数较少，十分理想。

搜索词查询 日均值

最近7天（2016-08-16~2016-08-22）

当前搜索词：秋装连衣裙

秋装连衣裙	50,670	38.68%	131,743	95.41%	39.50%	3,065,924	0.65
秋装女 连衣裙	15,684	5.41%	42,737	82.14%	39.76%	1,793,295	0.43
连衣裙秋装 新款	14,172	4.60%	41,750	96.99%	43.85%	2,041,237	0.52
秋装连衣裙长袖	10,595	2.83%	30,984	96.73%	43.92%	1,147,459	0.60
秋装连衣裙 a型	9,304	2.29%	22,651	71.70%	18.67%	12,493	0.61
秋装连衣裙两件套装	9,233	2.28%	25,772	83.39%	32.58%	177,717	0.50
秋装女装 连衣裙	8,980	2.18%	22,476	76.16%	39.28%	1,761,651	0.46

图 4-68

于是将该词输入淘宝中进行验证。结果如图 4-69 所示，出现在首页的好几款商品销量都在 100 以下。可见使用该词是正确的，搜索量大且竞争少，商品销量不高，即销量权重尚未积累足够的时候就能排名首页。

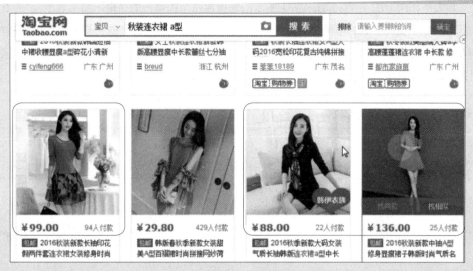

图 4-69

2. 根据卖家实力设定指标

本书中的内容反复强调，没有最好，只有最合适。关键词的选择也是一样的道理，不同的卖家使用相同的关键词会有不同的引流效果。

对于实力不够的卖家，首先考虑的当然是竞争因素，在有把握竞争能赢同行的前提下，再去考虑关键词的搜索人气及其他指标。

对于实力强劲的卖家来说，竞争力不用说，肯定是足够的，这时只要将商品的搜索人气放在第一位专心引流即可，然后再去考虑商品的相关性及转化率，力求将流量的精准度提高。

4.3 关键词数据分析的四大维度

通过前面的方法，相信卖家已经建立起了自己合格的关键词备选词库。但是网店流量竞争激烈，为了找到更合适的词，卖家不仅需要掌握常规的分析维度，还需要掌握更深刻的分析维度，从而分析清楚每一个关键词的"个性"，一旦关键词的"个性"与店铺商品的"个性"相匹配，这个词就是适合卖家的关键词。

4.3.1 关键词与消费人群的匹配度

关键词的目标人群是关键词的"个性"属性之一，不同年龄、性别的人搜索惯用语也可能有所不同。再者关键词也有"贵贱之分"，有的关键词其搜索消费者属于高消费人群。如果低单价商品的卖家使用了高单价的关键词，那么此关键词就与商品不匹配，商品的流量、转化率都会不理想。

为了让卖家明白关键词与目标人群匹配的重要性，这里举个例子。关键词"连衣裙 a 字"和关键词"连衣裙大摆"都是搜索连衣裙商品的核心关键词，且"a 字"属性和"大摆"属性接近，但是两个词的"贵贱"却大不相同。图4-70和图4-71所示的是搜索两个关键词的结果。结果表示,"连衣裙a字"的目标人群消费水平更高,购物单价为230～445元。而"连衣裙大摆"的目标消费人群购物单价却为186～340元。也就是说,如果卖家的商品看起来"贵气",且店铺的目标消费者人群也是高消费人群,那么选择关键词"连衣裙a字"更有竞争力。反之则选择关键词"连衣裙大摆"。

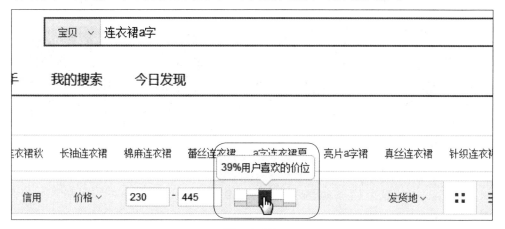

图 4-70

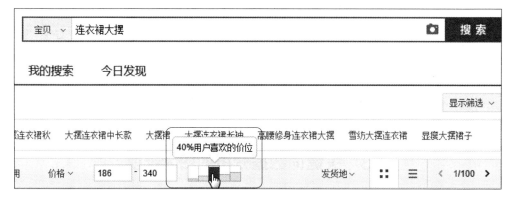

图 4-71

1. 分析关键词的"个性"

关键词的属性有多个方面,有搜索人群的性别、职业、年龄等。对于这些指标,卖家统统可以在"生意参谋"中进行分析。如图4-72所示,选择"生意参谋"的"市场行情"选项卡,然后再选择"搜索人群"选项,输入需要分析的关键词再设定好时间就能分析此关键词的属性了。这里需要提醒的是,卖家需要设定大于7天的时间,以获得更稳定的关键词分析。

如这里分析的关键词是"短靴女",在图4-72中,可以看到该关键词搜索人群的"性别占比"及"职业占比"。虽然说这个关键词带有"女"字,通常会是女性消费者占多数,但是也有例外,某个女性商品的关键词男性搜索用户却占比接近一半或超过一半,很可能说明这款商品适合买来送女友、老婆、妈妈。那么根据这个数据分析启示,卖家就可以在商品标题中加"送女友"等字样。也可以优化详情页,告诉男性消费者,这款商品很适合送礼。

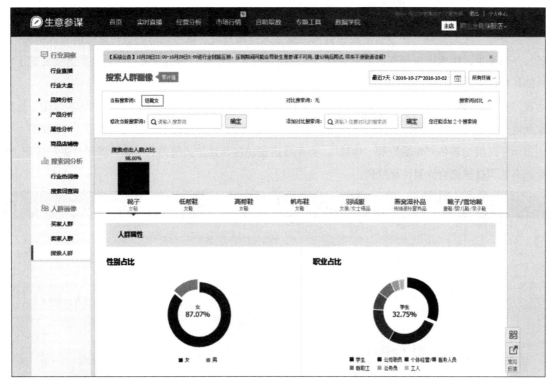

图 4-72

在"生意参谋"的关键词搜索人群分析中,卖家还可以分析更多的人群属性,如图 4-73 所示。

分析"近 90 天支付金额"数据,可以更精确地判断搜索人群的消费水平,看是否与店铺商品匹配。

分析"年龄分布",可以近一步确定该词的目标人群,看是否与店铺商品匹配。

分析"省份分布排行"及"城市分布排行",可以了解关键词的地域人群分布。我国地大物博,当南方暖和的时候,北方可能还很冷,因此不同地域的消费者有不同的搜索习惯,卖家可以将关键词的人群分布数据与店铺目标消费者匹配。

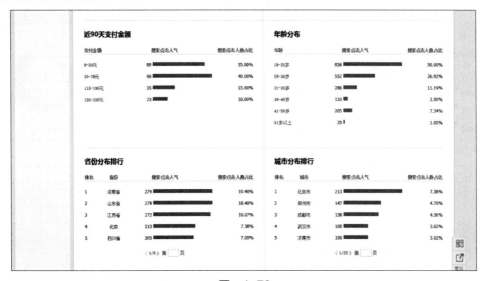

图 4-73

2. 分析目标消费人群的"个性"

当卖家在"生意参谋"中分析清楚关键词的搜索人群属性后，就可以与店铺的目标消费人群进行匹配了。一般来说，优秀店铺都有其自身定位，对目标消费人群也有清晰的画像。所以只要店铺经营正常，这样的匹配效果还是不错的。

在"生意参谋"中切换到"经营分析"选项卡，选择"访客分析"选项，再单击"访客对比"标签。卖家就能分析店铺的访客特征了。图4-74所示的是店铺访客的"消费层级"和"性别"。而图4-75和图4-76分别显示了店铺访客的"年龄"和"地域"。卖家将这些访客属性与关键词的搜索人群属性进行匹配，匹配度越高的词越是适合流量优化的词。

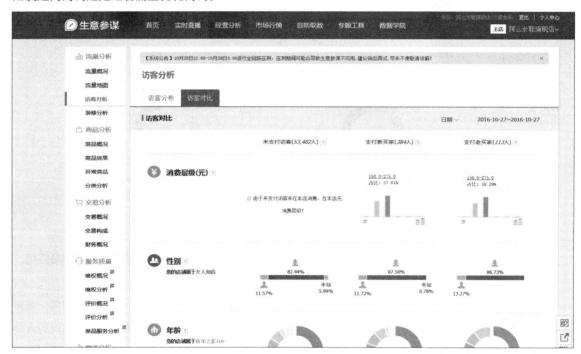

图 4-74

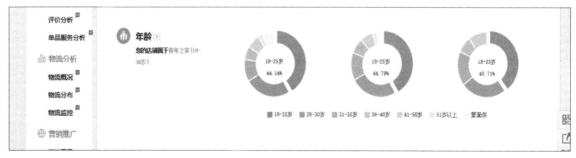

图 4-75

图 4-76

4.3.2 分析关键词的最优类目

同一个关键词与不同类目的匹配程度不同会有不同效果。对于淘宝卖家来说，类目相关性差，会影响商品搜索权重，从而影响流量的精准度，对于天猫卖家说来，后果将更严重。平台对天猫店铺的商品经营类目有明确的规定，哪些类目的商品可以跨类目经营，哪些商品店铺只能经营一个类目。因此，卖家筛选关键词时，一定要选择与自己店铺及商品相匹配的类目。

卖家可以在"生意参谋"中快速查看某个关键词的商品都放在了什么类目下。方法是，进入"市场行情"页面中，然后选择"搜索词查询"选项，再输入需要进行类目分析的关键词，如图 4-77 所示，这里分析的关键词是"袜子"。

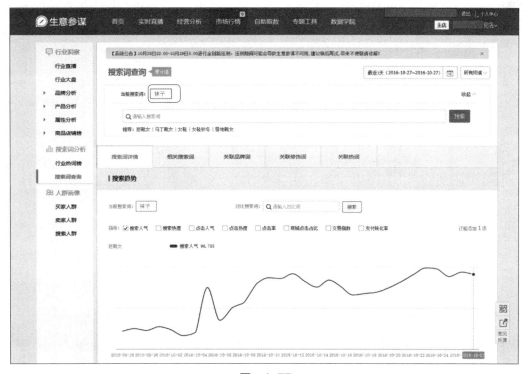

图 4-77

在关键词的查询结果中，可以看到"类目构成"。卖家能清楚地看到，使用这个关键词的商品在不同类目下的点击人气及点击人数占比。卖家可以以此为依据来选择最优类目。如图 4-78 所示，可以发现放在"女士内衣 / 男士内衣 / 家居服 >> 短袜 / 打底袜 / 丝袜 / 美腿袜"下的袜子商品点击人气和点击人数占比都是最高。同时卖家也可以看到同一关键词在不同类目下的更多数据表现，如"点击热度""点击次数占比"等。

图 4-78

问：如果没有订购"生意参谋"，如何分析关键词的最优类目？

答： 在这一小节中分析关键词最优类目的方法是进入"生意参谋"。但是如果卖家没有订购"生意参谋"也能分析。

方法就是在发布商品时进行关键词类目匹配，如图 4-79 所示，其结果与"生意参谋"的分析结果一致。

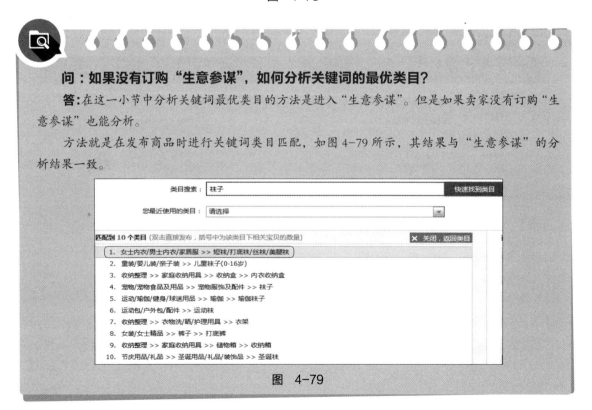

图 4-79

4.3.3 关键词点击率分析

关键词的点击率直接影响着关键词的最终流量大小。在对关键词词库中的候选词进行筛选时，还需要进行点击率筛选。有的关键词属于展现量大，但是点击少的词，消费者搜索这类词的心态可能属于“看热闹”的心态，并不是诚心想买。例如某明星丑闻的爆发，淘宝上立刻会有“XX 明星同款”这类商品。这类关键词能提高商品展现量，但是对商品的流量和转化没有用处。

不同的行业、不同的商品类目，有不同的点击率标准。卖家需要找到这个标准，然后在关键词词库中删除点击率不合适的词。如图 4–80 所示，卖家可以到“生意参谋”查看这个行业下关键词的“词均点击率”，大概了解类目关键词点击率水平。如图中显示，与鞋类相关的一些关键词点击率在 60% 以上，那么低于 60% 的词要慎重考虑。

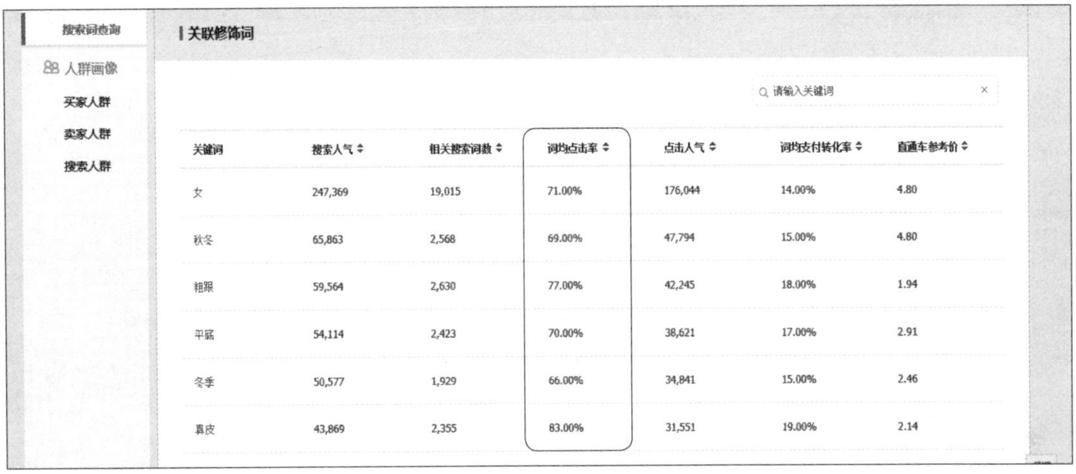

关键词	搜索人气	相关搜索词数	词均点击率	点击人气	词均支付转化率	直通车参考价
女	247,369	19,015	71.00%	176,044	14.00%	4.80
秋冬	65,863	2,568	69.00%	47,794	15.00%	4.80
粗跟	59,564	2,630	77.00%	42,245	18.00%	1.94
平底	54,114	2,423	70.00%	38,621	17.00%	2.91
冬季	50,577	1,929	66.00%	34,841	15.00%	2.46
真皮	43,869	2,355	83.00%	31,551	19.00%	2.14

图 4–80

卖家对行业关键词有一个了解后，可以到关键词词库中利用前面介绍的排序方法，一次删除点击率过低的关键词。例如，这里卖家需要删除点击率低于 65% 的关键词，那么对关键词的“点击率”进行排序后，快速删除即可，如图 4–81 所示。

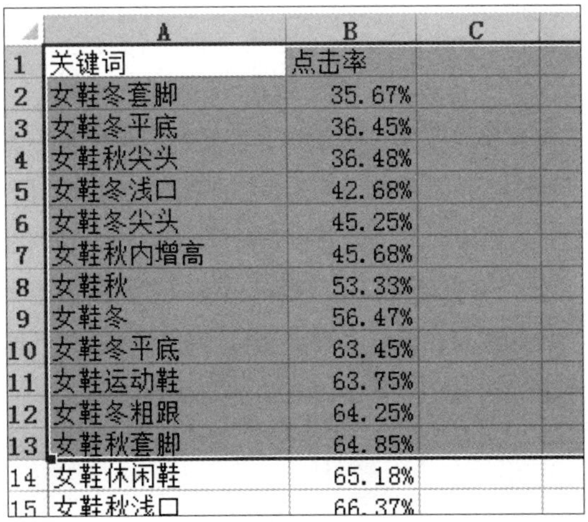

	A	B	C
1	关键词	点击率	
2	女鞋冬套脚	35.67%	
3	女鞋冬平底	36.45%	
4	女鞋秋尖头	36.48%	
5	女鞋冬浅口	42.68%	
6	女鞋冬尖头	45.25%	
7	女鞋秋内增高	45.68%	
8	女鞋秋	53.33%	
9	女鞋冬	56.47%	
10	女鞋冬平底	63.45%	
11	女鞋运动鞋	63.75%	
12	女鞋冬粗跟	64.25%	
13	女鞋秋套脚	64.85%	
14	女鞋休闲鞋	65.18%	
15	女鞋秋浅口	66.37%	

图 4–81

4.3.4 关键词转化率分析

转化率看起来不属于引流范畴内的事,但是光有流量没有转化,也达不成卖家的终极目标,更何况转化率还会影响商品的销售权重。所以卖家需要从转化率的角度进行关键词分析。

分析关键词的转化率,卖家需要从市场的角度和店铺的角度同时分析。首先分析这个关键词在市场上的转化率如何,其次分析这个关键词在自己店铺中的转化率如何。

分析关键词在市场中的转化率同样可以到"生意参谋"中进行。如图 4-82 所示,在"生意参谋"的"市场行情"中可以分析关键词的"支付转化率"数据,同样的,卖家也可以将固定的某一关键词输入到"搜索词查询"中进行分析。

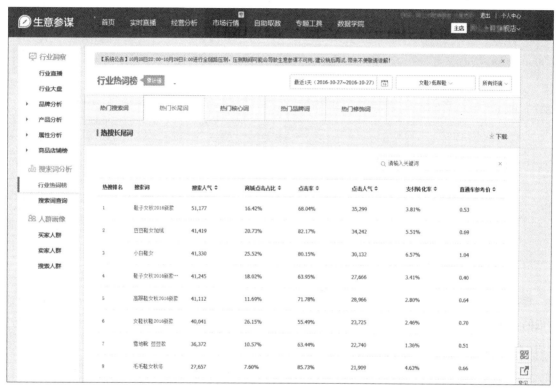

图 4-82

光分析关键词在市场中的转化率还不够,关键词在市场中的转化率可能很好,但是卖家用到自己的商品时,情况也可能不乐观,归根结底,是关键词与商品的匹配度不够。如图 4-83 所示,卖家可以在"生意参谋"中分析店铺引流关键词的效果,其中就有不同关键词的"支付转化率"。如图中引流效果看起来不错的关键词"中跟长靴",其转化率却最低,这样的词也不是理想的引流词。

当关键词出现在市场中的转化率高,但是在卖家店铺中的转化率却不理想时,卖家就需要检查商品的标题、主图是否有错误,或者说引起了买家的误会;也需要检查商品详情页中的内容,看是不是描述不当造成了低转化。

图 4-83

如图4-84所示,标题显示这款鞋是一款"粗跟"皮鞋,但是主图却显示这款鞋是平跟的。可以肯定的是,由关键词"粗跟"皮鞋引入的流量其转化率一定不会太高,因为这个词与商品的匹配度是不够的。

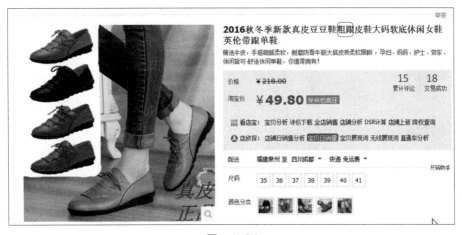

图 4-84

问:如何找到与店铺商品匹配度和转化率更高的关键词?

答: 关键词的转化率不高,很有可能是与商品的匹配度不够。那么卖家除了优化详情页,查看是否有影响大的差评外,还可以对评论进行分析,从评论中找高转化的词。

这是因为成功交易的买家对商品的了解程度更高,站在买家的角度来看,买家更了解如何描述这款商品。那么买家的评论中就可能包含了描述词,卖家主要应该关注买家对商品的属性描述。如果卖家自己店铺中的商品评论不够,完全可以到同行店铺的商品详情页中进行参考。

大师点拨 12：综合分析关键词的竞争程度

在前面几个小节中，介绍的关键词数据分析维度都比较单一，都是从点击率或者是转化率等维度进行分析的。如果想要将所有维度结合起来，全面分析关键词的优劣，要如何做呢？这里使用多维度竞争分析法，尤其适合实力不够强的中小卖家。毕竟竞争度是这类卖家首要考虑的因素。

关键词竞争度综合分析的思路为：将关键词的搜索人气、点击人气、交易指数分别与在线商品数相结合，计算出平均每一个在线商品能得到多少搜索人气、多少点击人气、多少交易指数。从而综合判断关键词的使用效果。这些数据，卖家都可以在“生意参谋”中查询到。具体步骤如下。

第一步 如图 4-85 所示，将关键词综合数据分析需要的数据项放到 Excel 表中。然后为表新建“搜索人气竞争度”“点击人气竞争度”“交易指数竞争度”3 列数据。

	A	B	C	D	E	F	G	H
1	关键词	搜索人气	点击人气	交易指数	在线宝贝数	搜索人气竞争度	点击人气竞争度	交易指数竞争度
2	女鞋冬套脚	52,345	2,645	51,245	51,264			
3	女鞋冬平底	25,415	2,154	65,425	51,246			
4	女鞋秋尖头	12,546	3,264	84,579	512,461			
5	女鞋冬浅口	32,645	5,124	65,428	254,154			
6	女鞋冬尖头	15,246	8,461	754,164	263,245			
7	女鞋秋内增高	7,549	522	65,234	125,494			
8	女鞋秋	12,454	644	5,978	1,254,614			
9	女鞋冬	45,687	845	84,546	1,542,641			
10	女鞋冬平底	22,351	624	65,442	521,645			
11	女鞋运动鞋	9,567	6,245	6,254	524,351			
12	女鞋冬粗跟	7,462	422	5,364	12,546			
13	女鞋秋套脚	2,541	584	845,676	52,648			
14	女鞋休闲鞋	5,264	784	52,416	52,164			
15	女鞋秋浅口	7,546	964	35,124	25,641			
16	鞋子女秋2016新款	9,654	587	6,542	65,234			
17	鞋子女	39,873	632	5,642	5,498,712			
18	女鞋秋冬真皮	5,415	8,546	5,642	62,451			
19	女鞋冬季加绒	6,452	1,245	6,584	265,412			
20	女鞋坡跟	3,624	6,512	4,521	265,142			
21	女鞋秋冬	41,524	422	6,354	51,245			
22	高跟鞋	84,561	511	7,516	326,541			
23	女鞋	74,516	6,247	2,643	125,468			
24	女鞋秋季新款	4,568	5,421	5,124	125,462			
25	运动鞋女	9,546	364	5,264	63,254			
26	女鞋秋防水	4,261	512	58,749	632,514			

新建

图 4-85

第二步 计算商品的搜索人气竞争度。如图 4-86 所示，在“搜索人气竞争度”的第一行，输入法切换到英文状态输入公式“=b2/e2”，表示用“b2”单元格的搜索人气数除以“e2”单元格的在线商品数，就能算出平均每一个在线商品能得到多少搜索人气了。

	A	B	C	D	E	F	
1	关键词	搜索人气	点击人气	交易指数	在线宝贝数	搜索人气竞争度	点击
2	女鞋冬套脚	52,345	2,645	51,245	51,264	=b2/e2	
3	女鞋冬平底	25,415	2,154	65,425	51,246		
4	女鞋秋尖头	12,546	3,264	84,579	512,461		
5	女鞋冬浅口	32,645	5,124	65,428	254,154		
6	女鞋冬尖头	15,246	8,461	754,164	263,245		
7	女鞋秋内增高	7,549	522	65,234	125,494		
8	女鞋秋	12,454	644	5,978	1,254,614		
9	女鞋冬	45,687	845	84,546	1,542,641		
10	女鞋冬平底	22,351	624	65,442	521,645		
11	女鞋运动鞋	9,567	6,245	6,254	524,351		
12	女鞋冬粗跟	7,462	422	5,364	12,546		

输入公式

图 4-86

第三步 当公式输入完成后，按【Enter】键就能自动计算出该单元格的值了。然后将鼠标指针放在该单元格的右下角，当鼠标指针变成黑色十字形状时，按住鼠标左键不放向下拖动，进行公式复制，如图 4-87 所示。

第四步 使用同样的方法完成“点击人气竞争度”与“交易指数竞争度”数据列的计算。其中“点击人气竞争度”的计算公式为“c2/e2”;“交易指数竞争度”的计算公式为“d2/e2”。结果如图 4-88 所示。

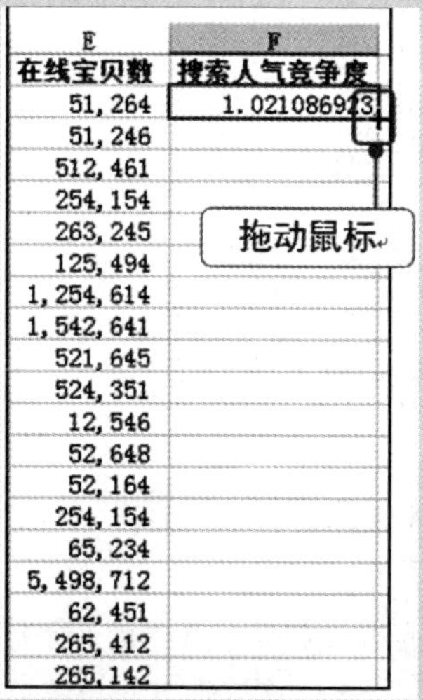

图 4-87

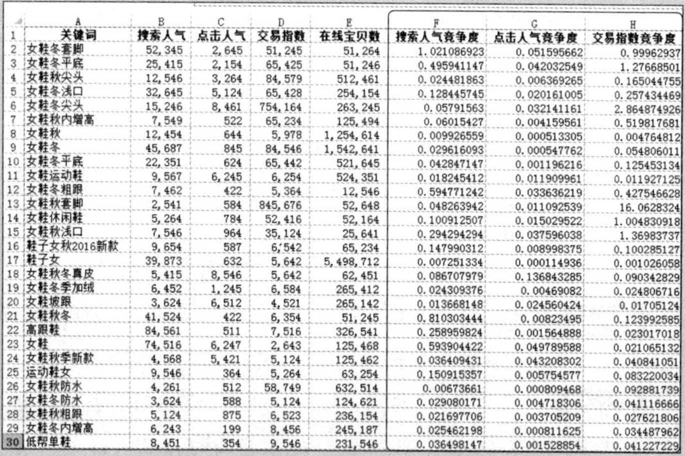

	A	B	C	D	E	F	G	H
1	关键词	搜索人气	点击人气	交易指数	在线宝贝数	搜索人气竞争度	点击人气竞争度	交易指数竞争度
2	女鞋冬套脚	52,345	2,645	51,245	51,264	1.021086923	0.051595662	0.99962937
3	女鞋冬平底	25,415	2,154	65,425	51,246	0.495941147	0.042032549	1.27668501
4	女鞋秋尖头	12,546	3,264	84,579	512,461	0.024481863	0.006369265	0.165044755
5	女鞋冬浅口	32,645	5,124	65,428	254,154	0.128445745	0.020161005	0.257434469
6	女鞋冬尖头	15,246	8,461	754,164	263,245	0.05791563	0.032141161	2.864874926
7	女鞋秋内增高	7,549	522	65,234	125,494	0.06015427	0.004159561	0.519817681
8	女鞋秋	12,454	644	5,978	1,254,614	0.009926559	0.000513305	0.004764812
9	女鞋冬	45,687	845	84,546	1,542,641	0.029616093	0.000547762	0.054806011
10	女鞋冬平底	22,351	624	65,442	521,645	0.042847147	0.001196216	0.125453134
11	女鞋运动鞋	9,567	6,245	6,254	524,351	0.018245412	0.011909961	0.011927125
12	女鞋冬粗跟	7,462	422	5,364	12,546	0.594771242	0.033636219	0.427546628
13	女鞋秋套脚	2,541	584	845,676	52,648	0.048263942	0.011092539	16.0628324
14	女鞋休闲鞋	5,264	784	52,416	52,164	0.100912507	0.015029522	1.004830918
15	女鞋秋浅口	7,546	964	35,124	25,641	0.294294294	0.037596038	1.36983737
16	鞋子女秋2016新款	9,654	587	6,542	65,234	0.147990312	0.008998375	0.100285127
17	鞋子女	39,873	632	5,642	5,498,712	0.007251334	0.000114936	0.001026058
18	女鞋秋冬真皮	5,415	8,546	5,642	62,451	0.086707979	0.136843285	0.090342829
19	女鞋冬季加绒	6,452	1,245	6,584	265,412	0.024309376	0.00469082	0.024806716
20	女鞋坡跟	3,624	6,512	4,521	265,142	0.013668148	0.024560424	0.01705124
21	女鞋秋冬	41,524	422	6,354	51,245	0.810303444	0.00823495	0.123992585
22	高跟鞋	84,561	511	7,516	326,541	0.258959824	0.001564888	0.023017018
23	女鞋	74,516	6,247	2,643	125,468	0.593904422	0.049789588	0.021065132
24	女鞋秋季新款	4,568	5,421	5,124	125,462	0.036409431	0.043208302	0.040841051
25	运动鞋女	9,546	364	5,264	63,254	0.150915357	0.005754577	0.083220034
26	女鞋秋防水	4,261	512	58,749	632,514	0.00673661	0.000809468	0.092881739
27	女鞋冬防水	3,624	588	5,124	124,621	0.029080171	0.004718306	0.041116666
28	女鞋秋粗跟	5,124	875	6,523	236,154	0.021697706	0.003705209	0.027621806
29	女鞋冬内增高	6,243	199	8,456	245,187	0.025462198	0.000811625	0.034487962
30	低帮单鞋	8,451	354	9,546	231,546	0.036498147	0.001528854	0.041227229

图 4-88

第五步 当完成所有数据的计算后，对各维度数据进行排序。如图 4-89 所示，❶ 右击“搜索人气竞争度”单元格;❷ 从弹出的快捷菜单中选中“排序”选项;❸ 单击级联菜单中的“降序”选项。

第六步 当完成排序后，卖家可以快速找出搜索人气竞争度较大的关键词。这里卖家需要结合各类目销售情况，选定一个数值范围。例如，这里选定搜索人气大于 0.08 的关键词为优质关键词。如图 4-90 所示，❶ 在“搜索人气竞争度”列中，选中数值大于等于 0.08 的单元格；❷ 单击“填充颜色”下三角形按钮，在弹出的颜色面板中选择一种颜色进行填充，目的是标记出这些选定的单元格。

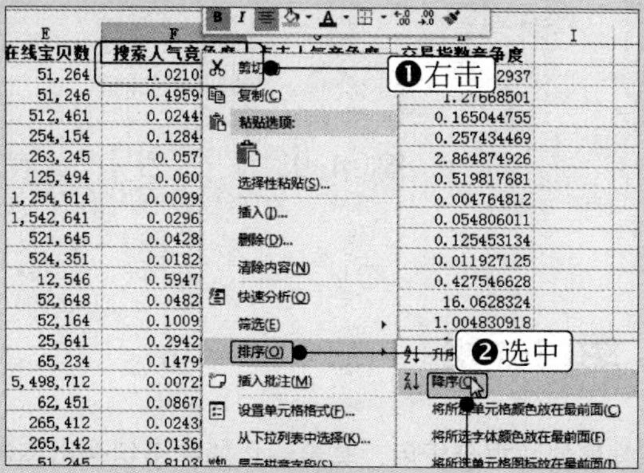

图 4-89

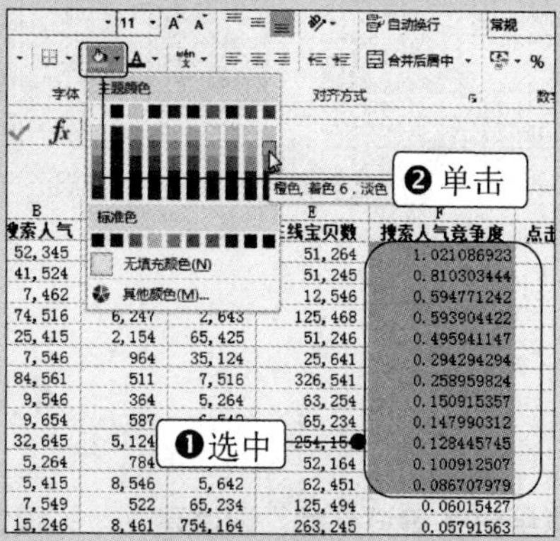

图 4-90

第七步 按照同样的方法，对“点击人气竞争度”和“交易指数竞争度”数据列进行降序排序，并标注出优秀值范围内的单元格，效果如图 4-91 所示。

	A	B	C	D	E	F	G	H
1	关键词	搜索人气	点击人气	交易指数	在线宝贝数	搜索人气竞争度	点击人气竞争度	交易指数竞争度
2	女鞋秋套脚	2,541	584	845,676	52,648	0.048263942	0.011092539	16.0628324
3	女鞋冬尖头	15,246	8,461	754,164	263,245	0.05791563	0.032141161	2.864874926
4	女鞋秋浅口	7,546	964	35,124	25,641	0.294294294	0.037596038	1.36983737
5	女鞋冬平底	25,415	2,154	65,425	51,246	0.495941147	0.042032549	1.27668501
6	女鞋休闲鞋	5,264	784	52,416	52,164	0.100912507	0.015029522	1.004830918
7	女鞋冬套脚	52,345	2,645	51,245	51,264	1.021086923	0.051595662	0.99962937
8	女鞋秋内增高	7,549	522	65,234	125,494	0.06015427	0.004159561	0.519817681
9	女鞋冬粗跟	7,462	422	5,364	12,546	0.594771242	0.033636219	0.427546628
10	女鞋冬浅口	32,645	5,124	65,428	254,154	0.128445745	0.020161005	0.257434469
11	女鞋秋尖头	12,546	3,264	84,579	512,461	0.024481863	0.006369265	0.165044755
12	女鞋冬平底	22,351	624	65,442	521,645	0.042847147	0.001196216	0.125453134
13	女鞋秋冬	41,524	422	6,354	51,245	0.810303444	0.00823495	0.123992585
14	鞋子女秋2016新款	9,654	587	6,542	65,234	0.147990312	0.008998375	0.100285127
15	女鞋秋防水	4,261	512	58,749	632,514	0.00673661	0.000809468	0.092881739
16	女鞋秋冬真皮	5,415	8,546	5,642	62,451	0.086707979	0.136843285	0.090342829
17	运动鞋女	9,546	364	5,264	63,254	0.150915357	0.005754577	0.083220034
18	女鞋冬	45,687	845	84,546	1,542,641	0.029616093	0.000547762	0.054806011
19	低帮单鞋	8,451	354	9,546	231,546	0.036498147	0.001528854	0.041227229
20	女鞋冬防水	3,624	588	5,124	124,621	0.029080171	0.004718306	0.041116666
21	女鞋秋季新款	4,568	5,421	5,124	125,462	0.036409431	0.043208302	0.040841051
22	女鞋冬内增高	6,243	199	8,456	245,187	0.025462198	0.000811625	0.034487962
23	女鞋秋粗跟	5,124	875	6,523	236,154	0.021697706	0.003705209	0.027621806
24	女鞋冬季加绒	6,452	1,245	6,584	265,412	0.024309376	0.00469082	0.024806716
25	高跟鞋	84,561	511	7,516	326,541	0.258959824	0.001564888	0.023017018
26	女鞋	74,516	6,247	2,643	125,468	0.593904422	0.049789588	0.021065132
27	女鞋坡跟	3,624	6,512	4,521	265,142	0.013668148	0.024560424	0.01705124

图 4-91

第八步 新建一列“得分”列。然后根据这一行的颜色填充单元格数量进行关键词的得分计算。如图 4-92 所示，“得分”列的第一行，有 2 个单元格填充了颜色，计分为“2”。

第九步 完成“得分”列的计算后。卖家可以对“得分”进行“降序”排序，以便找出得分最高的关键词。效果如图 4-93 所示，排名前三的关键词得分均为“3”。如此，卖家即可找出各项综合指标都不错的关键词了。

F	G	H	I
搜索人气竞争度	点击人气竞争度	交易指数竞争度	得分
0.048263942	0.011092539	16.0628324	2
0.05791563	0.032141161	2.864874926	2
0.294294294	0.037596038	1.36983737	3
0.495941147	0.042032549	1.27668501	3
0.100912507	0.015029522	1.004830918	3
1.021086923	0.051595662	0.99962937	1
0.06015427	0.004159561	0.519817681	1
0.594771242	0.033636219	0.427546628	2
0.128445745	0.020161005	0.257434469	2
0.024481863	0.006369265	0.165044755	0
0.042847147	0.001196216	0.125453134	0
0.810303444	0.00823495	0.123992585	1
0.147990312	0.008998375	0.100285127	1
0.00673661	0.000809468	0.092881739	0
0.086707979	0.136843285	0.090342829	2
0.150915357	0.005754577	0.083220034	1
0.029616093	0.000547762	0.054806011	0
0.036498147	0.001528854	0.041227229	0
0.029080171	0.004718306	0.041116666	0
0.036409431	0.043208302	0.040841051	1
0.025462198	0.000811625	0.034487962	0
0.021697706	0.003705209	0.027621806	0

图 4-92

	A	B	C	D	E	F	G	H	I
1	关键词	搜索人气	点击人气	交易指数	在线宝贝数	搜索人气竞争度	点击人气竞争度	交易指数竞争度	得分
2	女鞋秋浅口	7,546	964	35,124	25,641	0.294294294	0.037596038	1.36983737	3
3	女鞋冬平底	25,415	2,154	65,425	51,246	0.495941147	0.042032549	1.27668501	3
4	女鞋休闲鞋	5,264	784	52,416	52,164	0.100912507	0.015029522	1.004830918	3
5	女鞋秋套脚	2,541	584	845,676	52,648	0.048263942	0.011092539	16.0628324	2
6	女鞋冬尖头	15,246	8,461	754,164	263,245	0.05791563	0.032141161	2.864874926	2
7	女鞋冬粗跟	7,462	422	5,364	12,546	0.594771242	0.033636219	0.427546628	2
8	女鞋冬浅口	32,645	5,124	65,428	254,154	0.128445745	0.020161005	0.257434469	2
9	女鞋秋冬真皮	5,415	8,546	5,642	62,451	0.086707979	0.136843285	0.090342829	2
10	女鞋	74,516	6,247	2,643	125,468	0.593904422	0.049789588	0.021065132	2
11	女鞋冬套脚	52,345	2,645	51,245	51,264	1.021086923	0.051595662	0.99962937	1
12	女鞋秋内增高	7,549	522	65,234	125,494	0.06015427	0.004159561	0.519817681	1
13	女鞋秋冬	41,524	422	6,354	51,245	0.810303444	0.00823495	0.123992585	1
14	鞋子女秋2016新款	9,654	587	6,542	65,234	0.147990312	0.008998375	0.100285127	1
15	运动鞋女	9,546	364	5,264	63,254	0.150915357	0.005754577	0.083220034	1
16	女鞋秋季新款	4,568	5,421	5,124	125,462	0.036409431	0.043208302	0.040841051	1
17	高跟鞋	84,561	511	7,516	326,541	0.258959824	0.001564888	0.023017018	1
18	女鞋坡跟	3,624	6,512	4,521	265,142	0.013668148	0.024560424	0.01705124	1
19	女鞋运动鞋	9,567	6,245	6,254	524,351	0.018245412	0.011909961	0.011927125	1
20	女鞋秋尖头	12,546	3,264	84,579	512,461	0.024481863	0.006369265	0.165044755	0
21	女鞋冬平底	22,351	624	65,442	521,645	0.042847147	0.001196216	0.125453134	0
22	女鞋秋防水	4,261	512	58,749	632,514	0.00673661	0.000809468	0.092881739	0
23	女鞋冬	45,687	845	84,546	1,542,641	0.029616093	0.000547762	0.054806011	0
24	低帮单鞋	8,451	354	9,546	231,546	0.036498147	0.001528854	0.041227229	0
25	女鞋冬防水	3,624	588	5,124	124,621	0.029080171	0.004718306	0.041116666	0
26	女鞋冬内增高	6,243	199	8,456	245,187	0.025462198	0.000811625	0.034487962	0
27	女鞋秋粗跟	5,124	875	6,523	236,154	0.021697706	0.003705209	0.027621806	0

图 4-93

4.4 组合标题

卖家经过关键词寻找、词库建立、关键词多维度的数据分析后，其最终目的在于组合出高效引流的商品标题。“行百里者半九十”，所以说标题组合的最后一步也很关键，卖家需要深度了解什么是标题，标题有哪些特性，按照什么样的公式组合标题才是合理的，而不是随心所欲地将词库中的关键词堆砌在一起就成了商品标题。

4.4.1 深度了解什么是标题

商品标题是引流的关键所在，很多卖家花了不少工夫在标题的拟定上，但是引流效果却不理想。因此卖家们会认为商品标题是一件难以琢磨透的东西。其实商品标题简单点来说就是商品的名称，定标题的目的在于让消费者快速找到商品。最好的商品标题其核心要素有 3 个：能符合网店平台规则、能让买家快速找到、能让买家看懂。

1. 从规则上理解标题

淘宝和天猫平台规定商品的标题最多只能有 60 个字节。其中一个英文、一个数字都等于一个字节，一个标点符号也是一个字节，一个中文等于两个字节，如果商品标题完全是由汉字组成的，汉字与汉字间没有空格等字符，则最多只能有 30 个字。从原理上看，商品标题所包含的关键词越多，被买家搜索到的可能性就越大。因此，卖家需要合理地利用这 60 个字节，不要留下空隙。这也是不少新手卖家容易犯的错，标题只有 40 个甚至更少的字节，白白浪费了资源。

2. 从买家的搜索行为上理解标题

站在买家的角度来看，针对同一件商品，不同的买家可能有不同的搜索词。以服装商品为例，如果买家在意的是服装的颜色，那么他输入的关键词可能是"核心词 + 颜色词"。如果买家在意的是服装的款式，那么他输入的关键词就可能是"核心词 + 款式词"。分析买家的搜索行为不难看出，商品要被买家搜索到，就需要尽可能地囊括大多数买家可能搜索到的词，当然这些词都需要与商品相关。

在这里，总结组合商品标题时会用到的几种词的类型，如图 4-94 所示。

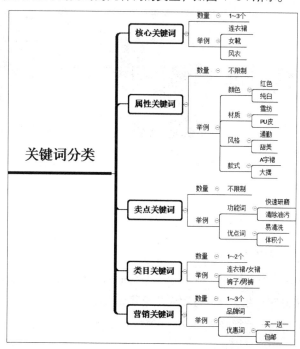

图 4-94

标题的组成要素有核心关键词、属性关键词、卖点关键词、类目关键词、营销关键词，只有组成要素关键词完整，标题才能最大限度地引流。

核心关键词就是产品名称词，目的在于说明这件商品是什么东西。例如，一款毛衣商品，它的产品名称词是"毛衣"，也可以是"毛衣上衣"。

属性关键词就是描述商品颜色、材质、款式类的词，加强对商品的说明，如"纯色""公主范儿"等。

卖点关键词的作用是突出商品的购买价值，因此这类词可以是功能词或者是其他描述优点的词，如"透气""保暖"，或者是"抗压""便携"等。

类目关键词的作用是防止不同的买家对同一产品的称呼不一样而导致的流量损失，所以类目关键词通常是产品另外的名称词。例如，"棉衣"还可以是"外套"，"套装"还可以是"女装"等。

营销关键词可以是优惠词或者是描述品牌信誉的词，目的在于吸引买家进行点击。例如，"包邮""特价"，或者是"XXX牌""正品""八年老店"等。

下面来看一个例子。在淘宝中输入关键词"头饰"后，进行搜索，出现了如图4-95所示的商品，下面就对第二款商品的标题进行分析。

主要关键词是：头饰。说明了该商品的本质是头饰，而不是一件衣服。

营销词：无。

卖点词：韩国、满钻。从标题上增加商品所展现出来的优点，同时"韩国""满钻"这样与商品属性相关的词，也是需要购买发饰的买家经常进行搜索的热词。

相关度加强词：发夹、香蕉夹、发卡、水晶坚卡、马尾、头饰等。因为"发夹""香蕉夹""头饰"这样的词可以算是"发饰"的同义词，所以如果不增加这些词，那么买家在搜索这些词时就可能会搜索不到该商品。植入这些词可以大大增加商品与买家搜索关键词的相关度。

图 4-95

3. 从买家阅读习惯的角度理解标题

通常情况下，卖家会认为不管标题中的关键词怎么组合，只要能让买家搜索到就行。所以胡乱地将筛选出来的引流关键词堆砌在一起，结果导致商品标题让人不知所云。事实上，标题能否让买家读懂，对商品的点击率和转化率是有一定影响的。有的买家搜索到商品后，会浏览一下标题，希望具体了解这是一款什么商品，一旦标题让买家读不懂，问题就产生了。尤其是很多中老年买家，比较较真，很可能会认真阅读商品标题。

图 4-96 所示的是一款中老年女性凉鞋，结果标题让人很难读懂。标题并没有标点符号，如果卖家自己断字，可能读成"塑料夏秋，露趾老人，凉鞋妈妈，透气坡跟，低跟中老年，洞洞鞋"。其实标题都是由那几个关键词组成，何不调整一下顺序，让意思表达得更顺畅呢？

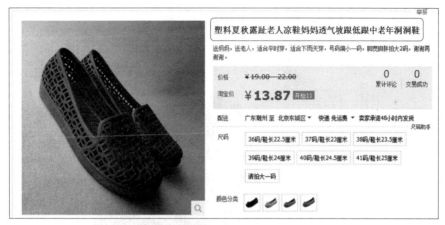

图 4-96

4.4.2 如何组合标题

当明白关键词的分类以及标题的一些组合原理后，卖家就可以着手利用关键词组合商品标题了。一般来说商品标题组合的万能公式是：营销关键词 + 核心关键词 + 属性关键词 + 卖点关键词 + 类目关键词。这些词中，"类目关键词"和"营销关键词"可有可无，卖家可以根据实际情况进行添加。

商品标题组合还有一个原则是，"最佳关键词优先，次要关键词补位"，即先将最佳关键词组合进标题中，组合完成后如果不够 30 个字符，再添加次要的关键词。

下面来看一个例子。图 4-97 所示的是某位新手卖家为这款格子衬衫筛选出来的候选关键词。这里建议新手卖家都按照这样的方法进行标题组合，原因是对照着商品图片组合标题，可以避免从关键词优劣这一单一属性进行判断，而是结合商品本身的特点，组合出流量高、相关性也高的标题。并且这些关键词卖家已经按照前面介绍的方法进行了数据分析、人群匹配，并按照优劣进行了排序，所以组合出来的标题必然会达到不错的效果。

按照标题组合原则，通过排序挑选出 30 个字，要先挑选"核心关键词""属性关键词""卖点关键词"，如果有特别必要的"类目关键词"也可以考虑。"营销关键词"主要用在商品确实参加了活动的情况下。

那么挑选出来的词是：衬衫、女衬衫、学生衬衫、修身、长袖、格纹、格子、韩版、冬季、加厚加绒、保暖、2016秋冬新款、衬衣。

挑选出来的词超了一个字，那么可以重新组合一下，将"衬衫""女衬衫""学生衬衫"组合成"女学生衬衫"。

再结合商品图审视一下这些词的相关性，发现"秋冬"比"冬季"更好，毕竟是衬衣商品。

最后根据买家的阅读习惯进行标题组合，结果为：2016秋冬新款韩版加厚加绒保暖格纹女学生长袖修身格子衬衣。

图 4-97

问：在组合标题时，核心关键词和类目关键词很像，该如何取舍？

答：在组合标题时，核心关键词和类目关键词确实有相似的地方，都在说明这是一款什么商品。但是由于标题字数的限制，许多卖家不知道如何取舍这些关键词。

对核心关键词和类目关键词进行取舍，卖家只需要明白一个原理：站在买家的角度想，在买家心中这款商品叫什么。例如，衬衫商品，肯定有买家会搜索"衬衫"，那么这就是必须存在的核心关键词。但是"上衣"就可以不用存在了，因为范围太广，除非是为了填补标题空白。

大师点拨13：培养搜索关键词——养词

在前面提到过，卖家在淘宝排行榜中找到的关键词要进行提前布局，也就是养词，才能在销量高峰期获得尽可能多的流量及转化。尤其是季节性产品，养词尤为重要。这是因为季节性产品有淡季和旺季之分，卖家在淡季就要提前布局，培养好关键词的权重，才有把握在旺季以高权重获得搜索优势。

图4-98所示的是"短靴女"关键词的搜索人气趋势。这款商品是季节性商品,其关键词的搜索趋势也有明显的季节性。随着天气变冷,"短靴女"从一个冷词变成了热词。如果卖家在关键词变成热门搜索词的时候才开始布局,为时已晚,肯定竞争不过权重积累得够好的卖家。

图 4-98

思路如图4-99所示,其中思路图中的不少要点都是前面内容介绍过的,不清楚的卖家可以进行回顾。

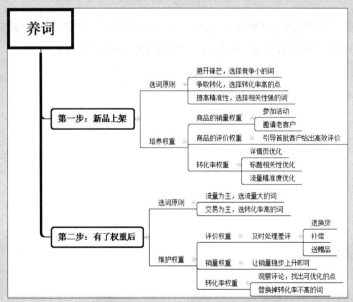

图 4-99

新品上架时，销量很低甚至没有，各方面的权重也没有积累好，这时就要避开锋芒，以竞争小、转化高、精准度高为核心选词。新品上架开始，其权重积累过程是，低销量时以转化为主；当中等销量时，流量需要增大，可以过渡到稍微大一点的词；高销量时需要更多的流量，且又要保证转化率和销量，那么卖家可以使用大词。

图 4-100 所示的是淘宝排行榜中女装毛衣商品的"搜索上升榜"，可以看到"毛衣女针织衫套头"的关注指数比较高，上升幅度也很大。这个词是长尾词，对流量精准度有利。如果是新品卖家，就需要到"生意参谋"中验证这个词，首先看竞争大不大，如果大，就不要使用。

除此之外，新品上架时，卖家还需要培养商品各方面的权重，具体操作可参考前面的内容。

排名	关键词	关注指数	升降位次	升降幅度
1	毛衣女针织衫套头	556.2	66 ↑	100% ↑
2	羊毛衫	510.8	46 ↑	54.1% ↑
3	上衣女秋	436.1	41 ↑	100% ↑
4	毛衣女针织衫中长款	522.6	38 ↑	51.4% ↑
5	羊毛衫女套头	432.2	38 ↑	100% ↑
6	秋季女装上衣	399.3	30 ↑	30.3% ↑

图 4-100

本章小结

学习完本章内容，卖家应该已经明白如何选词、组合标题及养词的方法。卖家应该根据店铺的销售情况，结合本章知识进行实战操作训练，在实战操作中将知识转化为流量。

第5章

SEO 搜索营销第三步
——产品上架后的优化

本章导读

卖家前期通过关键词分析、标题组合、上下架时间寻找及主图设计，终于让商品顺利上架了。但是市场是变动的，卖家不能掉以轻心，还需要在商品上架后持续优化流量。在激烈的竞争环境下，网店商品上架后，积累了一定的权重，卖家不仅要从自然搜索的层面来优化流量，还需要考虑付费流量、活动流量，三管齐下。

本章还介绍一些店铺整体流量优化的策略，帮助卖家打开思维，不是在某一款商品上下死功夫，而是从运营的角度、全店的角度来优化流量。

知识要点

通过本章内容的学习，卖家能拥有商品上架后的流量思路，知道如何分步骤、有计划地优化不同类型的流量。学习完本章内容后需要掌握的相关技能如下。

● 商品哪里的关键词可以优化
● 关键词优化的力度如何把握
● 如何分析市场行情，找到价格和属性的可优化点
● 直通车流量优化的策略是什么
● 如何万无一失地参加天天特价活动

5.1 免费流量优化——标题/价格/属性

经营网店，没有一劳永逸的方法。卖家通过掌握主图制作技巧、关键词数据分析方法、标题组合方法，以及上下架时间的确定方法并顺利让商品上架后，商品的表现似乎也不错，但是要想让商品在后期流量稳步上升，销量持续不断，甚至将商品打造成爆款，就需要在商品上架后进行优化。这是因为商品上架后，权重、销量各方面的因素都在变化，卖家的引流策略也需要变化，再加上市场行情的变化，之前有效的关键词，过了一段时间或许就不行了。种种因素卖家需要时时关注商品销售，进行调整和优化。

图 5-1 所示的是卖家在商品上架后进行标题、价格、属性优化的思路，以及如何把握优化的尺度，如何检验优化的效果。

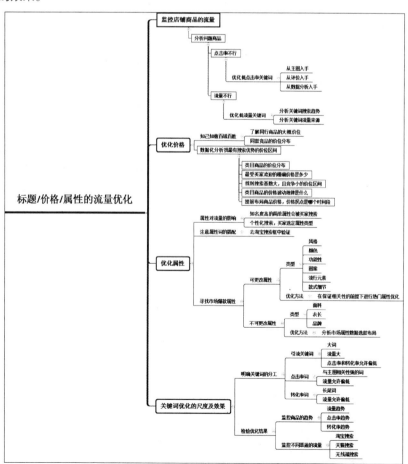

图 5-1

5.1.1 黑马关键词替换

商品上架后的优化工作中，关键词优化是最重要的一步，其优化方向是将点击率低、流量差的关键词替换成更优秀的黑马关键词。要想时时监控店铺商品流量，卖家可以在"生意参谋"的"异常商品"页面中进行全面监控。图5-2所示的便是某卖家店铺中流量下跌的商品页面。其中前面两款商品的流量下跌都超过了50%，问题很严重，这种商品就是需要进行流量优化的商品。

图 5-2

1. 替换点击率低的关键词

商品上架后，卖家可以在"生意参谋"中单独检测商品的关键词效果。方法是，进入到"生意参谋"的"单品分析"页面，如图5-3所示，在该页面的右边卖家可以进行店内商品搜索，查看不同商品的关键词效果。

在这家天猫店铺中，卖家查看了一款女鞋商品的关键词效果，结果如图5-4所示，关键词"加绒女鞋"的"点击量"和"点击率"数据都不乐观，并且"浏览量"和"访客数"也很少。这个关键词就是点击率出问题的关键词，卖家需要进行替换。

关键词的点击率低，卖家不能单纯地认为是关键词的问题。因为与点击率相关的因素还有主图及相关性。在主图没有问题的前提下，卖家需要考虑这个关键词与商品的相关性是否太小，能不能换一个相关性更大的词。

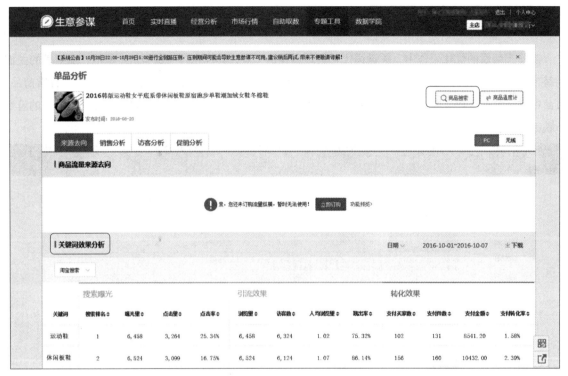

图 5-3

图 5-4

其方法可以分析商品评价。图 5-5 所示的是卖家店铺中某款女鞋商品的评价,从评价中不难发现,买家认为这是一款"保暖"女鞋。那么卖家可以揣测,鞋子的外观看不出来是加绒的鞋子,与买家的期望似乎不符,那么如果将"加绒"改成"保暖"是不是效果会好一点?当卖家进行关键词替换后,留意替换效果,如果"保暖"的点击率更高,就说明这是一次有效的替换。

图 5-5

当商品的主图没问题,关键词的相关性也没问题时,卖家可以从数据的角度进行关键词分析与替换。方法是,进入到"生意参谋"中,搜索问题关键词的相关性。如图 5-6 所示,结果发现,"加绒女鞋"的相关词中"加绒女鞋学生"这个词的点击率很高,虽然这个词的流量不大,但是可以得出"加绒女鞋"并不是主要引流关键词,所以不需要太多考虑流量的因素。再看这个词的在线商品数,也是十分乐观,与其他相关词相比,少了很多。由此推断,"加绒女鞋学生"这个词是一个黑马关键词,可以替换掉"加绒女鞋"。

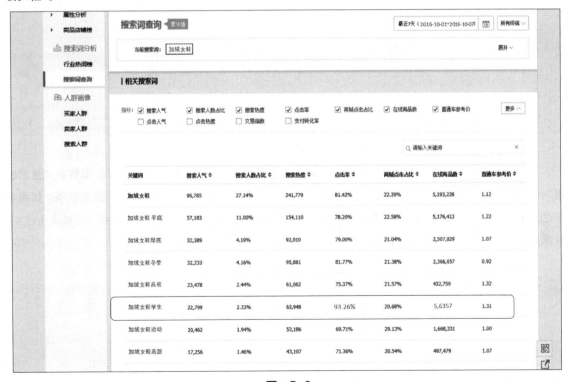

图 5-6

2. 替换流量差的关键词

关键词的流量是优化的另一个维度。影响关键词流量最主要的因素之一就是市场的变动,具体表现是,前一段时间引流能力还不错的词,慢慢地就不行了。这个时候卖家可以到"生意参谋"中观察关键词的搜索人气变化趋势。

如图 5-7 所示,"单鞋女"在最近一段时间内的总体搜索趋势是下降的,这样的词搜索引流能力自然也是下降的。那么卖家就需要进行其他关键词查询,找出一个搜索趋势上升的词进行替换。

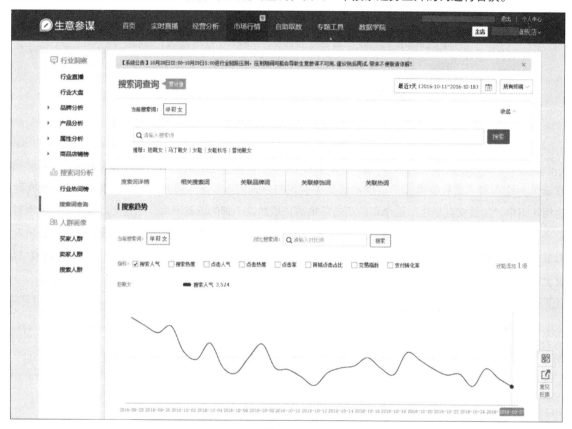

图 5-7

当关键词引流效果差时,卖家还可以从商城占比的角度进行分析。如图 5-8 所示,卖家在"生意参谋"中分析单品关键词效果时,可以选择查看关键词的"淘宝搜索"和"天猫搜索"流量效果。如果卖家是淘宝店铺,且某关键词的淘宝搜索流量在下降,卖家就需要到"生意参谋"中查看"商城点击占比"数据是否偏大,如果是,就需要替换一个"商城点击占比"偏小的关键词。

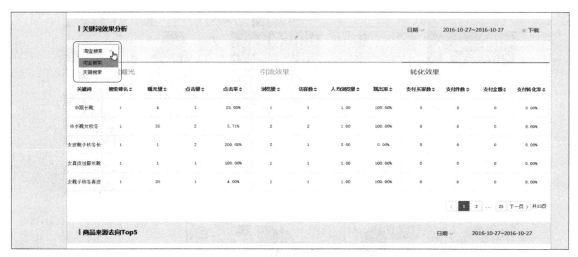

图 5-8

问：标题关键词替换时，会影响排名吗？

答：标题关键词修改对商品多少会有一点影响。因此建议卖家不要在白天修改标题，否则可能会导致商品的搜索排名出问题。卖家可以在商品完成一次上下架后，在凌晨 0～2 时修改标题，这个时候的买家少，就算排名出了点问题也不会对商品流量、销量造成太大的影响。此外，凌晨也是系统重新刷新商品数据的时间，这个时候如果卖家更改自己的商品信息，系统不会太敏感。

5.1.2 及时调整价格，在同行中保持优势

商品上架后进行流量优化，不少卖家会忽视价格因素。价格因素与点击率是直接相关的，买家在搜索商品关键词后，不仅会浏览商品主图，还会比较各主图下的价格，一般来说，价格不在买家预期范围内是得不到买家点击的。因此，商品上架后价格是流量优化的一个方面。

1. 使用"神器"，快速了解同行商品的大体价格

在第 3 章中，介绍过浏览器店"侦探"插件的安装，这是一款免费的卖家工具。利用这款工具，卖家可以分析每一款商品的价格改动情况。

方法是输入比较精准的描述商品的关键词。例如某卖家的商品是一款中年女性真丝睡衣，那么如图 5-9 所示，输入搜索关键词。之所以要求关键词比较精准，是因为商品的种类不同，在买家心中的预期价位也不同，不同类型的商品进行比价是没有意义的。从图中，卖家不仅可以大体了解排行在首页的同行商品的价位分布，还可以利用店侦探插件查看目标竞争品的价格波动。如图中这款价格为 68 元的商品在最近一段时间经过了多次调价。

图 5-9

卖家这样分析的作用是，随时关注排名靠前的商品价格，看同行商品是涨价了还是降价了。尤其是降价时，卖家需要考虑自己的商品是否也要降价。毕竟高性价比的商品对买家的吸引力是比较大的。

2. 精确分析同行竞品价格

输入关键词浏览同类商品的价格分布，只能帮助卖家掌握市场的大体价格波动，并不能精确定位。事实上，价格比较才是同款商品中竞争最激烈的。现在淘宝有快速找同款功能，许多买家也会利用这个功能进行同款商品的比较。但是同款商品，并不是价格越低越受消费者喜欢，价格低的商品，消费者从心理上会认为其质量也差。

卖家可以做的是，如图 5-10 所示，找到淘宝和天猫店铺中与自己商品同款的商品。

然后，如图 5-11 所示，分析这些商品的价格、销量及利用插件看到的在线人数。从图中不难发现，这款商品价格为 99 元时最受买家欢迎。当然这里的销量因素并不完全是价格，也与卖家的实力有关、与商品前期的权重积累有关。但是通过这样的分析，卖家至少知道，商品价格该定在哪个价位更有引流优势。

图 5-10

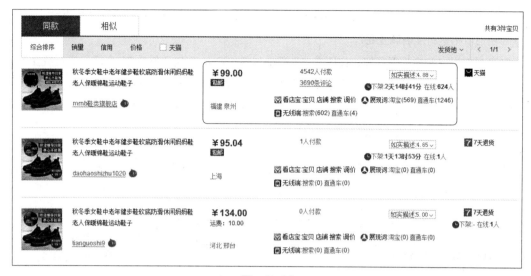

图 5-11

3. 数据化分析，微调商品价格

如果卖家订购了生e经，那完全可以利用生e经分析商品的市场价格行情，用数据来说话，通过客观的分析进行价格微调。

这里以女式毛衣商品为例。如图 5-12 所示，进入生e经的"服装 > 女装/女士精品"类目，选择"商品价格分布"选项，并设置时间为最近一个月。从结果中很快就可以看出，女式毛衣商品成交量最高的价格为"100 ~ 150 元"。成交量反映的是价格被买家接受的价格区间，说明在淘宝和天猫市场中，买家对毛衣商品的预期心理价格是"100 ~ 150 元"。那么这个价格的商品就最有引流优势。

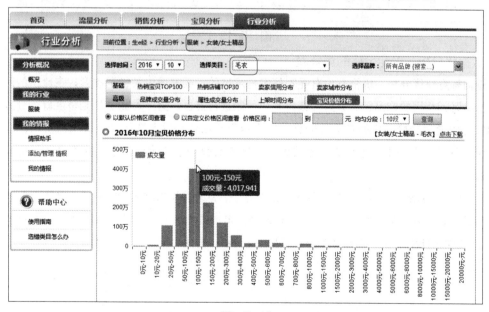

图 5-12

但是问题又来了，100～150元，中间相差了50元，其跨度是很大的。如何才能更精确一点，好让卖家对商品价格进行准确调整呢？

卖家可以在生e经中设置区间，如图5-13所示，将100～150元分成20个区间进行成交量分析。从分析结果中，卖家可以快速定位，引流效果最好的价格是"127.5～130元"。有了这样的分析结果，定价为135元的卖家不妨将价位微调为128元，看点击率和流量是否有所提升。

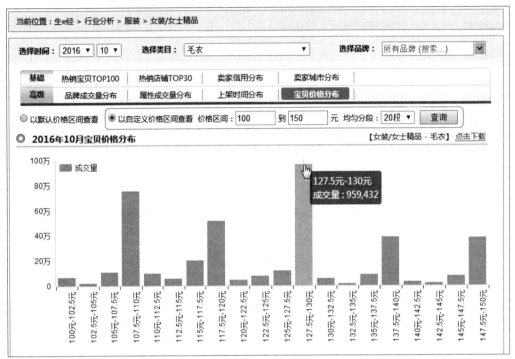

图　5-13

4. 数据化分析，确定价格的竞争度

关键词有竞争度分析，价格有没有呢？答案是肯定的。买家通过关键词搜索，在比价的时候，面对一堆价格区间相同的商品，买家只会选择其中一款进行点击，这一堆商品的竞争度就十分激烈。那么，卖家可以通过价格区间的竞争度分析，结合自己商品的特性，选择竞争较小的价格区间，从而优化流量。其核心思路是，选择成交量较大且高质商品数较小的价格，这样的价格区间更容易打造高流量商品。

图5-14所示的是生e经中不同价格区间的数据表，从表中可以看出，"127.5～130元"价格区间内的商品成交量最高，但是高质商品数也是最多的，竞争最大。为了找到竞争稍微小一点的价格区间，卖家可以将表中的数据复制到Excel表中进行数据化分析。方法如下。

价格区间	成交量	销售额指数	高质宝贝数
100～102.5元	62466	509	54
102.5～105元	16668	140	17
105～107.5元	107115	915	110
107.5～110元	749257	6590	516
110～112.5元	95408	859	92
112.5～115元	53169	491	49
115～117.5元	195923	1837	153
117.5～120元	511639	4921	521
120～122.5元	42405	415	79
122.5～125元	75420	757	69
125～127.5元	114076	1164	98
127.5～130元	959432	10000	645
130～132.5元	54913	581	79
132.5～135元	14189	153	24
135～137.5元	84596	933	146
137.5～140元	381962	4298	508
140～142.5元	29315	336	55
142.5～145元	17754	207	22
145～147.5元	72242	857	82
147.5～150元	379992	4577	288

图 5-14

第一步 如图 5-15 所示，❶ 右击"成交量"单元格；❷ 从弹出的快捷菜单中选择"排序"选项；❸ 选择级联菜单中的"降序"选项。

第二步 如图 5-16 所示，❶ 选择固定范围内的成交量数据填充颜色。如这里选择成交量大于 10 万的数据，选中目标数据列；❷ "填充颜色"下三角按钮，在出现的颜色面板中选择一种颜色即可。

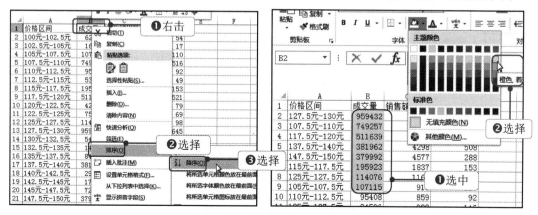

图 5-15　　　　　　　　　　　　图 5-16

第三步 对"高质宝贝数"列进行排序，如图 5-17 所示，❶ 右击"高质宝贝数"单元格；❷ 在弹出的快捷菜单中选择"排序"选项；❸ 单击级联菜单中的"升序"选项。这里之所以选择"升序"，是因为高质商品数越少越好，卖家只需要关注排在前面的数据列即可。

当完成"高质宝贝数"列的数据排序后，要按照同样的方法对固定范围内的数据进行标注。如这里选择了商品数量少于 100 的数据。

此时就完成了价格区间的竞争度数据处理。结果如图 5-18 所示，从图中卖家可以快速确定出成交量较大，且竞争度较小的价格区间是"125 ～ 127.5元"。那么卖家需要结合自己店铺中毛衣商品的进货成本及质量，进行价格优化。此外，这个价格区间的商品属于质量一般的商品，卖家就不能在标题中添加太多"高质量"的关键词，如"纯羊毛"，不然点击率肯定会低。

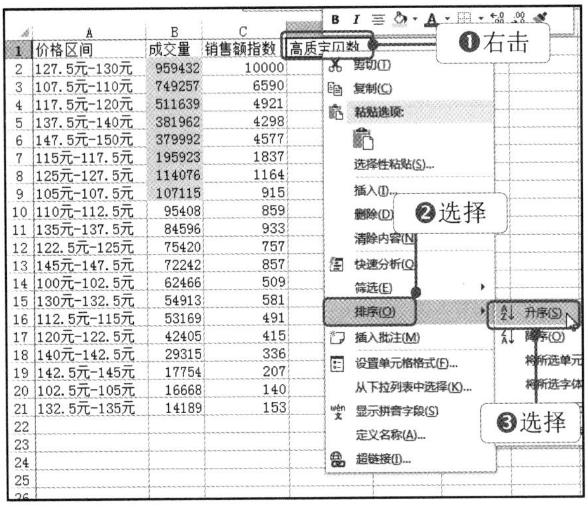

图 5-17

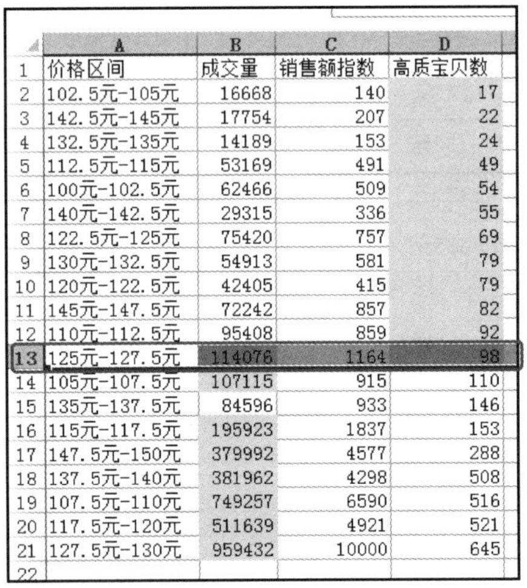

图 5-18

5. 数据化分析，根据价格波动布局价格

通过前面的方法，可以确定某个月不同类目商品成交量最高的价格区间。但问题是，这个价格一直都处于最受买家欢迎的位置吗？如果是，该价格区间的商品成交量又是从什么时候开始暴增的？想要了解此问题，就需要卖家进行价格区间的波动趋势分析。具体步骤如下。

第一步 在生 e 经中，卖家可以查询不同类目商品在不同月份的价格成交量数据，如图 5-19 所示。

第二步 卖家将查询到的数据复制到 Excel 表中，并添加上"日期"列，如图5-20所示。注意调整"日期"列的数据格式为"文本"。这里统计了 2015 年 1 月到 2016 年 10 月女装毛衣商品价格位于 100 ～ 150 元的数据，以此来分析该类目商品的价格波动。

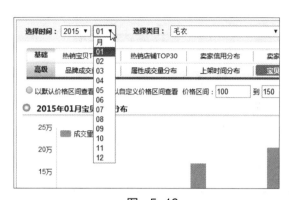

图 5-19　　　　　　　　　　　　　图 5-20

第三步 当完成数据收集后，卖家需要建立数据透视表分析数据。如图 5-21 所示，❶ 单击"插入"选项卡；❷ 单击"表格"组中的"数据透视表"图标。

第四步 如图 5-22 所示，此时弹出"创建数据透视表"对话框，设置好各参数后单击"确定"按钮。

第五步 数据透视表创建好后，要选择表内数据。如图 5-23 所示，选中"价格区间""成交量""日期"复选框，表示这是 3 个需要在透视表中显示的数据内容。

第六步 设置字段位置。如图 5-24 所示，设置所选字段的位置。

图 5-21

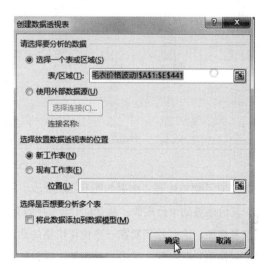

图 5-22

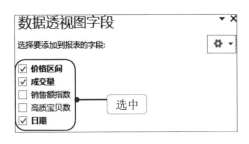

图 5-23　　　　　　　　　　　图 5-24

第七步　此时已经可以在数据透视表中清楚地看到 2015 年 1 月到 2016 年 10 月毛衣商品在 100～150 元的价格波动数据。但是为了更方便直观地进行数据分析，这里为数据建立折线图。如图 5-25 所示，❶ 选择"插入"选项卡；❷ 单击"图表"组中的折线图下拉按钮，在弹出的下拉列表框中选择"二维折线图"选项。

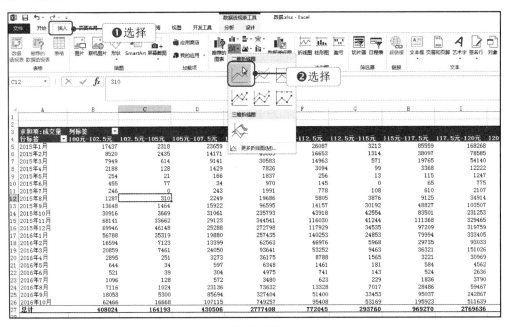

图 5-25

此时就完成了数据处理，结果如图 5-26 所示。从图中可以一目了然地看出，100～150 元的女装毛衣商品，其价格波动十分规律，从 2015 年 1 月到 2016 年 10 月，都是价格区间为"127.5～130 元"的商品成交量最高。这就给了卖家一个优化价格的启示：毛衣商品是季节性商品，卖家在淡季时需要提前上架商品对商品进行布局，进行权重积累。这时的价格会低一点，才能吸引买家，那么卖家需要将商品价格设置为 127.5～130 元这个区间。然后等到 10 月左右，毛衣商品搜索猛增的时候，卖家已经积累好一定的权重了，再将价格提到成交量最高，也是流量最大的价格区间 127.5～130 元。

分析图 5-26 所示的价格波动结果，还可以给卖家一个启示：对于实力小一点的卖家，可能 127.5～130 元这个价格区间的竞争力太大。那么可以退而求其次，选择 117.5～120 元这个价格区间，毕竟这个价格区间也比较稳定，基本上总是处于销量第二的位置。中小卖家完全可以将店铺中毛衣商品的价格在这个区间内进行微调，以获得更多点击流量。

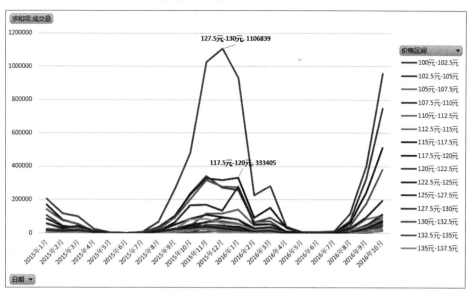

图　5-26

5.1.3　商品属性词分析，优化搜索流量

买家在搜索商品时，常常会输入一些属性词限定搜索结果中的商品类型。从淘宝排行榜中就可看出买家的搜索关键词包括了不少属性词。如图 5-27 所示，关键词“毛衣女套头”中的“套头”,“大码女装”中的“大码”，“高领毛衣女”中的“高领”，都是属性限定词。这些属性词在搜索上对流量就有很大的影响。一般来说，使用热门属性词得到的流量会更大。

销售上升榜　销售热门排行　搜索上升榜　搜索热门排行　品牌上升榜　品牌热门排行

排名	关键词	关注指数	升降位次		升降幅度
1	中老年女装	2424	0	-	0% -
2	毛衣女	1838.2	0	-	0% -
3	针织衫	1729	0	-	0% -
4	毛衣	1575.4	0	-	0% -
5	毛衣女秋冬	1478.9	0	-	0% -
6	毛衣女套头	1356.6	0	-	0% -
7	针织衫女套头	1345.7	0	-	0% -
8	妈妈装秋装	989	2	↑	20% ↑
9	秋装女	974.7	1	↓	12.5%↓
10	妈妈装	938.2	1	↓	11.1%↓
11	新款女装毛衣外套韩版	876.9	0	-	0% -
12	女装秋装2016新款潮	850.7	0	-	0% -
13	毛衣女针织衫	810.5	1	↑	7.1% ↑
14	大码女装	800.4	1	↓	7.7% ↓
15	高领毛衣女	723.8	4	↑	21.1%↑

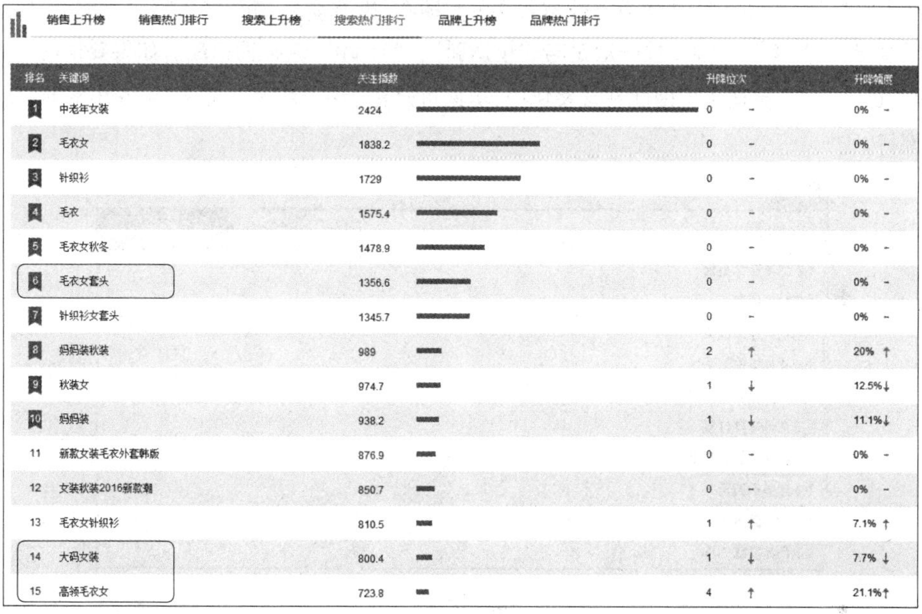

图　5-27

1. 优化关键词搭配

商品标题往往是多种类型的词组合而成的，“属性词 + 属性词”的情况并不少见。但是卖家往往会忽视属性词之间的搭配问题。有的属性由于“气场”不合，搭配在一起会使搜索量下降。

下面来看一个案例。图 5-28 所示的是某卖家店铺内某款女装毛衣商品的关键词效果分析数据。虽然这几个词都是搜索排名靠后的词，但是“毛衣甜美大码”这个词不仅搜索量小，点击量和点击率也非常低。

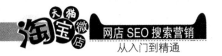

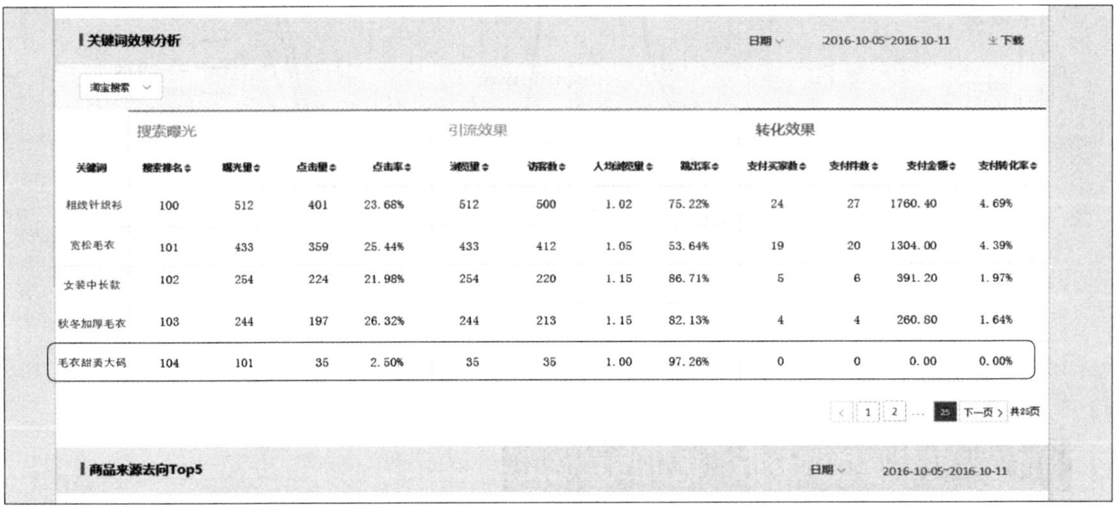
关键词效果分析　日期　2016-10-05~2016-10-11　下载
淘宝搜索

关键词	搜索曝光				引流效果				转化效果			
关键词	搜索排名	曝光量	点击量	点击率	浏览量	访客数	人均浏览量	跳出率	支付买家数	支付件数	支付金额	支付转化率
粗线针织衫	100	512	401	23.68%	512	500	1.02	75.22%	24	27	1760.40	4.69%
宽松毛衣	101	433	359	25.44%	433	412	1.05	53.64%	19	20	1304.00	4.39%
女装中长款	102	254	224	21.98%	254	220	1.15	86.71%	5	6	391.20	1.97%
秋冬加厚毛衣	103	244	197	26.32%	244	213	1.15	82.13%	4	4	260.80	1.64%
毛衣甜美大码	104	101	35	2.50%	35	35	1.00	97.26%	0	0	0.00	0.00%

< 1 2 … 25 下一页 > 共25页

商品来源去向Top5　日期　2016-10-05~2016-10-11

图　5-28

虽然说属性词也是关键词的一种，但是卖家不能思维局限，仅从数据去分析。属性词意味着买家对商品的风格、款式等条件的选定，尤其是服装类商品，不是所有属性都能胡乱搭配在一起的，在现行的审美标准下，像“甜美”与“大码”两种属性就是略有冲突的属性。卖家可以通过淘宝搜索验证此结论。

图 5-29 和图 5-30 所示的是在淘宝搜索文本框中输入“毛衣甜美”和“毛衣欧美”的相关搜索词显示。从图中不难看出，“甜美”这种属性一般是与“小清新”“胖 mm”这种词搭配。如果要搭配“大码”，关键词“欧美”比“甜美”更适合。因此在该案例中，卖家可以将“毛衣甜美”改成“毛衣小清新”或者是“毛衣公主”都行。

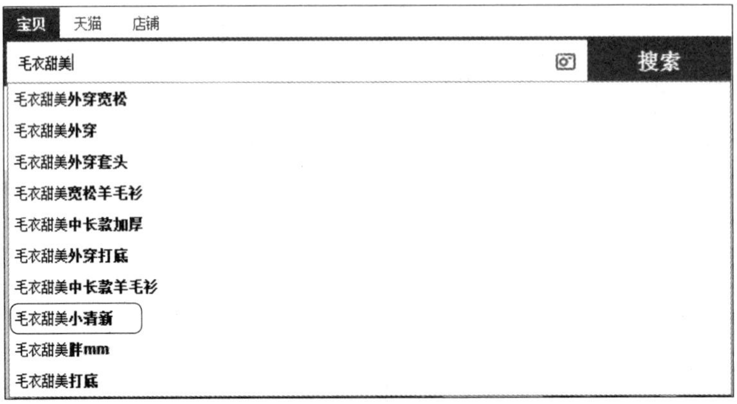

图　5-29

图 5-30

2. 数据化分析，精准找到有市场的属性

并不是商品的所有属性词都会出现在买家的常用搜索词中。例如商品的货号属性，就基本没有买家会专门进行搜索。有的买家虽然不会直接搜索属性词，但是会在输入关键词搜索后，进行条件选择，限定商品的属性，如图 5-31 所示，这种搜索行为也影响了商品的搜索流量。

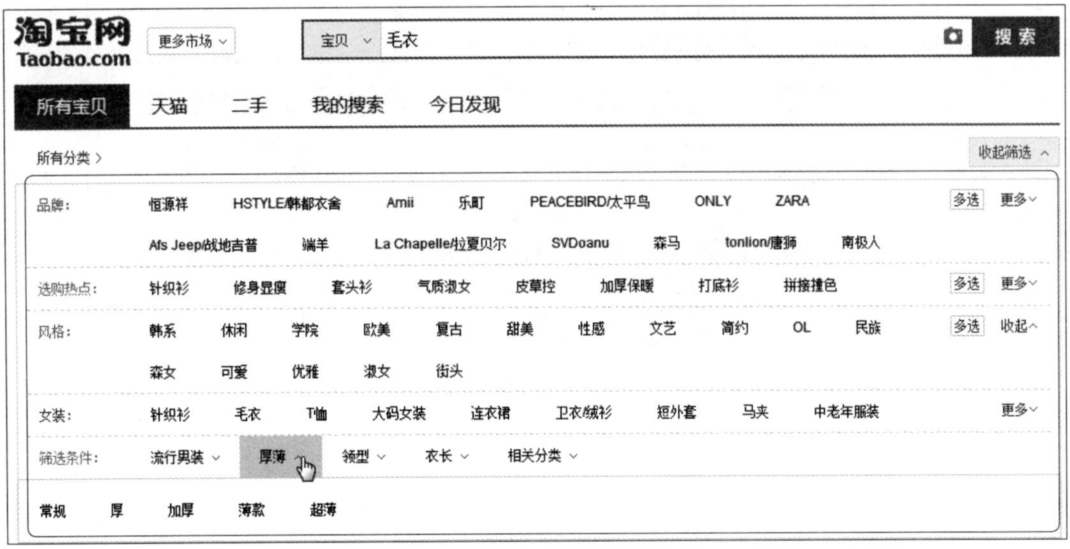

图 5-31

要想知道买家在属性选择时，通常会选择什么样的属性，卖家不能仅凭经验猜测。最好到生e经中进行验证。图 5-32 所示的是女装毛衣的"厚薄"属性成交量分布。从数据中可以发现"常规款"是 10 月最受欢迎的属性。

毛衣的厚薄属性算是毛衣的定性属性，一款毛衣不可能又具有"加厚"属性又具有"薄款"属性。所以卖家在优化属性时，更多的是要关注符合自己商品的属性特征，且定性不严的属性。例如商品的风格属性，描述风格的词有很多，且不同的风格没有严格的界限区分，风格是一种感觉，卖家完全可以优

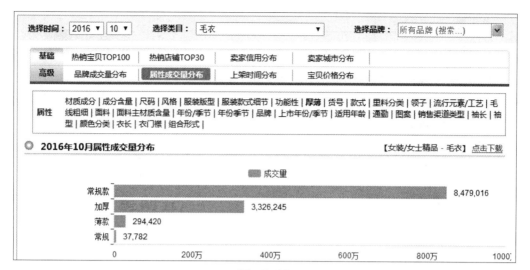

图 5-32

化风格属性词。图 5-33 所示的是毛针织衫商品的风格属性成交量分布，从图中可以看到"学院"风格的成交量远远高于其他风格，这便是一个可优化点。

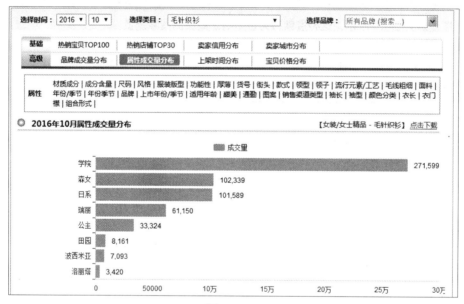

图 5-33

除了风格属性，商品的颜色属性也可以优化。同一款商品可以有多种颜色款式，卖家完全可以将颜色属性的热门搜索词加到标题中或者是在主图中表现出来，达到优化流量的目的。

图 5-34 所示的是毛针织衫商品的颜色属性成交量。从中可以发现，"黑色"属性是成交量最大的属性，其次是"白色""灰色""红色"。

事实证明，网店卖家对属性是有研究的，卖家们几乎都会选择热门颜色属性销售商品。如图 5-35 和图 5-36 所示，将不同的颜色属性结合商品核心词输入到"淘宝高级搜索"页面中的"关键字"文本框中进行验证，结果发现成交量越高的颜色属性商品数也越多。卖家通过商品的颜色属性数据分析，至少不会选择到搜索量较少的冷门颜色属性。

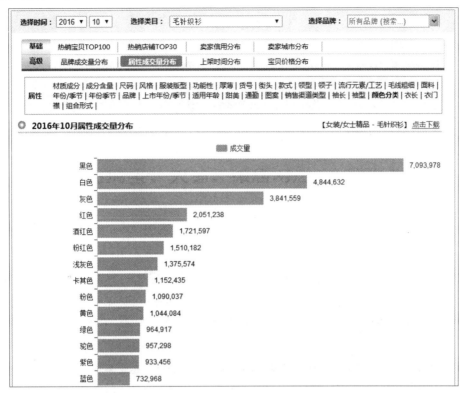

图 5-34

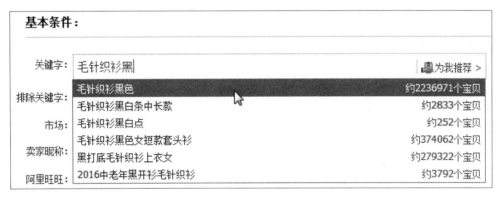

图 5-35

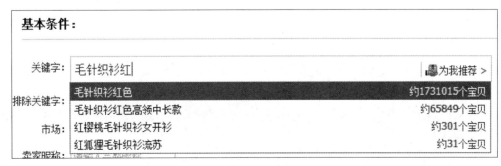

图 5-36

问：如何提早发现商品的热门属性，从一开始就培养属性词权重？

答： 商品的属性可优化的类型不多，像"面料"属性，商品本身是"兔毛"的，不可能因为发现今年流行"羊毛"商品，就将属性词优化成"羊毛"。也就是说不少属性是选款阶段就该做的事。那么如何从选款开始就准确选择到今年会流行的属性呢？

卖家可以在生e经中对商品的属性成交量进行趋势分析。方法与价格区间成交量趋势分析法类似（参考5.1.2节）。这是因为同一类商品去年流行过的属性，今年可能还流行，尤其是一些经典属性，如条纹、格子。卖家选择最近1~2年的属性成交量数据，做成折线图，就能分析出商品的哪种属性最流行，其趋势是什么，从一年的哪个月开始搜索量暴增的。

大师点拨14：标题关键词优化的尺度及验证

商品上架后，在进行标题优化时，原则上是对数据表现不佳的关键词都要进行替换，但是并不能对所有的关键词都一概而论。卖家需要明白的是，一款商品的曝光量和点击率靠的是整体标题的引流效果，标题中不同的关键词有不同的分工，卖家不能用同一标准去判断。再者，有的关键词看起来数据表现不佳，但是其实这已经是极限，如果再优化还可能将流量降得更低，为了避免这种情况的发生，就需要卖家进行优化效果验证，把握优化尺度。

1. 明确关键词的分工

商品标题的组成关键词有不同的分工，一般来说分为引流词、点击率词、转化率词。引流通常是大词，如"连衣裙""半身裙"这种词。点击率词是与主图相关性最大的词，如主图是一款黑色连衣裙，那么点击率词可以是"黑色连衣裙"。转化率词是与商品细节属性相关的词，通常会是长尾词，如"半身裙中长款A字"。明确了关键词的分工后，卖家就不会用一个标准去衡量关键词的优劣。如负责引流的关键词，转化率和点击率略微偏低是允许的。负责点击率的词卖家就不能要求它为商品带来最多的流量。尤其是有特色的商品，它的属性词就是最大的卖点词，即使流量不理想，也不要随意更换。

这里举一个例子。图5-37所示的是某卖家店铺中的一款半身裙。这款裙子从主图上看，最大的特点是褶皱风格，并且它的材质是皮质的。

进入店铺后台的"生意参谋"中，分析这款商品最近一段时间的关键词效果，如图5-38所示，可以发现"百褶皮裙"这个词的"曝光量""点击量""浏览量""访客数"都不怎么理想。这时千万不要盲目替换优化。分析这个词，它与商品本身属性特点密切相关，能带来精准流量。再看该词的转化率，为"11.39%"，远远高于其他关键词。可见这个词就是属于高点击率、高转化率的词。这种词就不应该被替换优化。

图 5-37

关键词	搜索排名	搜索曝光			引流效果				转化效果			
		曝光量	点击量	点击率	浏览量	访客数	人均浏览量	跳出率	支付买家数	支付件数	支付金额	支付转化率
半身裙	15	2,514	1,511	19.82%	2,514	2,014	1.25	86.21%	57	59	3846.80	2.27%
PU裙	16	2,145	1,327	25.34%	2,145	1,957	1.10	79.23%	22	23	1499.60	1.03%
黑色秋裙	17	1,947	976	27.94%	1,947	1,826	1.07	84.11%	14	14	912.80	0.72%
半身裙秋	18	1,231	855	20.16%	1,231	1,124	1.10	83.14%	21	22	1434.40	1.71%
百褶皮裙	19	562	426	39.71%	562	357	1.57	65.13%	64	68	4433.60	11.39%

图 5-38

2. 根据优化目标检验优化效果

卖家在进行关键词优化后，肯定要跟踪优化目标，从优化结果中总结出更多的经验。最直接的方法是，优化了哪一种类型的关键词，就去分析该关键词的数据。如卖家某款商品的流量不够理想，并且发现一个引流关键词出了问题，于是通过数据分析，卖家找到了另一个引流关键词。进行替换后，观察商品的流量趋势。图 5-39 所示的是某店铺卖家对商品进行关键词优化后的流量趋势。卖家在 4 月 23 日替换关键词，从趋势线中可以看出，4 月 23 日商品的流量总体呈上升趋势。可见这样的优化是有效的。

卖家检验关键词的优化效果，不仅要从流量、点击率、转化率等方面检验，还可以分渠道进行检验。例如，某 C 店卖家发现商品标题中的某个关键词商城点击占比太大，不利于淘宝搜索展现，于是替换了一个商城点击占比较小的相关词。这时卖家可以利用"店侦探"插件到商品详情页查

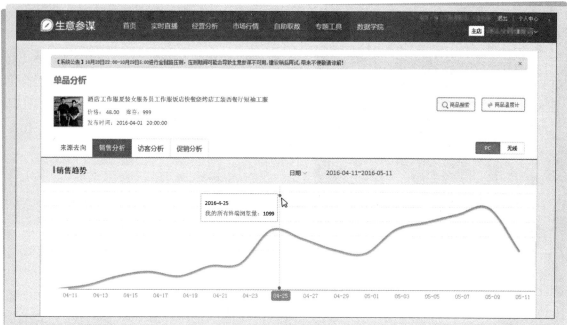

图 5-39

看优化效果。图5-40所示的是某商品的不同关键词的"淘宝展现"情况,卖家可以单独查看优化关键词的展现排名趋势。如图中关键词"绣花窗帘布",其淘宝展现排名呈上升趋势,这样的优化就是有效的优化。不仅如此,卖家还可以查看"淘宝直通车"各关键词排名趋势、"无线展现"各关键词排名趋势、"无线直通车"各关键词排名趋势,等等。总而言之,就是关注优化后商品的流量数据趋势,从趋势中分析优化效果。

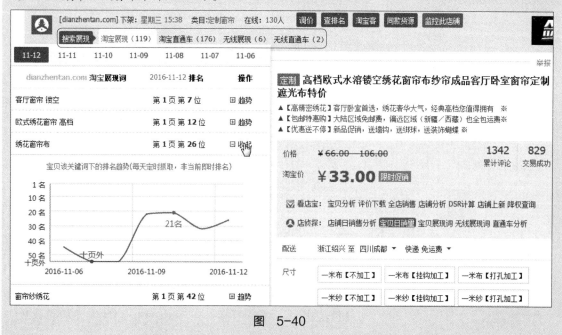

图 5-40

5.2 付费流量优化——直通车弯道超车策略

运营网店，流量可分为免费流量和付费流量。淘宝兴起之初，卖家主要是靠免费流量获得成交，但是现在，竞争激烈，光靠免费流量已经不能满足网店的需求了，付费流量的优化也变得十分迫切。

在商品上架之初，还没有销量及好的口碑，这个时候花钱买流量，得到的转化很小。但是当卖家的商品走上销量正轨，就需要免费流量与付费流量一起抓。在众多付费流量中，直通车是卖家用得较多的工具。直通车是按点击付费，这样的收费机制是比较合理的。但是要获得高质量的直通车，卖家还需要掌握一些技巧。

5.2.1 寻找让直通车流量飙升的词

直通车与普通店铺商品一样，流量的大小与关键词的选择紧密相关。那么在什么地方可以找到提高直通车排名的关键词呢，渠道如下。

1. 在"生意参谋"中挑选直通车关键词

直通车选词，卖家同样可以到"生意参谋"的行业热词榜中挑选，如图5-41所示。这些词都是行业推荐的引流关键词。但是需要注意的是，在行业热词榜中选词与普通商品选词有所不同。例如一个词的支付转化率太低，有的卖家就会舍弃这样的词。但是加入直通车初期，是属于测试阶段，如果一个词的搜索人气、点击率都不错，唯独转化率低，这样的词卖家可以先加到直通车中，如果过了一段时间质量得分很低，再考虑删除这个词。此外，如果一个搜索人气不太高的词，但是支付转化率很高，这样的词要慎重，因为可能是人为因素造成的。总而言之，为直通车选词，核心要点是：将词加进直通车，低于6分的词要优化或者是换掉。

图 5-41

2. 在直通车中找词

在直通车中可以找到更适合于直通车推广的词。如图 5-42 所示，卖家可以到直通车的"流量解析"页面中输入关键词进行查询，如这里输入的关键词是"连衣裙"。

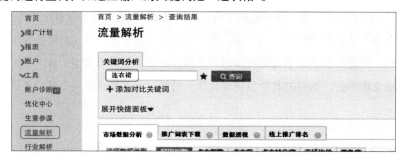

图 5-42

进行关键词查询后，卖家可以看到很多与查询关键词相关的词。图 5-43 所示的是搜索"连衣裙"后出现的"推广词表"。该词表非常有用，其中的词都是与直通车密切相关的，其数据也是与直通车相关的数据。词表中可以发现一个词"雪纺连衣裙"，该词的展现指数、点击指数、点击率和点击转化率的综合数据表现都不错，卖家就可根据自己商品的特点考虑是否用此关键词。

卖家在直通车推广词表中，还可以寻找与店铺商品相关的词，进行更多词表的查看。如点击图 5-43 中所示的"真丝连衣裙"，就可以进入"真丝连衣裙"的推广词表中，结果如图 5-44 所示。卖家可以在该表中发现更多与"真丝连衣裙"相关的推广词。

关键词（相关度）	展现指数	点击指数	点击率	点击转化率
1 真丝连衣裙	4,553,158	55,868	1.12%	0.2%
2 夏连衣裙	6,163,104	66,046	0.97%	0.27%
3 棉麻连衣裙	3,135,139	35,327	1.02%	0.34%
4 蕾丝连衣裙	1,799,562	26,616	1.35%	0.27%
5 印花连衣裙	289,385	4,382	1.39%	0.3%
6 雪纺连衣裙	3,696,400	45,699	1.13%	0.33%
7 长袖连衣裙	353,812	3,775	0.97%	0.29%
8 套装连衣裙	110,868	1,085	0.89%	0.23%
9 女装连衣裙	4,563,380	43,395	0.86%	0.2%

图 5-43

关键词（相关度）	展现指数	点击指数	点击率	点击转化率	市场均价
10 真丝雪纺连衣裙	31,119	599	1.7%	0%	¥0.83
11 真丝睡衣	227,220	4,185	1.69%	0.68%	¥1.23
12 长袖连衣裙	353,812	3,775	0.97%	0.29%	¥0.6
13 真丝连衣裙2016	430,090	4,376	0.92%	0.13%	¥0.53
14 连衣裙吊带	1,115,738	27,894	2.31%	0.36%	¥0.52
15 套装连衣裙	110,868	1,085	0.89%	0.23%	¥0.44

图 5-44

在直通车中，找词的方法不止推广词表一种，卖家还可以在"添加关键词"中搜索关键词的扩展推广词。如图 5-45 所示，卖家可以在"搜索关键词"文本框中输入要查询的词。如这里查询关键词"连衣裙"，结果如图 5-46 所示，同样会出现许多相关推荐词，这些词都可以作为商品直通车选词的参考。

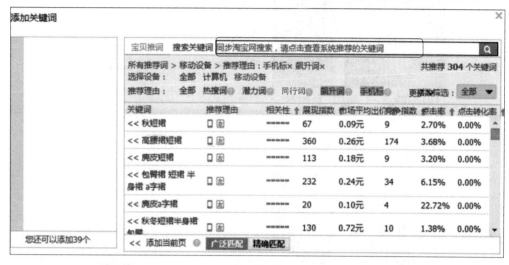

图 5-45

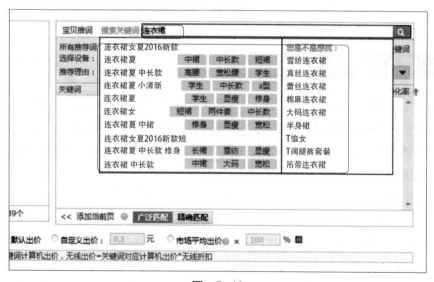

图 5-46

3. 在第三方工具中选词

利用"生意参谋"或者是直通车选词，卖家找到的词都是与市场相关的，要想找到与同行竞争对手直接相关的直通车词，卖家可以利用第三方工具如"店侦探"，查看同行商品，尤其是同款商品的直通车推广，这个方法十分有效。如图 5-47 所示，在淘宝中进行商品关键词搜索后，可以看到这款商品目前的直通车推广词，以及每个词的推广排名。甚至还可以单击最下方的"导出 excel"按钮，直接在 Excel 表中分析对手商品的直通车词。

图 5-47

5.2.2 花最少的钱换最多的流量

直通车是按点击付费的,并且卖家可以为不同的关键词自行出价,即设定这个词获得一次点击卖家需付出的广告费。出价越高的商品展现越大,但是出价高也会导致卖家的流量太高。如何花最少的钱得到最好的展现和最多的流量,或许是直通车卖家最希望掌握的技巧。下面将从直通车原理出发,为卖家剖析出"低价直通车"的"开车"技巧。

1. 低价直通车要点

在商品上架后,优化直通车流量,不仅要优化流量的大小,还要优化卖家的成本。要做到"低价开车",最好的方法是从原理出发,在不违规的基础上进行操作。图 5-48 所示的是"低价开车"的思路图。直通车商品的排名和展现是由直通车商品的综合得分决定的,直通车的综合得分又是由关键词的质量得分与关键词出价一起决定的。有了这个公式,卖家就可以推导出,要想出价低,并且流量和展现量又要有保证,那就只有提升关键词的质量得分。

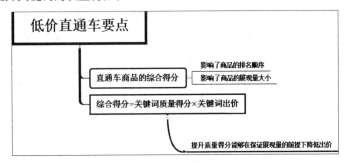

图 5-48

2. 关键词高质量得分要点

影响关键词质量得分的因素比较多，图 5-49 所示的是关键词质量得分因素的剖析思路图。

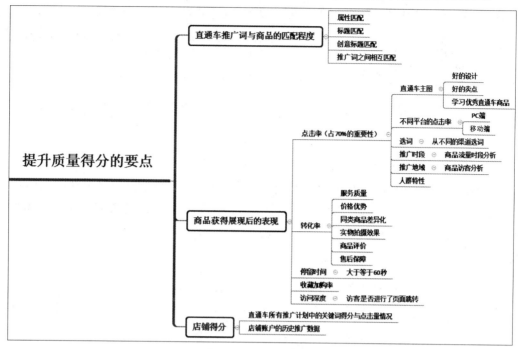

图 5-49

（1）直通车推广词与商品的匹配程度

直通车推广关键词的类目与商品的类目相关，尤其是直通车中的主要推广词，与商品类目必须高度匹配。如何查看关键词与类目是否匹配，在前面章节中详细介绍过，这里不再赘述。而次要关键词，在有利于引流的前提下，可以选择次要匹配类目。

直通车推广关键词与属性的匹配主要是指与商品详情页内的一切信息相匹配。图 5-50 所示的是某款沙发商品的属性详情页属性信息，其中写明这款沙发的风格属性是“欧式”。那么卖家推广直通车关键词为“田园沙发”，匹配度肯定是不够的。

出租车是否可运输: 否	包装体积: 4	品牌: 幸福藤庄
型号: 868	填充物硬度: 软	安装说明详情: 提供简单安装工具 ...
是否组装: 整装	款式定位: 品质奢华型	毛重: 200
设计元素: 其他 原木 大师设计 雕花	颜色分类: 【3+妃送脚踏】神秘紫 ...	几人坐: 其他
面料饰面工艺: 拉钻	图案: 抽象图案	是否可定制: 是
附加功能: 移动	是否带储物空间: 否	沙发组合形式: L形
是否可拆洗: 是	填充物: 独立弹簧包	产地: 广东省
城市: 佛山市	面料: 绒质	材质: 木
木质材质: 其他	结构工艺: 木质工艺	木质结构工艺: 其他
风格: 欧式	适用对象: 成人	可送货/安装: 其他 南昌市 哈尔滨市...

图 5-50

直通车推广词与商品标题相关。这里的标题不仅指商品的主标题，还包括副标题，副标题和主标题中都要包含直通车推广的主要关键词。如图 5-51 所示，商品的副标题包括了“外套”“春秋”这样的核心关键词，如果直通车主要推广词是“春秋外套”，那就是与标题完全相关的推广词。

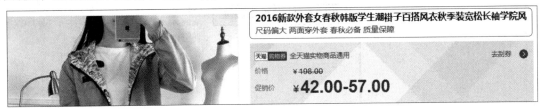

图 5-51

直通车创意标题与推广关键词相关比较好理解，这里不多赘述。

直通车推广关键词之间要互相相关也十分重要。一个店铺针对不同的商品有不同的推广计划，针对同一款商品的不同卖点有不同的推广计划。一个推广计划中的关键词就属于需要互相相关的关键词。图 5-52 所示的是直通车中不同的推广计划，可以看到，针对同一款商品的不同属性，也可以建立不同的推广计划。

标准推广计划 关键词列表

+新建推广计划 暂停推广 参与推广

汇总 计算机 移动设备 细分条件 全部

状态	推广计划名称	计划类型	分时折扣	日限额
推广中	粉色风衣	标准推广	100%	50元
推广中	移动端粉色风衣	标准推广	100%	70元
推广中	薄款风衣	标准推广	100%	50元
推广中	风衣女修身	标准推广	100%	30元
推广中	风衣女宽松	标准推广	100%	40元
推广中	风衣外套	标准推广	100%	30元
推广中	手机端首搜	标准推广	100%	85元

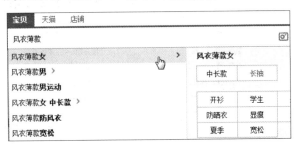

图 5-52

图 5-53 所示的是某款风衣商品的部分直通车展现词，这些记号的推广方向是一致的，如果这些词属于同一个推广计划中，那么这些词之间的相关性就很大。如果卖家需要推广风衣的“薄款”属性，就需要另建一个计划，找与“风衣薄款”相关性大的关键词，如图 5-54 所示，这些词都是互相相关的。

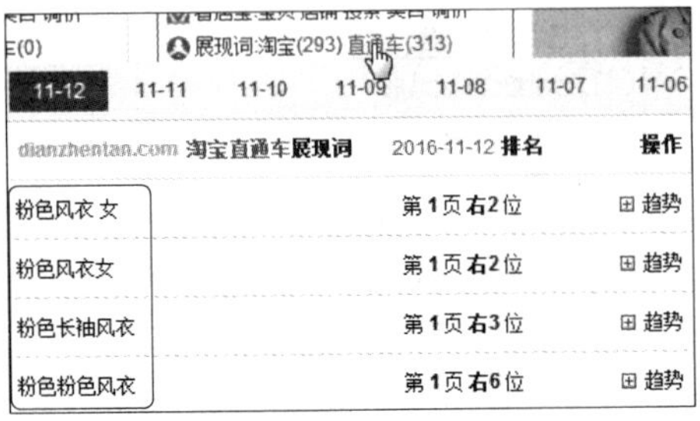

图 5-53

图 5-54

保证同一推广计划中关键词的相关性还有一个好处是，主要推广关键词的质量提高了，次要推广关键词的质量得分也不会低。例如主要推广关键词的得分是 10 分，次要推广关键词的质量得分通常能达到 7～8 分。

（2）商品获得展现后的表现

当卖家通过选词的研究让直通车有了好的排名，系统还会根据直通车商品在得到排名展现的情况下分析其后续表现。后续表现相关因素的优化如下。

首先是点击率。与普通商品一样，只有展现没有点击，系统就会认为这是一款差劲的商品，质量得分自然不会高。对于直通车商品点击率的提高，卖家可以从主图、不同推广平台、推广关键词、转化率、停留时间、收藏加购、访问深度几方面入手，这几个方面与普通商品的优化相差不大。下面要重点说明影响点击率的推广时段、推广地域和人群特性，做这样的分析都是为了获得更精准的流量。

对于推广时段，卖家需要在"生意参谋"中分析这款直通车推广商品的买家流量时段分布。图 5-55 所示的是某店铺卖家一款手套商品的访客时段分布，从图中可以看出，这款商品的访客时段分布有明显的高峰时段和低峰时段。卖家需要根据这些时段去设置这款直通车商品的推广时间。

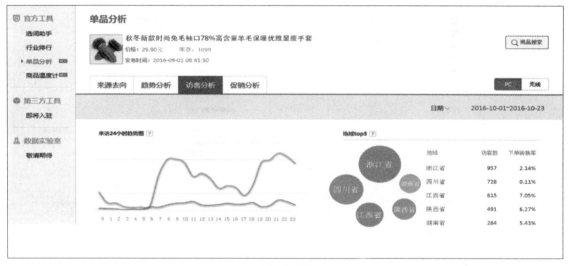

图 5-55

同样，卖家可以在"生意参谋"中分析某款商品的访客地域分布，以此来设置直通车的投放地域。图 5-56 所示的是某卖家"生意参谋"中的访客地域分布，从图中可以看到，该店铺访客的地区有明显的不同，其中"广东省"和"江苏省"两个地区的访客最多。

至于店铺买家的特征分布，卖家也可以在"生意参谋"中进行查看。图 5-57 所示的是某卖家店铺中访客的特征分析，从这些分析结果中，可以得出结论——目标消费者是一些什么样的人：低消费层级的女性，以及这些消费者搜索的核心关键词。有了这样的结论，卖家就可以知道直通车推广商品人群消费水平的选择。

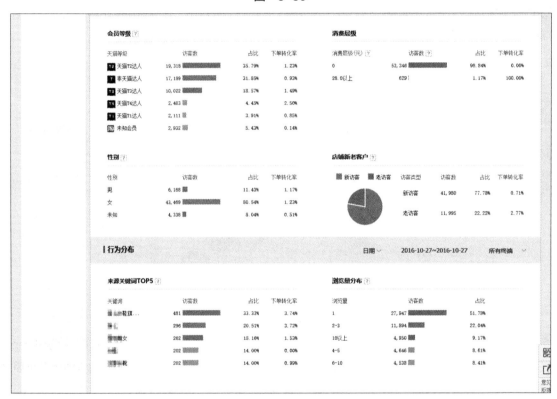

图 5-56

图 5-57

(3) 店铺得分

做直通车推广会出现这样的情况，两款商品的质量得分都是10分，但是排名却一个在前一个在后，这是因为卖家的店铺得分，即店铺权重的影响所致。店铺的基础得分还会影响直通车加词得分，有的卖家加词后得4分，有的却能得7分。

影响直通车基础得分的主要影响因素有：所有推广计划中的关键词得分及点击量、店铺整体的历史推广数据、店铺动销率、DSR 评分。

开直通车必须要打好基础，优化好店铺的得分。试想一下，就算卖家花高价获得好的排名展现，买家点击进入商品页面看到商品的评价不好、店铺的 DSR 评分不好，还是会转身离开。买家离开后，系统对"买家体验"（"买家体验"评分包括停留时间、收藏加购率、访问深度）这一项的评分会降低，转而又影响直通车账户的基础得分，从而形成恶性循环。

由店铺基础得分机制，卖家可以在合乎规定的操作下使用策略提高店铺直通车商品的流量，实现店铺利润最大化，思路如图 5-58 所示。

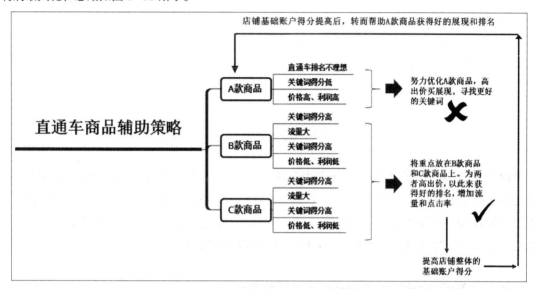

图 5-58

当卖家店铺直通车需要主推 A 款商品时，A 款商品的关键词得分低，直通车排名不理想，但是该商品价格高利润也比较大。这个时候，卖家错误的做法是将精力全部放在 A 款商品优化上，去优化它的直通车推广词、为推广词提高出价。卖家完全可以换一种思路——找店铺中有价格优势的商品（有价格优势的商品容易打造成高性价比的商品，吸引买家点击与购买）。例如卖家找到了 B 和 C 两款商品，那么将精力放在这两款商品上，提高商品的流量与点击率，进而帮助店铺整体的账户基础得分提升。店铺基础得分提升，转而又能影响 A 款商品的排名权重，辅助 A 款商品获得流量与转化。

在这个案例中，虽然 B、C 两款商品利润低甚至没有利润，但是带动了 A 款商品的直通推广，卖家店铺的整体利润是达到需求的。

问：直通车推广时长与质量得分有关系吗？卖家该如何利用这个特点？

答：直通车推广时间越长，推广的连续性越好，直通车的质量得分就会越高。因此提前养词，将直通车一天24小时开着，对培养直通车关键词质量得分是有好处的。

知道这一点后，销售季节性商品的卖家在提前布局商品时，也可以从直通车的养词方面开始进行。例如冬季服装，在秋天的时候就可以开始用直通车进行推广，等到冬季的时候，直通车已经积累起了较高的权重优势，推广关键词也能获得较高的质量得分。这时，直通车的展现就要比其他同行卖家要有优势。

如果卖家担心直通车24小时开着会比较浪费，那么可以在晚上低流量时段将折扣设置为25%左右，以节省推广费用。

5.3 活动流量优化——玩转天天特价

活动流量是网店流量的重要来源，有的网店甚至专门靠活动流量生存。尤其是淘宝和天猫官方的活动，一旦报名成功就可能获得可观的流量。在众多活动中，天天特价是广受大、中、小卖家欢迎的活动。但是不少卖家却从报名开始就出现一系列的问题，导致活动流量不能提升。本节就针对天天特价活动的策划进行介绍，希望卖家能举一反三，掌握网店活动流量的优化思路。

5.3.1 磨刀不误砍柴工，天天特价的准备

天天特价是高流量活动，但是有的卖家却在此活动中收获不大，其关键就在准备工作上。准备工作没做好，结果也不能充分利用流量，更不能将流量引到重点商品上。参加天天特价活动，主要的准备工作如下。

1. 深度理解天天特价

要做好天天特价，就要理解这是一个什么样的活动。天天特价的活动要点如图5-59所示。

卖家首先需要明白自己参加的活动是官方还是店铺内。这两种活动的侧重点不同，活动方式也不同。官方活动流量大，但是卖家需要把握好活动力度，如在活动前制订引流计划，才能充分利用好流量。店内活动一般是作为官方活动的补充，是卖家自己策划的活动，中小卖家很少举办店内天天特价活动。

其次卖家需要有一定精准的活动定位，这个定位不仅包括了活动目的的定位，还包括了店铺商品的定位。引流款商品在活动中肯定充当的是引流角色，为利润款商品带去流量，形成转化。活动的目的不同，活动的策划方式也就不同。例如卖家的活动目的是引流，那么在策划时就必须优化好店铺导航，形成店内流量良性循环。

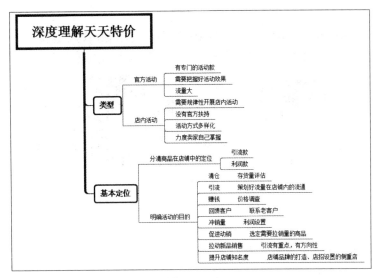

图 5-59

2. 做好活动预热

预热环节是天天特价活动必不可少的准备工作，其思路如图 5-60 所示。

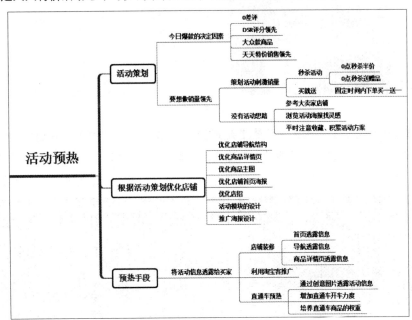

图 5-60

（1）活动策划

做天天特价的卖家都想上今日爆款，一旦成功上了今日爆款就能获得可观流量，图 5-61 所示的是天天特价的今日爆款，这个页面会受到买家的特别关注。

图 5-61

但不是所有的商品都有资格上今日爆款，其系统的评判规则是按照商品的条件来判断。包括商品的差评量、DSR 评分等。在这些条件中，最重要的一个条件就是商品在天天特价活动中的销量。这就是为什么很多参加活动的卖家都要设置秒杀活动的原因。如图 5-62 所示，秒杀价可以有效刺激买家的下单欲望。这种活动可以让卖家在一开始就获得销量领先，有助于上今日爆款。这是参加天天特价活动的一个引流策略。

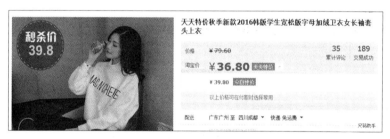

图 5-62

为了顺利上今日爆款，获得天天特价最佳流量与销量，卖家可以做的活动不止限时秒杀一种。卖家可以参考大卖家的活动，以及平时注意收集网店活动方案，把有意思的活动海报和活动方式收藏起来，作为活动素材。如图 5-63 和图 5-64 所示，这是与限时秒杀不一样的活动方式，都能有效刺激消费。

图 5-63

图 5-64

（2）根据活动策划优化店铺

当天天特价的活动策划好后，卖家就需要根据活动方案进行店铺装修优化了。

店铺装修时，卖家首先要优化导航。导航包括首页的导航和商品页的导航。首页的导航起到了布局全店流量的作用。其原则是，首先，首页要清爽简洁，不要让买家看不懂，要能帮助买家快速找到目标商品。其次，在商品页面做好导航。有的卖家参加天天特价活动的商品是引流商品，这种商品利润较低，目的在于通过活动将流量引到店铺其他商品上。所以这种活动引流商品的导航页面就一定要放上利润款商品的链接，最终实现流量跳转的目的。

图5-65所示的是一家做天天特价活动商品的店铺首页。导航非常清晰，让买家进入首页就能知道如何跳转到目标商品的页面。并且首页最上面放置的是一款打折置物架商品，这也是一个导航设置，可以将进入首页的流量有效引到这款商品页面。

图 5-65

参加天天特价活动的店铺除了导航需要优化外，卖家还需要做的是：重点优化活动商品和利润款商品的详情页，提升其转化率；优化主图，保证天天特价商品的点击率；优化店铺首页海报，可以像图5-65所示的那样放上重点推广商品的介绍，如果参加活动的目的是打造店铺品牌，那就需要放上店铺的品牌推广；优化店招的目的也是在于店铺推广，要让买家记住店铺；活动模块和推广海报的设计都是为了显示店铺的活动氛围，刺激买家消费。

（3）预热手段

当卖家根据活动性质优化好店铺装修后，就可以进入活动预热阶段了。活动预热的核心目的在于把活动信息透露给买家，让买家在活动进行时前来购物消费。方法比较多，卖家可以在装修上下功夫，通过店铺及商品将活动信息透露给买家，也可以通过淘宝客和直通车推广。

如图5-66所示，卖家在店铺导航上设置了"首页有惊喜"，就可以将进入商品详情页的买家引到首页，然后看到首页的活动信息。

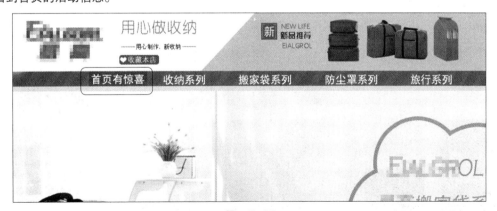

图 5-66

卖家也可以直接将活动信息放到店铺导航处，如图 5-67 所示，此卖家要参加双 12 的天天特价活动，于是在店铺导航处设置了活动信息。这样设置的好处是，买家会浏览一下这些商品，然后进行收藏，增加活动期间的转化率。

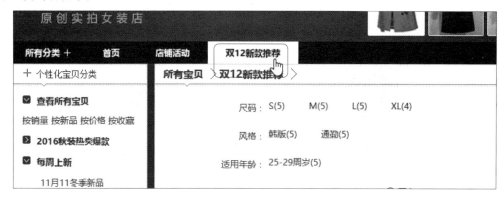

图 5-67

卖家也可以在商品详情页进行活动信息展示，如图 5-68 所示，卖家将双 12 天天特价的商品进行提前预告，增加这些商品的收藏量。

图 5-68

利用直通车预热天天特价商品，方法也是将活动信息透露给买家。如图 5-69 所示，右边的这款直通车商品提前进行了特价商品的预热，从而增加了商品收藏率。

图 5-69

3. 销量目标制订

网店运营做活动，卖家心里应该都有一个预估值，知道目标是什么。预测参加天天特价活动商品的销量，卖家首先可以参考同类甚至是同款活动商品的销量。图 5-70 所示的是参加天天特价活动的商品，卖家可以寻找与自己商品相同或类似款，注意要找价格也差不多的，以此来预测自己商品的活动销量。

图 5-70

卖家还需要根据平台流量和自己店铺平时的流量来预算销量。计算公式是（平台流量 + 店铺流量 + 付费流量）× 商品转化率。当利用这个公式计算出来的销量没有达到预估值时，卖家就可以通过付费买流量的方式获得更多的付费流量，以此来提高流量和销量。

4. 货物等物品准备充分

天天特价活动不仅需要活动策划方面的准备，还需要保证货物及其活动所需物品。具体事项如下。

提前联系好供货商，并且与供货商协商好拿货方式、拿货数量及拿货优惠。毕竟天天特价的商品销量大，很多供货商都乐意给出优惠。还要与供货商协商好如何送货，送货时间，不要让活动进行中货源断了，影响卖家信誉。

提前联系好快递公司。有的卖家是自己发货，更需要提前与快递公司联系，决定是快递人员上门取货，还是卖家送过去。并且可以与快递公司协商发货量大时的优惠。

还需要准备一些小礼物、感谢卡和道歉信等。活动销量大，问题也多，买家的喜好又不一致，A 买家觉得好的商品 B 买家可能觉得一无是处。卖家也有可能出现意外，导致发货不及时。总之，为了避免活动中出现差评影响活动效果，卖家需要准备好一些礼品等东西，以便在出现问题时能及时向买家道歉协商解决问题。

参加天天特价活动的商品需要在仓库中提前包装打包好，不要在大批订单上门时才着手打包，耽误发货时间，影响店铺 DSR 评分。

5. 活动成本预算

网店有很多无形的成本，卖家在预算天天特价活动中的成本时一定要将所有成本计算在内。一般来说，活动成本包括赠品、商品成本、推广成本、运费、售后，如果卖家为活动专门请了第三方美工做图，这些成本也要计算在内。

5.3.2 天天特价活动中的玩法

天天特价是高流量活动,为了最大限度地利用好流量,并且为店铺其他商品带去流量,卖家要掌握天天特价活动中的玩法,思路如图 5-71 所示。

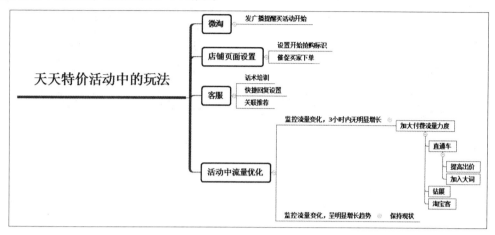

图 5-71

1. 微淘提醒

天天特价活动快开始时,卖家需要设置微淘提醒,提醒移动端的买家去关注这款特价商品,从而形成流量和转化。提醒设置方式如下。

如图 5-72 所示,在"卖家中心"单击"手机淘宝店铺"选项,然后单击"无线店铺"面板中的"立即装修"选项。

此时就会进入微淘设置页面,如图 5-73 所示,再单击"广播草稿"选项。注意,如果之前发过微淘广播的卖家,这里显示的是"新建图文广播"。

接着再单击"添加图文广播素材"按钮,如图 5-74 所示,就能发布一条通知活动开始的图文广播了。

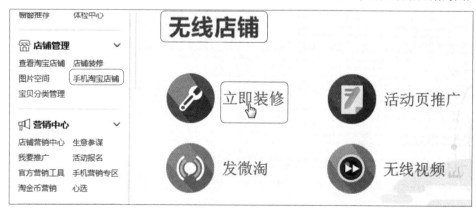

图 5-72

图 5-73

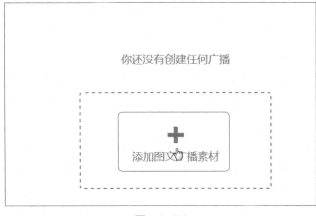

图 5-74

2. 店铺设置刺激转化

在活动开始后，卖家需要在店铺装修页面中设置活动开始的信息，提醒买家可以开始抢购了。并且在活动结束前两个小时放上一张催促买家付款的图文，刺激转化。需要注意的是，催促买家付款的图文需要美工提前做好，到时候放上即可。这样一个小小的设置动作，就能提升活动效果。

3. 客服做好接待工作

天天特价活动中，客服要做好接待工作，包括知道如何使用销售话术，以及针对这款特价商品的介绍，还需要客服有意识地将买家引到店铺的利润款商品中，最终形成流量跳转。

考虑到天天特价时咨询的买家人数较多，客服很有必要设置自动回复。需要设置的自动回复有：欢迎语、商品介绍语、店铺某项特殊操作介绍语、快递信息、优惠活动信息，等等。图 5-75 所示的是某大卖家店铺的客服自动回复，都是一些买家询问频率较高的问题。

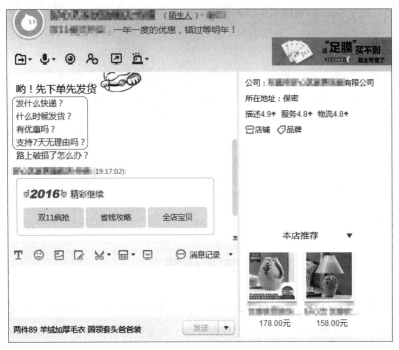

图 5-75

以下是欢迎语和商品介绍用语的常见的自动回复。

客户上门咨询时：亲，您好。欢迎光临 XX 店铺（注意要写出店铺名，有助于提升店铺知名度），我是客服 XX，很高兴为您服务。

针对天天特价款商品的介绍回复：亲，您好，我们这款商品正在做活动哦，价格很优惠。这款商品的质量与做工都不错，最重要的是它很小巧，适合平时逛街时背在身上，还有 6 款颜色供您选择哦。

4. 活动中的流量优化

做天天特价活动，虽然卖家事先进行了策划，但是市场是变动的，没有哪个卖家能精确预测活动的效果。所以在活动中，通过监控活动表现随时进行流量优化是很有必要的。

在什么情况下卖家需要加大流量引进力度呢？当活动开始后，卖家监控活动流量，如果 3 个小时之内，流量增长还不明显，就说明卖家需要加大引流力度了。在这种情况下，卖家去优化自然搜索流量已经来不及了，只能加大付费流量的力度。

付费流量可能使用的工具是直通车、钻展和淘宝客。对于直通车卖家可以增加大词，出更高的价，为商品引入直通车流量。钻展卖家需要提前做好图，根据活动效果调整投放策略。淘宝客可以稍微提高一点佣金，让淘宝客进行推广。

问：天天特价活动结束后，如何收尾，以便在下一次活动引流时做得更好？

答：天天特价是广受网店卖家重视的活动，活动结束后，卖家应该有一个好的收尾，做好总结工作，才能取得更好的活动效果，并且总结经验，争取下一次活动带来更多的流量与转化。

（1）及时安抚没有来得及发货的买家

天天特价活动有时会超出卖家的预计，订单太多，导致有的货物没来得及及时发出。这时卖家可以在包裹里准备一张卡片、赠品或者是发个红包、消除买家的不满。

（2）鼓励买家晒图给好评

活动结束后，为了让活动产生最大的效果，持续引爆活动商品的销量。卖家需要引导买家给出好评并晒图。方法可以是好评给红包、晒图给红包等。

（3）收集活动数据，分析成败原因

天天特价活动无论成功与否，卖家都需要分析其原因，以吸取经验教训。活动需要收集的数据主要有流量、点击率、转化率数据。可以分析这些数据的趋势图，看销售趋势变化，也可以分析这些数据是否达到了预期值。还可以分析数据是哪个时候开始猛增／猛跌的，导致数据波动的原因是什么，等等。

本章小结

本章主要介绍了商品上架后，卖家需要进行的流量程序的优化。学习完本章，卖家需要明白，流量的优化是一个系统的、连贯的过程。在整个优化过程中，卖家要站在更高的角度来看待流量，要从市场的角度、从全店的角度去看待流量的变化。只有考虑到方方面面，才能提升店铺的整体流量。

第3篇

淘宝、天猫站外 SEO 搜索营销技能

开网店除了要做好站内 SEO 引流工作外，还要尽可能做好站外 SEO 引流工作。通过站外优化搜索可为店铺源源不断地输入潜在的消费者人群。本篇主要给读者介绍淘宝、天猫站外 SEO 搜索营销的途径、方法与技巧。

第6章

站外 SEO 搜索营销让流量快速增长

本章导读

本章将重点介绍站外流量的引入方法。过去站外流量或许是"低质量"流量的代称，但是现在，不少卖家通过发挥自己的聪明才智，已经在站外获得一片流量天地，建立起自己的流量"鱼塘"，为店铺源源不断地输入潜在的消费者人群。

知识要点

通过本章内容的学习，读者能够清楚地认识到站外商品推广方式，也应该意识到网店卖家也可以打造自己的自媒体窗口，还能从运筹帷幄的角度与淘宝客建立合作关系。学习完本章内容后需要掌握的相关技能如下。

- 站外流量的引入模式
- 站外推广软文的"套路"是什么
- 如何在自媒体时代拥有一席之地
- 真正恰当的"淘宝客"佣金应该设置多少
- 如何在淘客"鹊桥"活动中不上当受骗

6.1 了解站外 SEO

在第 1 章介绍 SEO 的概念时提到过，从广义上讲淘宝 SEO 分为站内 SEO 和站外 SEO。如果将淘宝网站比喻成"鱼塘"，"鱼塘"中建有不同的养殖隔离坑位，那么不同的卖家就是不同的坑位，而水流就是流量。站内 SEO 的目的就是将"鱼塘"内的水尽量引到自己的坑里，而站外 SEO 的目的是将鱼塘外的水引到自己的坑里。

6.1.1 什么是站外 SEO

淘宝和天猫站外 SEO 优化指的是从淘宝站外引进流量，以满足店铺流量的需求。在第 1 章中说到站外 SEO 优化的方法有 3 种。

① 外部链接类别：博客、论坛、B2B、新闻、分类信息、贴吧、问答、百科、社区、空间、微信、微博等相关信息网等尽量保持链接的多样性。

② 外链组建：每天添加一定数量的外部链接，使关键词排名稳定提升。

③ 友链互换：与一些和自己网站相关性比较高、整体质量比较好的网站交换友情链接，以巩固关键词排名。

淘宝和天猫卖家的站外流量优化主要通过第一种方法来实现，通过在不同的平台发布与商品相关的信息，达到引流的作用。

淘宝站外流量与站内流量相比，流量的精度和转化率都要更低些。很多卖家也没有掌握站外流量优化的技巧，认为写一些"标题党"类型的文章把流量引进来就行。其实低质量的流量引入网店内反而会降低商品的权重。

卖家可以通过"生意参谋""实时直播"中的"实时来源"查看店铺流量的来源渠道。图 6-1 所示的是某店铺的流量来源，其中"淘外流量"就是指的站外流量。卖家需要注意的是，店铺的流量主要成分不应该是淘外流量，除非卖家能保证淘外流量的转化率，否则淘外流量占比太大，说明卖家流量优化方向有问题。

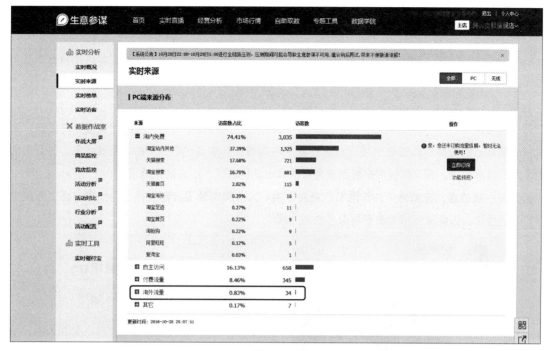

图 6-1

站外 SEO 的引流渠道比较多，在这些渠道中，论坛可以归为一类渠道，卖家需要注意软文的推广技巧。自媒体是如今流行的一种推广方式，卖家需要了解自媒体的特性，以此来抓住买家。淘宝客又是另一种站外流量引入方式。本章将针对这三种主要的站外引流方式进行详细介绍。

问：既然站外流量的转化率不高，那要如何掌握引流的度？

答：站外流量的特点是量大，但是精度不高。卖家用力过猛则会获得低质量的流量，最终反而降低商品和店铺的权重，如果不进行引流，又不能满足店铺的流量需求。如何解决这个问题呢？卖家可以通过计算流量价值来决定引流力度。

站外流量来源渠道较多，不同的渠道都会在"生意参谋"中有所记录。卖家可以在"生意参谋"中查看不同渠道的流量大小、成交量数据，用流量带来的成交金额÷流量大小=这个渠道流量的价值。例如，卖家在某一周引入了 500 个微博流量，一共形成了 10 笔订单，10 笔订单的总成交额为 5000 元，那么微博的流量价值为 5000÷500=10 元。

卖家需要根据店铺内其他渠道的流量价值来衡量站外不同渠道的流量价值，也就是找一个标准。例如，当站外某渠道的流量价值低于 1 元时，就要降低或停止从该渠道引流，以此来掌控引流的力度。

6.1.2 站外 SEO 的八大渠道

站外 SEO 的平台多种多样，卖家要进行站外流量优化，首先需要知道可进行引流的平台有哪些，又要如何操作。

1. 微博

微博的传播方式是扩散式的，一条热门微博可以经过扩散式传播得到可观的转发量。许多卖家会利用微博分享自己的商品。如图 6-2 所示，这位卖家在微博上分享自己店铺中的睫毛膏商品，并且后面还附上了淘宝链接地址，有兴趣的用户看到就会直接点击链接跳转，形成站外流量。

但是要注意的是，在微博中纯粹地推广商品作用不大。卖家需要控制发微博的频率，适当穿插推荐一些实用的经验，以此来保持消费者对自己的关注度。

图 6-2

2. 微信

2016 年微信用户数量统计显示，微信注册用户数量突破了 9.27 亿。如此庞大的数字，代表着可观的流量。不少淘宝卖家会利用微信进行商品推广。虽然微信端屏蔽了淘宝链接，但是卖家依然可以在微信以文字的形式、图片的形式推广自己的商品。

3. 博客

博客是过去几年比较流行的社交网站，许多老博主持之以恒地在博客中更新文章，获得了大量的关注。慢慢地，有的博主就开始推广商品。如美食博主可以推广食品商品、厨房家电；美妆博主可以推广美妆类商品。

图 6-3 所示的是一位美食博主写的一款糕点的制作方式，那么在这篇文章中博主可以写自己用了哪些原料、用的什么电器，这些原料和电器又要在哪里购买，这就是一种推广方式。

图 6-3

4. 论坛

论坛中聚集了大量喜欢讨论的网友,因此,论坛是站外推广的重要渠道。卖家可以针对自己的商品,到相应的论坛中发帖。帖子内容最好是自己原创。

5. 问答

当网友有疑问时,第一时间可能会想到去百度知道、soso 问问、新浪爱问等地方寻找答案。如果网友的疑问是与某件商品相关,那么卖家的推广机会就来了。卖家可以借助回答问题的机会,在最后留下联系方式、商品购买网址或者是店铺地址。

如图 6-4 所示,一位网友在百度问答中询问烘焙工具哪里买。这位卖家趁机回答了问题,虽然没有贴上商品或店铺的网址链接,但是卖家写上了明确的店铺名称,可以让网友通过名称搜索找到店铺形成流量。

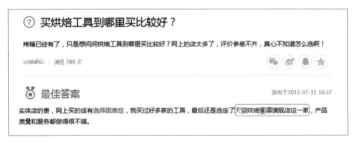

图 6-4

6. 百度经验

与问答类似,百度经验也是流量较多的地方,很多网友会到其中去寻找问题的答案。这也给卖家带来了又一个商品推广的机会。但是写百度经验,需要卖家认真组织语言并配上图片,在清楚说明一件事的前提下,再推荐自己的商品。

如图 6-5 所示,卖家分析了一篇电烤箱的选购指南经验,在经验的最后,卖家可以附上商品网址链接。

图 6-5

7. QQ 群/微信群

随着社会的进步,各种即时通信工具应运而生。利用这些通信工具,卖家可以将消费者聚集起来培养感情,形成站外流量。最常用的是 QQ 群和微信群。需要注意的是,卖家建立群后,不能粗暴生硬地在群中发布商品链接进行商品推广,而是抱着交流和帮助消费者解决问题的目的与大家聊天。

如果卖家不想自己组建群,也可以加入相关 QQ 群或微信群,与大家聊天建立感情。当群里的朋友说起某款商品时,卖家再找合适的时机进行商品推广。

8. 邮件

邮件推广也是卖家常用的站外推广方式。邮件推广主要是用在对老客户的站外流量引进。卖家可以通过一次成功的商品交易收集到老客户的邮箱地址,然后在商品上新、打折、大促时,发邮件给老客户,请老客户进店购物,从而形成站外流量。

大师点拨 15:站外推广后的用户维护

站外流量的缺点是转化率低,为了提高流量转化率,卖家需要做好用户维护。即将进入店铺的站外流量用户用特定的渠道维护起来,以保证流量的稳定性和精度。为什么要维护用户,这还要从站外用户的特点开始分析。

1. 站外用户的特点

广受卖家欢迎的站外引流渠道如论坛、微博、博客等,其共同点为都属于社交类渠道。为什么用户会通过这些渠道点击进入淘宝和天猫店铺购物,主要是因为部分用户需要进行商品研究。他们不会轻易相信商品详情页中对商品的介绍。而是希望通过自己的研究验证,来决定对商品的购买。这类用户通常会到论坛等社区中与其他网友进行交流讨论。基于用户的这个心理,卖家就可以到社交网站中诚恳地分享自己的经验,以吸引用户形成流量。

这些用户通常会到特定类型的社交版块中进行讨论。也就是说不同类型的商品,其所属的社交版块类型是不一样的。例如论坛平台,就有包括各行各业不同类型的商品讨论版块,这些版块中的用户就是潜在的商品消费者。以耳机商品为例,普通人买耳机会直接到网店或实体店中进行购买,但是音乐发烧友就会到专业的耳机论坛进行讨论。卖家完全可以通过论坛截取这部分用户流量到自己的店铺中。

2. 维护好站外用户的步骤

当明白了站外用户的购物心理后,卖家很容易发现,这是一种基于讨论的购物行为。也就是说这类用户需要互动、交流、讨论。那么自然而然的,卖家可以想到以建群的方式来转移用户的讨论地,并且将目标消费群体集中在一个群体中时,可以一次性发布商品信息,让多人同时看到。群关系维护得好,还可以和用户成为朋友,形成优质流量。

① 进行调研。在建群之初,卖家不能盲目进行,需要先进行用户调研,分析用户是否愿意加入自己的群中。卖家可以在站外选择 3~6 个用户进行单独对话,询问他们是否愿意加入自己的群。

如果有超过一半的人同意，建群方式就是可取的。

② 用户筛选。当建好群后，卖家应将尽可能多的用户拉入群中。这个时候不能对所有用户都一概而论，有的用户是低质量用户，在群中只会造成不良影响。卖家可以观察大家在群中的聊天记录，删除那些语言偏激煽动性强的人，最终留下来的用户才是优质用户。

③ 制定规矩。无规矩不成方圆，作为群主肯定是要制定规矩的，不能让群中的讨论为所欲为。最基础的规矩就是对黄暴语言、图片的限制。其次就是根据商品行业的一些限制。例如美妆店铺的卖家，可以制定的规矩是，多久分享一次美妆经验。经验可以是大家一起分享，不一定是卖家亲自分享，分享者有礼物，以此来激励大家的活跃程度。规矩也可以是围绕店铺商品的规矩，如在群中哪个级别的用户到店铺中购物可以打几折。

④ 在群中推广商品。建好群并且稳定一段时间后，卖家就可以在群中推广商品了。需要注意的是，不能生硬地进行商品推广，而是带一些话题和有用的经验一起分享。如女装类商品，当商品上新时，就去找找最近哪个明星有没有穿过这款衣服，在群中引起讨论，再推广商品。

6.2　基于论坛的站外 SEO

论坛是聚集人气较多的讨论社区，不同类型的论坛都提供了交流版块，供卖家或其他用户发布信息，包括购物心得、商品促销、对某款商品的使用感受等。不少卖家利用淘宝论坛推广，为商品引进站外流量。

论坛推广从字面意思来看，很简单，就是发帖子进行推广而已。但是推广的效率怎么样，能不能成功引来站外流量，就要考验卖家的功力了。卖家需要掌握论坛推广的技巧，写得一手好的推广文案，才能达到理想的推广效果。

淘宝和天猫卖家可以进行推广的论坛和社区比较多，常用的有淘宝论坛、百度贴吧、新浪论坛、搜狐社区、天涯社区等。

6.2.1　注意论坛推广的五大误区

论坛推广有很多细节值得卖家注意，例如选择了什么样的论坛、在什么时候发言，等等。这些细节都是需要学习的经验。

1. 太冷清的论坛不要选择

论坛推广，最重要的目的就是让更多的人看到卖家发布的推广消息。如果论坛本身就没有什么人气，想必发布的推广帖子被更多人看到的可能性也很小。以百度贴吧的论坛为例，卖家可以在不同的论坛上看到聚集的人数。如图 6-6 和图 6-7 所示。两者一比较就能发现哪一个论坛的关注人数更多，哪个发的帖子数更多。

图 6-6

图 6-7

不仅要关注不同论坛的聚集人气，还要关注最近发帖的动态。有的论坛可能已经过时了，只是徒留了关注人气而已。图 6-8 所示的是百度贴吧某论坛的首页的部分帖子。看左边的数字就能知道这篇帖子有多少人回复，看右边的时间就能知道最新回复时间是什么时候。原则上讲，帖子回复的人越多、回复时间越近的论坛，其关注者的活跃度越高，这种论坛是比较理想的推广论坛。

当然，如果卖家选择了人气太过旺盛的论坛会出现一种情况，因为发帖人数太多，自己发的帖子很快就沉下去了，除非卖家有时间去不断顶帖，或者是花钱请人顶帖，所以太火爆的论坛也需要谨慎选择。

图 6-8

2. 区分论坛的类型

有的网店卖家病急乱投医，只要看到人气高的论坛就开始推广自己的商品。殊不知，论坛的类型不同，聚集的用户类型也不同。这就像关键词引流，搜索"毛衣"的买家看到的商品却是鞋子，结果可想而知。

一般来说，卖家要寻找与自己商品相关的论坛。如母婴卖家可以找母婴论坛，去分享自己的经验与商品使用心得。也可以去早教论坛，去讨论孩子早期的教育问题，同时推广自己的商品。图 6-9 所示的是"母婴"论坛的一篇帖子，回复数量 8000 条。可见这位卖家是来对地方了。再看图 6-10，这位卖家到"土鸡蛋"论坛中推广玩具商品，结果自然不会理想。

图 6-9

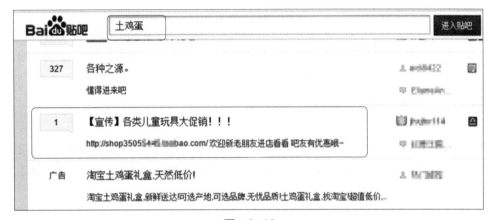

图 6-10

3. 不要发低质量帖子

低质量帖子指的是让用户没有什么点击欲望，一看就是广告的帖子。一般包括3种：纯粹的广告帖、活动帖、特价帖。纯粹的广告帖指的是生硬地发布商品广告，并附上网店链接，让买家来买。活动帖是指告诉用户店铺在举办什么活动，让大家前来购物。特价帖是指生硬地说明店铺商品搞特价。这3种帖子都可能影响店铺或商品的形象。此外，用户还有一种逆反心理，"你让我买，我偏不买"，故低质量帖子取得的成效一般都不大。

图 6-11 所示的是一篇精心策划的帖子，帖子的回复数量很高，再看标题，也十分吸引人，是一个问句，而不是直接说"某某香氛销售，点击链接购买"。与此案例形成对比的例子如图 6-12 所示，卖家生硬地进行商品推广。

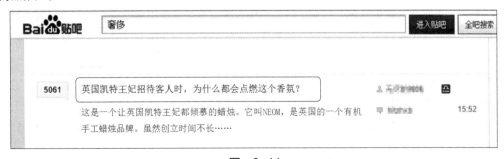

图 6-11

图 6-12

从这两个例子的对比卖家需要知道,好的论坛推广帖子都是经过策划的,其推广文的标题、内容都有讲究,这在后面将详细介绍。

4. 不要有需求了才冒泡

与现实生活中的人际关系一样,不要用到了才去联系,要在平时就维护好关系。在论坛中推广也是一个道理。平时不发帖、不回帖,论坛中的其他用户都对卖家很陌生,那么卖家在推广商品时,发的帖子自然也没人理。卖家可以做的是,平时多看帖、回帖,尤其是那种需要解答问题、请求帮助的帖子,用心去回复,增加自己的可信度,也让用户熟悉自己。

5. 不要半途而废

很多论坛都有等级制度,卖家刚进入论坛时,级别不高,熟悉度也不够,发的帖子可能没效果。但是不代表永远没效果。卖家只要坚持活跃在论坛中,提高等级,慢慢地发帖,就可能为店铺或商品带去站外论坛流量了。

问:论坛级别不高,没话语权怎么办?

答: 不少论坛想要提高等级,尤其是后面的等级都需要更多的积分。有的卖家刚注册论坛号,又急于推广商品,但是又担心级别不够没有说服力。那么卖家可以联系论坛的管理员,让管理员帮忙升一点级别。尤其是刚起步的论坛,管理员是比较好说话的,也愿意挽留住一个活跃用户。

6.2.2 十大套路写出点击率超高的标题

好的软文从标题开始就需要精心打磨,软文的标题承载着文章点击量的责任,消费者愿不愿意点击进入文章,就要看这个标题是否直击其内心。事实上,好的软文标题是有"公式"可以套用的,卖家可以根据商品类型的不同、文章主题的不同,选用"公式"拟定标题。

1. 危机式标题

危机式标题是淘宝和天猫卖家使用较多的一种标题类型。其特点是让人产生危机感,再加上人自我保护的潜意识,买家会觉得有必要点击进去一探究竟。但是需要注意的是,危机感要有度,不能恐吓过度,脱离生活,让买家觉得不可信。

危机式标题适合销售保健品、食品、老人和孩子用品的卖家，这些商品与健康安全相关，容易引起消费者，尤其是女性消费者的注意。最有效的做法是，结合商品的特性，用标题写出不用这款商品的坏处。

图6-13所示的是一篇点击量超高的软文，介绍的是一款保健品，标题却用"中青年心梗发病率剧增"来引起用户的注意并使其产生紧张感，用户自然而然地点击进入文章。由图片可知此文章的阅读点击量确实也很高。

图 6-13

2. 疑问式标题

疑问式标题也是卖家使用效果较好的一种类型。这是因为用户普遍有好奇心理，如果标题本身就是一个问句，用户会倾向于点击进入内容页面寻找答案。适合用疑问式标题的商品范围比较广，基本上所有的商品都可以使用疑问式标题。

图6-14所示的便是疑问式标题的例子，这个例子让用户在心里引起了疑问，迫不及待地想知道答案。那么卖家可以借此在文章中推广相应的商品。

图 6-14

3. 悬念式标题

与疑问式标题类似，悬念式标题虽然不是一个直接的问句，但是标题整体表达的就是一个答案尚未揭晓的内容，同样能引起用户的好奇心。悬念式标题也没有特定的适用商品，只要商品的特性有悬念，都可以使用这种形式的标题。

图6-15所示的是一篇阅读量上十万的服装商品的推广软文，其标题虽然不是问句，但是很有悬念，让买家忍不住想"能穿进秋裤的裤子，到底是什么样的裤子"。可谓悬念十足。

图 6-15

4. 诱惑式标题

网店卖家进行软文推广时，还可以根据商品的卖点、给消费者带来的具体好处来拟定标题，从标题中诱惑买家。这种标题适用于卖点明确，尤其是卖点新颖的商品。如普通灯具的寿命是5年，而卖家自己的灯具寿命是10年，标题完全可以突出这款灯具的卖点，写成"拥有一款能亮10年的灯不是梦"。

如图6-16所示，这款鞋子的卖点是百搭，适用于多种场景。那么标题就表明这个好处就行，用商品本身的卖点来诱惑买家。

图 6-16

5. 新颖式标题

新颖式标题指的是内容新颖的标题，这类标题适用于市场上新出来的商品，尤其适用于更新换代速度较快的数码商品、电器产品、智能设备等。之所以能吸引人，是因为人们对新鲜事物总是很感兴趣。这类商品通常会有特定的事件引爆，如某款智能手机的发布，销售相关商品的卖家可以马上追热点，推一篇与此相关的软文介绍自己的店铺商品，前提是商品一定要与该热点事件相关。这类标题中常用的词有"终极""首创""惊现"等。

图6-17所示的便是一个新颖式标题，卖家利用消费者对苹果商品的热爱，推广了一款收纳包商品，阅读量十分可观。

图 6-17

6. 情感式标题

在流行软文原创的今天，许多优秀软文通篇都包含真情实感，标题也不例外。据数据统计，当买家阅读了有感情的软文后，转化率往往会大增。这就是打感情牌的效果所在。情感式标题需要卖家挖掘商品的内在情怀，如家具商品，其内存情怀自然是家的温暖。下饭酱商品，其内在情怀可以是对生活的热爱。一旦将商品与感情挂钩，商品就不再是冰冷的物体，而是温暖的事物。

目前有许多情感式软文的标题都值得卖家们学习。图6-18所示的是一款润肤油的推广文章，阅读量接近5万。标题的场景性非常强，女性买家看到这个标题就会忍不住想象自己用了这款润肤油后，指尖触摸到自己的皮肤滑滑的感觉。表达了一种女性对生活的热爱，和对自己的关爱。

图 6-18

7. 名人式标题

不论是体育明星还是娱乐明星，其关注度都特别高。尤其是明星出热点事件时，淘宝中销售与该明星相关的商品就会突然大增。关注明星的一举一动已经成了大众日常生活的一部分。换句话说，明星是大众关注的焦点，只要标题中出现了明星的名字，明星的粉丝用户对这个标题的点击率就会特别高。

如图 6-19 所示，这款商品的标题就是典型的名人式标题。借用名人效应将商品推广出去。

图 6-19

8. 数字式标题

有研究发现，人们对阿拉伯数字的敏感度会高于文字，那么带有数字的标题其识别度也会高于其他标题。数字型标题也没有特定适用的商品，只要商品能找出与数字相关的地方，卖家都可以用。如商品的使用寿命是多少年、覆盖人群是多少，等等。

图 6-20 所示的便是典型的数字型标题，标题中的数字又能形成对比。

图 6-20

9. 热点式标题

不同的时间段会有不同的热点事件、新闻、热门网络用语或者是最近的节日。这些热点的受众范围比较广，卖家完全可以利用当下的热点来拟定标题，让软文推广搭上热门事件的顺风车。

图 6-21 所示的是两篇热点式标题软文，两篇文章都借了圣诞节这个重点节日作为载体进行商品的推广。

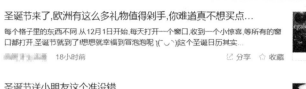

图 6-21

10. 趣味式标题

年轻的消费者如 90 后、00 后更喜欢有趣一点的话题，因此使用趣味型标题可以提高这类人群的点击率。趣味式标题通常可以利用字的谐音来改编，使其产生有意思的含义。趣味式标题适用于年轻人使用的产品，如时尚服饰、零食、娱乐商品等。

图 6-22 所示的是典型的趣味式标题，卖家用一语双关表达了服装的颜色多且质量好。

图 6-22

在这里推荐一款工具，"文案狗"，如果卖家在拟定趣味式标题又找不到灵感时，可以到这款工具中去找字的谐音。如图 6-23 所示，输入"吃"字，就出来了与此相关的谐音改编词语。其中改编词语"吃之以恒"就可以利用到食品商品的软文推广标题中。

图 6-23

6.2.3 如何写出好的推广软文

卖家在进行站外推广时，不论推广平台是论坛、微博，还是其他的推广平台，商品的推广都需要附着在文字，即软文上。一篇好的软文能让推广效果事半功倍，但是一篇差劲的软文却收不到任何推广效果。

软文与硬性广告不同,它不是对商品的直接推销,而是采用委婉的方式间接推销商品,让买家不知不觉,心甘情愿地购买。

1. 软文开头接地气直入人心

软文的标题决定了用户是否有兴趣继续阅读下去。通常情况下,软文中推广的商品通常会出现在文章的中后位置,如果文章开头没写好,用户就不会继续阅读,那么就达不到商品的推广效果了。

好的软文开头要接地气。何为接地气,就是贴近买家的生活,说出买家生活中的痛点、心声。就像近几年流行的明星真人秀,为什么会火,就是因为节目接地气。本来高高在上的明星,却一下变得跟普通人一样,会发脾气、会失望,也会无助。商品也是这样,推广一件高高在上、与买家生活离得很远的商品,推广效果是不会好的。但是将这件商品融入了买家的实际生活中,买家就会被打动。

商品软文推广的开头,最常用的方法就是说出生活中困扰买家的地方所在(这个困扰要购买了卖家推广的商品才能解决)。图6-24所示的是一款助眠灯的软文开头,这个开头就很接地气,说出了现代社会人的痛点——睡眠不好。与人们的生活直接相关,人们接着往下读的兴趣自然就很高。

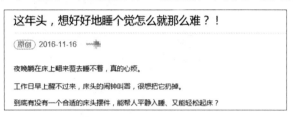

图 6-24

2. 使用对比突出商品的卖点

在软文的内容部分,卖家会渐渐过渡到自己商品的推广上。如何过渡,常用的方法就是对比,先说一般的商品是什么样的,有哪些缺点,然后再引出自己的商品。图6-25所示的是一款经过改良的人性化衣架,卖家不是直接说这款衣架如何好,而是说这款衣架"和一般的衣架不同"。在下面的叙述中均在说明与一般衣架的不同之处。

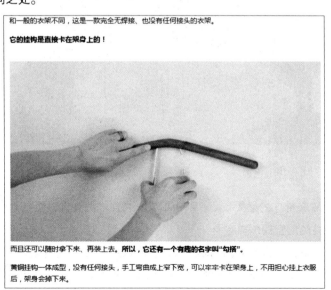

图 6-25

3. 使用书面用语凸显商品质感

软文的行文水平透出的是作者对文字的驾驭能力,带给买家的却是商品的质感。这很好理解,软文中的文字水平就像网店的装修,装修得好的网店无形中就给商品增加了附加价值,让买家觉得商品在这种店铺中销售,质量应该不错。同样的道理,用精练的文字写出的软文,也会让买家在潜意识中认为商品的质量不错。

对比图 6-26 和图 6-27,一个是书面用语的软文,一个是口语化软文,哪一篇软文的推广效果更好,可想而知。

图 6-26

图 6-27

4. 用数字说话

学会用数字说话是软文推广的必要技巧。数字给人一种理性的感觉,更具说服力。而且数字的表达方式更具象,不会像单纯的形容词那样空洞。

图 6-28 所示的是一篇销售大米商品的软文段落,卖家用"10 小时内卖出 9 万斤米""从稻谷脱壳到你手中,不超过 30 天"。而不是单纯地形容"这款大米销量惊人",没有数字说明,那这个"惊人的销

量"到底是多少。或者说"从稻谷脱壳到你手中速度很快",没有数字说明,这个"很快"到底是有多快。

> 有一款五常大米,它曾经在没有投一分钱广告的情况下,仅通过微信朋友圈的口口相传,就创下了**10小时内卖出9万斤米**的惊人销量。许多商界大佬尝过这款米之后就成了它忠实的粉丝。点名爱吃它的明星更多:李静,秦岚,童谣……
>
> 这么厉害的大米,今天一条生活馆为你找来了!**它来自五常大米的核心产区,从稻谷脱壳到你手中,不超过30天**!是如假包换的"活米"!

图 6-28

5. 最重要的一点是说出商品的用处

软文推广的最终目的是展示商品,要让买家产生购买欲望,指出商品的用处是最重要的一点。无论前面的软文如何天花乱坠,无论这篇文章使用了多少写作技巧,不说出商品的用处,同样不能说服买家购买。

卖家可以使用商品详情页中的介绍技巧,以图文并茂的方式说出商品的用处。如图 6-29 所示,文字很直白地介绍了这款可以暖手的充电器,在形容过程中,使用数字精确说明商品的使用状态。

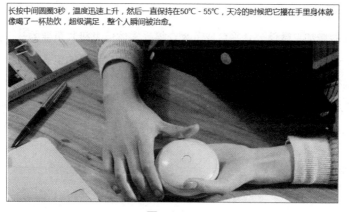

图 6-29

问:如何从头开始规划软文内容?

答:掌握了写软文的技巧,但是不知道如何从头开始策划软文,确定软文的风格。

写软文之前,要结合商品的特点,确定软文的受众群体,受众决定了软文的风格。如果受众是中年妇女,卖家所销售的商品是保健食品。那么软文的特点就是要抓住受众的痛点,以情动人。如果受众是青年男士,销售的商品是数码科技产品,软文就不能写得婆婆妈妈,而要干净利落,有力地介绍这款商品会为男士生活带来什么样的科技感。如果受众是十几岁的小女生,销售的商品是礼品,那么卖家大可写一篇感人的浪漫爱情故事,将商品广告植入其中。

6.3 基于自媒体平台的 SEO

自媒体是一个与主流媒体相对的概念。主流媒体指的是报纸、电视这种发出"统一声音"的媒体。自媒体与主流媒体不同,它传播的可以是个人的声音。在这个自媒体时代,人人都可以创建自己的媒体。这也给了广大电商卖家一个机会,利用自媒体来推广商品。许多大型淘宝店,或者是天猫店,都有属于自己的自媒体号,卖家通过自媒体向用户推广商品、传递信息、与用户互动。根据自媒体平台的不同,其创建方式、维护方式也有所不同。

6.3.1 主流自媒体平台深度解读

在前面介绍过,卖家站外推广的渠道有微信、微博、博客,其实这几种信息传递平台都属于自媒体平台。实际上,自媒体平台多达几十种,并不是每一种都适合网店卖家推广商品。本节挑选了一些适合网店卖家推广商品的主流自媒体进行深度解读,让卖家在知道这些平台的特性基础上,根据特性来运营自媒体。

1. 微信公众平台的深度解读

随着微信用户量的增加,微信公众平台成了大众接受媒体信息极其重要的一个渠道。不仅微信公众平台可以发布消息,微信朋友圈也可以发布信息。并且微信公众平台的申请没有限制,每一个卖家都可以成功申请,还可以根据店铺的需求购买公众平台中的一些开发功能,以达到更好地与用户互动。

图 6-30 所示的是卖家在注册微信公众平台时会看到的类型选择。其中服务号提供功能,订阅号传播资讯,企业号提供给企业运作员工内部管理。一般情况下,网店卖家选择"订阅号"即可实现资讯传播功能。

图 6-30

卖家可以利用微信公众平台,打造一个属于自己店铺的自媒体,在平台上实现与用户在文字、图片、语音上的交流沟通。微信公众平台有以下特点。

① 成本较低。过去传统的营销成本比较高,例如广告,其费用都是以秒为单位进行计算。但是在微

信中发布商品广告是免费的。

② 微信公众平台能进行用户定位。在微信公众号后台，可以查看数据分析，其中包括了用户增长数据分析及用户人群定位分析。根据用户地区定位信息，卖家就可以对自己的用户人群进行地域定位，以进一步提高推广效率。

③ 营销方式多种多样。微信公众号传播资讯的方式也是多种多样的，可以有文字、图片、语音、视频，也可以是图文混排，能达到尽可能多地满足不同卖家的信息传递需求。不仅如此，认证后的微信公众号还可以有更多的权限，可以开发不同类型的营销活动，如投票活动、抽奖活动，从而有利于增强用户的黏性。

④ 人性化的消息传播。使用微信公众平台推广商品还有一个好处，就是不会让消费者感觉到是被动接收消息。因为微信公众号的消息更新不会以语音的方式提醒用户，用户可以自由地选择看或者是不看。也可以自由选择是否继续关注该公众号。当然，用户增长或减少的数量又可以成为卖家衡量自己推广内容质量的一个标准。

⑤ 信息传送成功率高。卖家进行其他渠道的推广，如短信、邮件，都会有一定比例的发送失败。但是微信公众平台的信息推送效率是百分之百。

⑥ 以文章为主。与微博不一样，微信公众平台的推广一般不会是一句话、几张图，而是有条有理、结构清晰的一篇文章，或者是经过拍摄剪辑的一段视频。

2. 微博平台的深度解读

与微信公众号相比，微博平台的特点是即时性、互动性更突出。并且微博的信息传递呈脉络状，每经过一次转发，就可能形成新的焦点，图6-31所示的是微博传送的示意图。

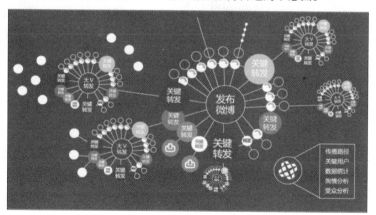

图 6-31

微博上的话题会有大量网友关注，尤其是对于最新的时事热点，且传播得最广最快。卖家使用微博推广商品，可以附上商品或店铺的链接地址，也可以使用带双"#"的消息题发布热门话题。基于微博的特点，网店卖家使用微博营销有以下几个特点。

① 差异化。微博用户基数庞大，在网络时代，信息的复制与粘贴变得很容易。如果只是去抄袭别人的热门微博发文，那么卖家的微博价值就很小。网店卖家要想在微博上成功营销，就要让用户感受到差异，让这个号变得不可替代。

卖家可以根据自己的商品类型，精心运营微博。如美妆卖家，可以持续发布原创美妆经验，在显示自身价值的同时推广商品。再如销售保健食品的卖家，其微博一般都是在推广各种店铺商品。那么想凸显差异化的卖家就可以在微博中定期分享一些与健康相关的实用知识。

② 人性化。微博表面上看似无生命的东西，但是背后却是有人在运营的。卖家运营微博，一定要时刻与用户互动，"搞好关系"。否则会让用户觉得这是一个冰冷的机器，从而也会导致卖家无法形成高价值的站外流量。在微博上，"活动＋奖品＋关注＋评论＋转发"是主要的互动方式，卖家一定要好好利用。

③ 定期发布。人们关注微博，就像关注一个电视节目一样，慢慢地就会养成定期收看的习惯。所以卖家运营微博，最好定期更新，让用户形成阅读习惯。再者，久未更新的微博会让用户放弃关注，丢失粉丝。

④ 保证质量。在这个信息爆炸的时代，人们每天都会接收到大量的垃圾信息。网店卖家千万不要让自己发出的消息成为用户的负担。低质量的微博会让用户失望，不仅达不到推广商品的目的，还可能掉粉。

⑤ 谨慎发言。微博的传播是很广的，如果卖家发布了不恰当的信息，就算事后删除了微博，仍然会造成负面影响。卖家在发布博文之前，尤其是推广商品之外表达个人观点的博文，要谨慎推敲。不要让微博内容引起网友的反感。

⑥ 结合用户心理发布内容。网友虽然互不见面，但是却很乐于打探隐私。基于此，卖家可以在微博中增加一些比较隐私的内容，这些内容可以是商品生产背后的故事，商品设计者的故事，等等。这些故事会让用户记忆深刻，从而形成站外流量。

微博用户与微信公众平台的用户有所不同，微博用户会以"逛"的心态来阅读信息，因此，微博内容应尽量轻松诙谐、生动有趣。这样可以增加店铺或品牌的亲和力。卖家平时运营微博时可以多注意一些时下流行的网络用语，并运用到微博中。

目前微博可以发长文章了，但是基于微博传播的特点，卖家还是不要长篇大论，文章尽量短小精悍。并注意配上高质量的图片以消除用户的枯燥感。这些图片最好是与推广商品相关的图片。

3. 豆瓣平台的深度解读

豆瓣是一个用户数过亿的自媒体平台，在这里，豆瓣用户发表自己对阅读、对电影、对音乐的看法，对吃、穿、用、住进行热烈的讨论。在这种社交模式下，不少网店卖家驻扎在豆瓣平台，用心发表自己的观点，并进行商品推广，得到了不少豆瓣网友的关注，为网店带去优质的流量。

豆瓣的核心用户画像是，具有良好教育背景的都市青年，也包括大学生，他们身上的文艺气质十足。基于豆瓣用户的这个特点，销售文艺风、清新风商品的卖家更适合用豆瓣推广商品。在豆瓣中推广效果不错的商品，其背后都有一个共同点，那就是商品都是有温度、有情怀的。卖家可以分析自己店铺中的商品，看商品背后有没有可挖掘的故事。

在豆瓣网站中，卖家可以直接推荐淘宝或天猫店铺的商品，让感兴趣的人直接跳转到店铺中进行购买。如图 6-32 所示，豆瓣的"东西"页面中包括了服装、美妆等多种商品。卖家只需要单击"我的东西"文字右边的"+"按钮就可以选择"发布东西"选项，并进行商品推广了。观察图 6-32 中女装商品的"热门"选项，会发现"复古"这样的字样，再次说明豆瓣商品是以情怀为主的商品。

图 6-33 所示的是豆瓣女装中的部分商品，文艺气十足。所以如果卖家销售的服装是夜店风格，豆瓣就不是一个好的推广地。

图 6-32

图 6-33

在豆瓣有时尚、娱乐、生活多个小组。每个小组都针对特定的话题进行讨论。卖家可以选择与自己商品相关的小组,长期在发言讨论,增加网友之间的感情。图6-34所示的是时尚类小组,卖家可以在里面讨论美容、护肤、化妆、育儿等话题。

图 6-34

这里需要说明的是，流量的引入需要付出心血。在豆瓣中发言讨论，如果卖家只发表商品推广，而不分享个人的实际经验，就不能让豆瓣网友感受到情感，豆瓣的推广效果也就会不理想。卖家需要长期驻扎在豆瓣中，用心写帖子，坚持久了，引入店铺的流量就会慢慢增加。

6.3.2 建立"鱼塘"——打造自己的自媒体窗口

在自媒体平台中，无论是微信、微博、豆瓣，抑或是其他平台，凡是能成功打造个人自媒体品牌的卖家都会拥有可观的粉丝量。在这种基础上推广商品，站外流量才会源源不断。那么如何才能打造好自己的自媒体窗口，建立起自己的流量"鱼塘"呢？

1. 自媒体定位

在做网店自媒体推广前，对自媒体的定位是第一步。在前面已经介绍过，虽然微信公众平台、微博、豆瓣等都是自媒体，但是平台的特点不同、用户特点也不同。卖家需要根据自己的商品所属领域进行平台选择。

如果卖家销售的商品是小而精致的文艺商品，且卖家本人也喜欢读书、音乐、电影，那选择豆瓣平台是不错的；如果卖家的商品是时尚潮流商品，有特色，有个性，且卖家擅长写文章，那选择微信公众平台是不错的；如果卖家并不擅长写文章，但是擅长写段子，那卖家可以选择微博平台。

2. 用户定位

用户的类型决定了内容的方向。卖家需要知道自己的目标用户是什么样的群体，他们的喜好是什么、分布在哪里、他们需要什么内容。

用户的定位与淘宝用户画像研究一致，卖家可以到"生意参谋"中分析店铺商品的用户画像，并且组合网民用户的特性进行用户定位。如何用"生意参谋"在这里不再举例，这里进行网民用户画像分析说明。卖家可以到百度指数输入商品关键词进行分析。如果是一位销售美妆商品的卖家，就输入关键词"美妆"，如图 6-35 所示。结果发现网民中搜索"美妆"关键词的用户需求是，需要学习美妆课程，需要与人讨论美妆心得。有了这样的用户定位，卖家就知道要在自己的自媒体平台上多分享美妆商品的什么内容了。

在百度指数中，还有"相关词分类"，可以帮助卖家查看网民的相关搜索词来确定网民的需求。图 6-36 所示的是搜索"美妆"关键词的网民的"来源检索词"及"搜索指数"。从图中可以看出美妆相机、美妆课程都是这类消费者所关心的。那么卖家可以在自己的自媒体平台中，放上美拍技巧、定期更新美妆精品课程等。

在百度指数中，还可以分析特定人群的省份、城市、年龄、性别，卖家按照同样的方法分析即可，这里不再赘述。

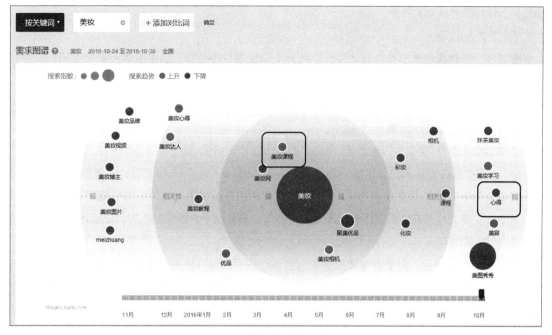

图 6-35

图 6-36

3. 内容定位

内容定位是自媒体成功的基础，但切忌不要贪心，想要把所有内容都放到自己的平台中。卖家要选择自己擅长的且用户易接受的内容放在平台上。

从内容形式来说，有文字、图片、音频、视频、图文并茂、信息图等。如果这些内容同时出现在一个平台上，就显得有点杂乱。大多数情况下，建议卖家选择图文并茂为主，信息图和视频为辅的形式发布内容。这种内容就适合大多数商品，如服装、鞋类、运动类商品。如果是实操性强，且步骤多的内容，建议卖家选择视频为主的形式。如数码商品、家具商品。因为数码商品的操作步骤、家具商品的组装步骤，用图进行说明都不够直观，最好拍成视频。

从内容范围来说，有服装搭配类、美妆类、美食类、数码类等。卖家选择其中一种就好，不要什么内容都往平台上放。这样做的目的是有效留住精准人群，形成精准流量。这与店铺定位是一个道理，什么都想卖，最后却什么都卖不好。

4. 树立个人形象

观察微信、微博或者是其他自媒体平台中的大V会发现一个规律，许多出名大V都是用自己的真实照片做头像。之所以这样做，是因为真实照片更可信，且识别度高，有利于树立个人形象。

从用户的心理角度来分析，大家都喜欢听从成功人士的经验分享。如果卖家没有一个良好的形象，所推广的商品凭什么让用户信服。

为了树立个人形象，卖家可以做的是：用自己的真人照片做头像；想一个能表明平台内容的名称，如"美妆师XXX"，简单直白能让人记住；用一句话介绍自己的成就，如"XX服装设计大赛银牌获奖者""XX品牌设计师""XX公司御用美妆师"，毕竟用户都喜欢仰视有成就的人；精心写一篇平台/店铺/品牌/个人的介绍文，在文中包装自己。这种文章写好后，一定要放在平台显眼的地方，让新用户看到。

5. 持续输出内容

当平台框架打造好后，卖家就需要打造平台的核心——内容。维护用户（流量）的本质就在于持续不断地为用户提供有价值的内容。如果卖家选择的平台是微博，那么至少保持每天发一条微博。如果卖家选择的是微信公众平台、豆瓣这种需要写长文的平台，那么保持在一周推送3～5次内容即可。前提是内容质量要高，宁缺毋滥。

从当下的形式来看，拥有个人自媒体平台的网店卖家很多，但是能坚持输出优质内容的卖家却很少。如果卖家能坚持几年推送与店铺商品相关的优质内容，就很有可能打造出个人的流量"鱼塘"。

6. 灵活地与用户互动

对于网店卖家来说，与用户互动也是一个推广商品的机会。图6-37所示的是一个美妆达人的一篇微博，用户回复量达1305条，借助此机会，卖家就可以指引用户进入店铺购买这款商品了。

图 6-37

不少卖家在文章中会认真写某款商品的好处，但是不会写去什么地方购买此商品。想买这款商品的用户会通过互动的方式与卖家聊天，这时卖家再告诉用户去哪里购买，这种流量精准性就很高。再者，在互动中，还可以建立用户的信任感，这个过程也是卖家进行自我推销的过程。分析当下的用户心理会发现，很多"任性"的用户是因为信任卖家这个人，所以才买他的商品。

7. 不断优化内容

在自媒体平台中多多少少都有查看数据的地方，只不过有的平台只能查看到简单的粉丝数量。其中数据量最丰富的要数微信公众平台，其有专门的后台数据分析区域。卖家需要时刻关注这些数据，并不断地进行内容优化。

每当卖家发一篇文章时，就要观察文章的阅读量及粉丝的变化数量，如果阅读量多，就要分析文章的优点，保存这个优点继续发文。如果阅读量少或者是掉粉厉害，就要分析文章的缺点，并给以改正。尤其是卖家新建立自媒体平台的时候，经验不足，更需要不断优化内容，其实不论是内容还是形式或是方向都是可优化的地方。

问：当卖家自己的自媒体窗口有一定的粉丝后，可不可以进一步进行资源整合？

答：这是一个资源互换的时代，卖家的自媒体窗口有了一定量的粉丝后，就代表卖家有了资源，如何用这个资源来交换更多的东西，使其价值最大化，是卖家需要考虑的问题。

卖家可以做的是，与同行卖家建立关系，不要吝啬将自己的资源分享给同行卖家。因为同一类商品，根据款式、细节的不同可以分出多款商品。卖家店铺中的商品不可能适合所有粉丝。当粉丝需要的商品卖家店铺中没有时，卖家可以将粉丝推荐到恰当的店铺中，这样既能让粉丝心生感谢，又获得了一个资源交换的机会。其次，卖家还可以在自己的自媒体窗口为其他卖家打广告，同时将自己的广告也放到其他卖家的平台中，从而形成有效的资源互换。

大师点拨 16：自媒体营销的 5 个点子

利用自媒体平台打造卖家自己的流量"鱼塘"，有了"鱼塘"后，如何让其中的流量活跃起来是首要考虑的问题，考的就是卖家的营销功夫了。下面就来介绍 5 个自媒体营销的点子，帮助卖家更好地利用流量产生价值。

1. 进行与用户相关的营销

人比较关心的是与自己有关的人或物。所以卖家无论是营销什么，如果与用户不相关，那营销效果也将很凄凉。所以卖家需要去分析自己的用户，了解他们关心的是什么，是养生、旅游、健身、美食还是其他。如果用户群体中喜欢美食的用户比较多，那么卖家可以来一场与美食相关的营销。

进行与用户相关的营销,还有一个好处就是,可以增加店铺/商品被二次推广的概率。所谓物以类聚,人们身边的好友多多少少也是与自己喜好相通的人。尤其是微信朋友圈,一人转发,多人关注。如果用户是旅游爱好者,他的朋友圈中肯定也有相同的一些旅游达人。那么销售户外用品的卖家就可以策划一场与旅游相关的营销活动。

2. 进行事件营销

在互联网时代,一件热门事件被迅速传播可能只是几秒钟的事。利用热门事件进行营销,让商品搭上热门事件的顺风车,也是个不错的推广手段。但是卖家需要注意的是,要找与自己店铺商品相关性大的事件,不要生拉硬扯,把不相关的事套到商品头上,这反而会让用户反感。同时还需要辨别事件的正负面效果。对于不光彩的事件,卖家还是谨慎利用。

3. 红包营销

红包营销是网店卖家必不可少的营销利器。当下的互联网十分享受抢红包的过程,积极性也很高。卖家可以用购买新品发红包、节假日发红包等活动。

4. 游戏营销

互联网用户中,尤其是90后和00后,大多都喜欢玩游戏。如果卖家选择的平台是微信公众号,可以使用简单的H5游戏来提高用户的活跃度。或者花少量的钱找专门的微信设计公司设计一款专属于卖家的游戏。如有一位销售牛肉干的卖家,设计了一款抢牛肉干的游戏,规定用户在游戏中抢到多少牛肉干,就在线下五折销售给用户,效果不错。

5. 限量/限时供应

许多网店中会用到的营销方法其实都可以用到自媒体窗口中。如网店中常用的限量/限时供应营销手段,通过增加消费者的紧张感,促进消费者的购物欲望。有的微信公众平台的卖家甚至会对每一款商品都进行限量/限时营销。图6-38和图6-39所示的是一位微信公众平台卖家的限时及限量营销,能让用户加快下单的脚步。

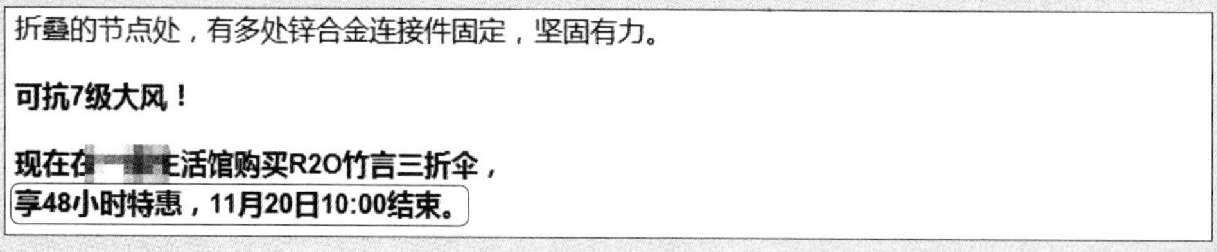

折叠的节点处,有多处锌合金连接件固定,坚固有力。

可抗7级大风!

现在在██████生活馆购买R2O竹言三折伞,
享48小时特惠,11月20日10:00结束。

图 6-38

一把竹语伞仅有400克,大约是2个iPhone的重量。

棉麻伞套,肩带能背;**牛皮直筒包装,送人很精致。**

三周年纪念款竹语伞,黑、白各限量30把。

图 6-39

6.4 基于淘宝客的 SEO

淘宝客是一种按成交计费的推广模式。卖家只要提供佣金，淘宝客就会利用自己的网站、博客、微信、社区账号等推送商品推广信息，从而帮助卖家引进流量形成销量。对于淘宝卖家来说，淘宝客是重要的站外推广模式。但是卖家需要知道如何设置淘宝客佣金才不会亏本。同时也要知道如何招募和维护淘宝客。

6.4.1 最划算佣金比的设置技巧

1. 与返利网推广重合的商品佣金要设置到最低

淘宝客商品的佣金设置关系到商品的利润空间。佣金太高，有淘宝客推广，但是利润少甚至亏本。佣金低，受到淘宝客推广的可能性就少，但是利润高。最理想的状态是卖家找到一个恰当的佣金比例，同时最大化推广力度与利润空间。

设置商品的佣金，首先需要查看这款商品的流量来源。如果这款商品同时受到返利网的推广，那么佣金就要设置到最低。原理是，既然返利网也在推广，就没必要设置高佣金让淘宝客进行推广了，而是将佣金用在更需要推广的商品上。

卖家可以到"生 e 经""销售分析"页面下的"下单路径追踪"来查看商品的流量来源。图 6-40 所示的是某家店铺的商品销售情况，设置跟踪路径为"淘宝客"，然后再单击商品后面对应的"跟踪"按钮，就能查看到这款商品被淘宝客推广的情况了。

图 6-40

图 6-41 所示的是该卖家查看到的店铺商品"订单跟踪"详细信息，卖家主要关注"入店"路径。如果入店路径的链接中带有"fanli.com"的字样，就说明这个流量是来源于返利网的。

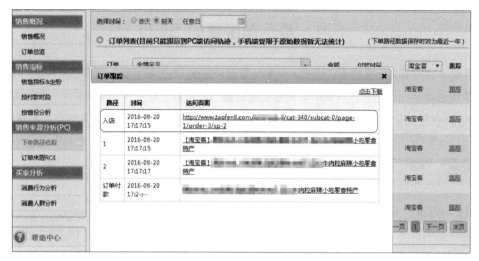

图 6-41

事实上返利网就相当于淘宝和天猫的站外推广。在返利网中有"淘宝返利"对应的就是淘宝 C 店商品的推广反利，还有"商城返利"对应的则是天猫店铺的商品推广返利。如图 6-42 所示，在返利网中搜索商品，会直接跳转到"爱淘宝"网站页面。

图 6-42

如图 6-43 所示，卖家发现这款商品在返利网出现的频率较高，于是将佣金设置成最低比例。

图 6-43

2. 如意投测试最佳佣金比例

如意投是淘宝客推广的一种营销模式，是建立在官方推广的基础上。在如意投中，可以同时推广 100 件商品。如意投商品同样涉及展现问题。影响如意投商品展现的因素有综合评分和佣金高低，这与直通车推广有点类似。因此，在综合评分相同的情况下，哪位卖家的如意投商品能获得更好的展现，就看佣金高低了。但是如意投商品的展现有一个峰值，并不是佣金越高，展现就会无限增加。卖家需要测试出最佳佣金比例。

如图 6-44 所示，卖家可以在如意投计划中的"商品报表"中查看不同推广商品的数据表现。

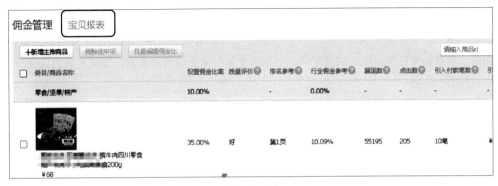

图 6-44

当查看到"商品报表"中的数据后，卖家可以单击"下载"按钮将数据下载到 Excel 表中进行分析。图 6-45 所示的是某卖家店铺中的如意投商品报表，从图中可以看到商品的"点击数""引入付款笔数"等多项数据。

图 6-45

卖家需要将商品佣金与对应日期下的数据在 Excel 表中进行整合，如图 6-46 所示。根据这张 Excel 表，卖家可以观察到，随着佣金的变化商品的展现量是怎样变化的（在这里需要提醒的是，卖家在测试商品最佳佣金时，佣金的设置要逐渐提高，这样才能观察出提高到哪个度时商品的展现量最大）。

经过观察，如图 6-47 所示，卖家发现在 10 月 18 日这天，佣金比例提高到 25%，展现量突增，从 2674 增加到 3978。虽然 10 月 21 日、10 月 22 日、10 月 24 日，佣金比例更高时，展现量比 10 月 18 日还要高，但是并没有增加太多。因此，25% 的佣金是这款商品"性价比"最高的佣金比例。

	A	B	C	D	E	F
1	冬季男士套头毛衣	佣金比例	展现量	点击量	点击率	成交订单量
2	2016/10/1	5	1099	11	0.35%	4
3	2016/10/2	5	1121	12	0.36%	0
4	2016/10/3	5	1341	14	0.22%	3
5	2016/10/4	5	1524	12	0.34%	5
6	2016/10/5	10	1654	18	0.24%	2
7	2016/10/6	10	1741	17	0.24%	4
8	2016/10/7	10	1688	19	0.35%	1
9	2016/10/8	10	1542	17	0.31%	5
10	2016/10/9	15	1652	21	0.51%	2
11	2016/10/10	15	1674	23	0.55%	4
12	2016/10/11	15	1711	24	0.97%	3
13	2016/10/12	15	1801	25	0.73%	4
14	2016/10/13	20	2461	24	0.57%	1
15	2016/10/14	20	2314	26	0.64%	2
16	2016/10/15	20	2241	24	0.41%	4
17	2016/10/16	20	2674	21	0.52%	3

图 6-46

	A	B	C	D	E	F
1	冬季男士套头毛衣	佣金比例	展现量	点击量	点击率	成交订单量
11	2016/10/10	15	1674	23	0.55%	4
12	2016/10/11	15	1711	24	0.97%	3
13	2016/10/12	15	1801	25	0.73%	4
14	2016/10/13	20	2461	24	0.57%	1
15	2016/10/14	20	2314	26	0.64%	2
16	2016/10/15	20	2241	24	0.41%	4
17	2016/10/16	20	2674	21	0.52%	3
18	2016/10/17	25	3978	38	0.36%	7
19	2016/10/18	25	3877	37	0.66%	6
20	2016/10/19	25	3689	36	0.74%	7
21	2016/10/20	25	3941	39	0.87%	5
22	2016/10/21	30	4011	40	0.84%	4
23	2016/10/22	30	4021	39	0.46%	6
24	2016/10/23	30	3954	38	0.64%	7
25	2016/10/24	30	4013	25	0.64%	6

图 6-47

6.4.2 淘宝客的招募和维护

淘宝客是靠推广商品获取佣金的站外推广人员。但是卖家要想招募到合适的淘宝客，并维护好关系是有技巧的。卖家如果招募到优秀的淘宝客，可以为商品引来更精准的流量，促成更多的成交。

1. 淘宝客的招募

要招募到合适的淘宝客，卖家需要从佣金比例、招募方式、选择要推广的商品等方式入手，具体方法如下。

（1）设置比例合适的佣金

淘宝客推广商品，最看重的一个因素就是佣金比例。但是并不是店铺中所有的商品都设置成最高佣金获得的利润最大。卖家可以有一个策略，店铺的主推商品可以设置成较高比例的佣金，次要推广商品则佣金比例设置较低。

（2）写招募帖子

淘宝客招募帖子的写作有一定的规范技巧。整体来说，淘宝客招募帖子是告诉淘宝客为自己推广的好处，那么卖家不仅要写明佣金，最好还要设置一套完善的奖励机制来提高淘宝客的推广效率。

首先是标题部分，要写明自己是什么店铺、主营什么商品，店铺的优势及正确的网址。

然后是帖子的正文，要写清楚佣金比例是多少、联系方式。如果店铺的商品报名参加了官方活动，也可以放在正文中，以此来吸引淘宝客加入。

最后是奖励机制，不同类目的卖家根据利润空间，可以设置不同的奖励机制。

淘宝客招募帖子案例如下：

主营业务：xx 润肤油；店铺地址：xx；佣金比例：5%～20%；联系旺旺：chengxxx569；联系QQ：7126685xx

为什么要选择我们，因为：①我们的店铺是冠级店铺，信誉高；②商品性价比高，容易推广；③货源充足，风险小。我们是厂家直销，库存量十分充足，不会出现缺货断货的情况，而且每样商品出厂前都会检验，质量有保障，售前售后我们提供专业的服务，可以让您放心地推广。

我们的奖励是：

每月推广成交满 10 笔，额外奖励 40 元；

每月推广成交满 20 笔，额外奖励 90 元；

每月推广成交满 30 笔，额外奖励 130 元；

每月推广成交满 50 笔，额外奖励 270 元；

每月推广成交满 100 笔，额外奖励 700 元。

（3）选择好推广商品

淘宝客在帮卖家进行商品推广时，不仅会关注佣金，还会关注这款商品本身的质量和性价比。卖家应该尽量选择一些评价好、评分高的商品给淘宝客。这类商品由于自身条件较好，淘宝客在推广时也相对顺利很多，佣金就算低一点也无妨。

2. 淘宝客的维护

淘宝客就像网店的客户，需要卖家进行维护，才能变成网店的优质合作伙伴。尤其是优质的淘宝客，如果卖家能与其联络好关系，并稳定下来，店铺的淘宝客推广流量也就稳定了。要与淘宝客维护好关系，卖家应做到以下两点。

（1）建立好联系方式

卖家在招募淘宝客时，都应该要求其留下联系方式。联系方式最好有QQ号或者是微信号，方便卖家建立起自己店铺的淘宝客群。当卖家建立好淘宝客群后，可以在群中与淘宝客随时交流沟通，看淘宝客是否还需要卖家提供其他的商品信息，以及跟进淘宝客的商品推广情况，并主动介绍给淘宝客一些卖家的推广经验，帮助淘宝客推广。相信在卖家的努力下，淘宝客都会很乐意为这家店铺推广商品。

（2）进行淘宝客激励

卖家还可以时不时做一些淘宝客奖励活动，以激励店铺淘宝客的积极性，或者是让店铺淘宝客进行推广比赛，前三名将得到额外奖励。在活动的激励下，淘宝客对店铺会越来越有责任感，从而认真推广店铺商品。

问：对于一些成交量不大的小淘宝客，有合作的价值吗？

答：有的小淘宝客，月成交量可能只有两三单，对于这样的淘宝客，不少卖家会不屑与其合作。凡事都有两面性，大淘宝客成交量虽然高，但是他的选择面也广，佣金要求也高。小淘宝客成交量不高，但是佣金要求低，且他在成长，总有一天会成为大淘宝客。

卖家不要轻易放弃一些小淘宝客。可以去分析这位淘宝客做了多久，如果是刚起步，那缺乏推广经验也是可以理解的。在这种情况下，卖家可以招募这位淘宝客，将推广经验整理成文档发送给他，帮助他尽快成长起来。淘宝客心中会感激卖家，认真为卖家推广商品，并且等自己成长为大淘宝客了，也愿意和卖家形成长期的合作关系。

大师点拨17：在"鹊桥"中慧眼识淘宝客

"鹊桥"的含义是互动招商，指搭建淘宝客与商家之间的沟通推广桥梁。对于商家来说，面对越来越激烈的流量争夺战，按成交付费的淘宝客推广模式已成为广受商家欢迎的一种模式。但是卖家进入阿里妈妈的"淘宝客活动广场"会发现淘宝客发起的"鹊桥"活动很多，却不知如何选择，稍有不慎还会遇到骗子类型的淘宝客，让卖家赔了夫人又折兵。

图6-48所示的是卖家版的"淘宝客活动广场"。卖家可以根据商品的促销类型、行业类目等选项来确定"鹊桥"活动的范围。例如卖家的商品是9.9元的售价，那么"促销类型"就可以选择"9

块9",如果是售价20元的商品,则可以选择"20元封顶"。接下来介绍如何在选择了"鹊桥"范围后,找到好的"桥"。

当条件筛选好后,卖家可以在"最新发布"中寻找活动。

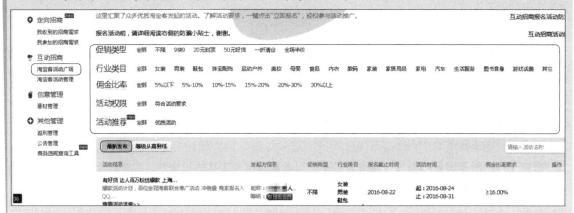

图 6-48

1. 普通会员,佣金设置却高得离谱

卖家在浏览淘宝客发的帖子时,首先要注意佣金设置得很高的普通会员发的帖子。如图6-49所示,这个活动是普通会员发的,佣金却要90%。这种帖子点击进去,一般会写得很诱人,会承诺保证推广出上千件上万件的商品。有的卖家商品卖不出去,难免会动心,觉得亏本推广商品,先将商品的销量和评价都提上去,那后期销售便不成问题。事实上,这类淘宝客很可能是骗取卖家联系方式或者是其他不正当目的的淘宝客。

卖家需要有的淘宝客招募意识是:从成本上和利润上考虑商品的佣金。如果卖家的利润是50%,那么最高佣金选择50%的"鹊桥"活动是可以的。如果对方要求高于50%的佣金,那卖家就要谨慎选择了。

图 6-49

2. 注意淘宝客设置的时间不能太长

在每一位淘宝客发布的"鹊桥"活动帖子中,都写明这项活动的推广时间是从什么时间到什么时间。有的淘宝客设置的时间跨度会很长,长达半个月甚至几个月。尤其是跨度时间中包含大促活动的,如双11和双12,就可能让商家亏本。

举个例子，淘宝客设置的推广时间是 10 月 25 日到 11 月 25 日。中间包括了双 11，其佣金要求是 50%。如果卖家在这个佣金比例下是处于亏本状态的，那么双 11 一旦商品大卖，卖家将亏损大量金钱。再者，就算跨度时间中没有大促活动，但是跨度时间太长，佣金要求又较高，也是不可取的。对于大多数卖家来说，亏损几天还能承受，持续亏损半个月、一个月，恐怕资金周转会出大问题。

3. 优质淘宝客活动的标志

好的淘宝客活动是有标志的。卖家要尽量找等级在"K3"以上会员发布的活动。如图 6-50 所示，这类会员的佣金比例设置就很合理。其次是推广时间也合适，在两天左右。

为了找到最合适自己的"鹊桥"，卖家最好在报名前联系到发帖的会员，咨询所推广的商品类型、方式，看看是否真的适合自己的商品。

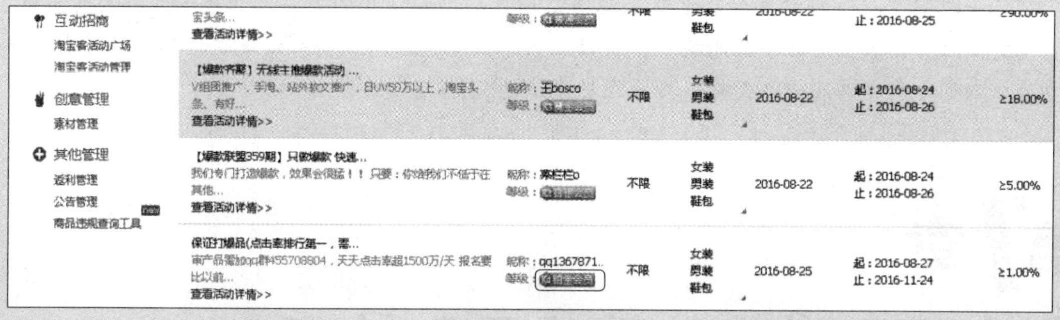

图 6-50

本章小结

本章主要介绍的是站外引流的方式。在这个移动互联网时代，卖家需要有灵活的思维，不将流量的来源局限于淘宝站内，而是充分发挥自己的能力，在站外开辟出流量天地。希望卖家在学习完本章内容后，开始摸索进行站外推广，培养出站外消费者群体。

第4篇

微店 SEO 搜索营销技能

智能手机的普及，移动端开店也越来越多，通过移动端购物的用户比例也会越来越重。PC端的流量竞争激烈，加上智能手机的换代，移动端买家比例也在增加，所以争取移动端流量也是非常重要的。本篇重点介绍淘宝、天猫、微店在移动端的 SEO 营销方法与相关技能。

第7章
淘宝和天猫移动端 SEO 技巧

本章导读

淘宝和天猫的规则千变万化，移动端也是如此。本章摒弃了过时的移动端引流方法，如曾经炙手可热的"手机专享价"已经退出了历史的舞台。卖家只有学习最新的移动端知识，跟上淘宝和天猫的脚步，才能在竞争日益激烈的移动端占有流量的一席之地。

知识要点

通过本章内容的学习，卖家将会知道移动端流量的分布情况，并针对不同的流量入口有清晰的引流思路。学习完本章内容后需要掌握的相关技能如下。

● 移动端的搜索机制
● 从移动端的搜索机制中能找出哪些优化方法
● 如何布局移动端店铺商品价格段
● 移动端直通车引流技巧
● 如何利用手机微淘获得流量

7.1 淘宝、天猫移动端搜索排名揭秘

正如各位卖家意识到的那样，PC 端的流量竞争激烈，加上智能手机的换代，移动端买家比例在增加，所以争取移动端流量已迫在眉睫。

在前面几章中，卖家通过了解 PC 端网店的搜索规则找到了优化流量的方法。从这一章开始，卖家就需要通过移动端的网店搜索规则，找到移动端流量优化的方法。

移动端与 PC 端不同，屏幕更小、商品的搜索排名展现也有区别，买家的搜索习惯和浏览都发生了变化。了解了这些不同后，利用好移动端的特别之处，是卖家进行流量优化的必经之路。

7.1.1 移动端的多维度排序

1. 综合排序模式

与 PC 端一样，买家进行关键词搜索后，默认情况下显示的是综合排序模式。但是移动端的综合排序模式与 PC 端是否一致呢？

图 7-1 所示的是移动端搜索关键词"风衣"的综合排序模式。如果在 PC 端同一时段搜索同一关键词，并进行"综合排序"，结果如图 7-2 所示。观察发现，排序结果有所不同。说明系统的综合排序机制在 PC 端和移动端有所不同，在 PC 端能获得好展现的商品不一定能在移动端获得好展现。这也是卖家要单独优化移动端流量的原因所在。

图 7-1

图 7-2

2. 信用排序模式

移动端还可以选择"信用"排序模式。图 7-3 所示的是搜索关键词"风衣"后选择"信用"排序模式的结果。而同一时段搜索相同的关键词在 PC 端的结果如图 7-4 所示。对比两个平台的搜索结果，会发现信用排序模式下，搜索结果一致。这就说明此排序规则的评判标准比较单一，就是卖家信用的高低而已。

再观察"信用"排序模式下的搜索结果，会发现同一店铺中的多款商品可能同时出现在靠前的位置。因此，如果卖家的信用较高，销售的商品类型比较固定，且不同的商品使用了同一个核心关键词，就可能同时在 PC 端和移动端获得好的展现。

图 7-3

图 7-4

3. 价格排序模式

在移动端同样可以进行商品的价格排序，因此有的卖家会认为只要商品价格低就能获得好的排名。其实商品的价格低，不论在 PC 端还是在移动端都不能保证获得好的排名，价格并不是价格排序机制的唯一评判标准。

图 7-5 和图 7-6 所示的是同时在移动端和 PC 端搜索关键词"风衣"并设定"价格从低到高"排序模式下的搜索结果。对比两者不难发现，并不是价格越低的商品越能排在前面。结果的不同也再次验证了系统对价格排序考察指标的不同。

图 7-5

4. 销量排序模式

在移动端和 PC 端同一时间搜索同一关键词，选择"销量优先"的排序模式，结果会一样吗？图 7-7 和图 7-8 所示的分别是移动端与 PC 端搜索关键词"风衣"后的销量排序结果。其结果是一致的，这说明销量排序中，销量占了绝大部分的评判标准。如果卖家的商品销量好，在 PC 端和移动端的销量排序模式下都能获得好的排名。

同时观察图 7-7 和图 7-8 中的第四款商品，会发现是同一款商品，但是主图有所不同。说明这位卖家优化了移动端的商品主图，使其更适合在移动端展现，从而获得更多的点击量。这也是为什么优化移动端流量，主图是重要优化方向的原因。

图 7-7　　　　　　　　　　　图 7-8

5. 店铺搜索排序模式

移动端的店铺搜索排序模式比 PC 端更简单。图 7-9 和图 7-10 所示的是在移动端和 PC 端搜索"风衣"店铺得到的结果。两者结果不一样。移动端的店铺搜索结果，搜索关键词与店铺名称的相关性不大，而 PC 端排名在前的店铺名称几乎都是包含搜索关键词的店铺，这说明店铺名称在移动端搜索中作用不大，反而是店铺信誉、销量等权重的影响因素更大。在 PC 端中，店铺的排名模式更复杂，买家还可以选择店铺"销量"排序、"信用"排序、"店铺类型"排序，等等。基于店铺在移动端的排序模式少，店铺搜索的流量优化不是移动端优化的重点。

图 7-9　　　　　　　　　　　图 7-10

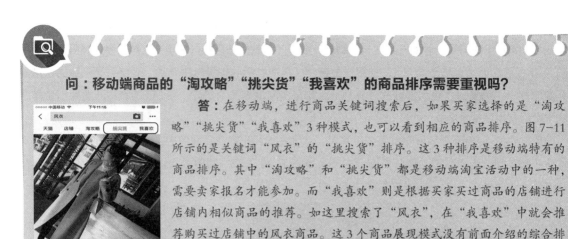

问：移动端商品的"淘攻略""挑尖货""我喜欢"的商品排序需要重视吗？

答：在移动端，进行商品关键词搜索后，如果买家选择的是"淘攻略""挑尖货""我喜欢"3种模式，也可以看到相应的商品排序。图7-11所示的是关键词"风衣"的"挑尖货"排序。这3种排序是移动端特有的商品排序。其中"淘攻略"和"挑尖货"都是移动端淘宝活动中的一种，需要卖家报名才能参加。而"我喜欢"则是根据买家买过商品的店铺进行店铺内相似商品的推荐。如这里搜索了"风衣"，在"我喜欢"中就会推荐购买过店铺中的风衣商品。这3个商品展现模式没有前面介绍的综合排序、价格排序等模式重要。但是卖家在级别够的情况下，可以试着报名参加这些活动，多争取一些移动端流量。

图 7-11

7.1.2 移动端搜索最重要的十一大权重

1. 移动端商品描述——描述就加分

卖家在发布商品时，如果对PC端和移动端商品都进行了描述，商品在移动端的权重就会有所增加。因为淘宝和天猫平台加大了对移动端的推广力度，为了增加移动端买家的购物体验，所以平台要促使卖家提升移动端商品的描述质量。

如图7-12所示，在发布商品时，要选择"上传新图片"，而不是"复用电脑端商品图片"，用更适合移动端的商品图片来增加移动端商品权重。

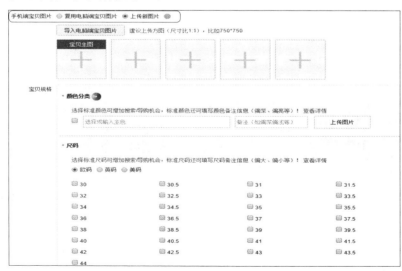

图 7-12

2. 关键词选择——符合移动端买家的搜索习惯

无论是 PC 端还是移动端，关键词搜索占到的权重比例都十分大。这是因为大多数买家的搜索行为模式就是输入关键词进行搜索。只是买家在 PC 端和移动端搜索的关键词不太一样而已。PC 端的买家更愿意输入较长的关键词，而移动端买家则更愿意输入短的关键词；移动端买家大多是青年人。卖家需要根据移动端买家的年龄、爱好推测他们的搜索习惯，并设定移动端搜索词，从而增加商品的权重。

3. 移动端转化率——提升移动端权重

淘宝和天猫系统扶持移动端商品，刺激移动端买家购物。因此，买家通过手机点击进入商品详情页后形成的转化率，就成了系统衡量卖家移动端服务质量的标准。移动端转化率越高，该店铺在移动端的商品搜索权重就越大。这就是为什么很多 PC 端商品详情页会提醒买家到移动端付款更优惠的原因。

4. 移动端成交量——提升移动端权重

与商品在移动端的转化率一样，商品在移动端的成交量越大，所积累的权重就越高，在移动端就越有机会获得好的排名。

5. 淘金币——移动端也能使用

淘金币最开始是用在 PC 端为了刺激买家购物的一种营销工具，但是现在也可以用在移动端。图 7-13 所示的就是移动端一款使用了淘金币营销的商品。有了淘金币抵现金的标识，不仅能提升移动端商品的转化率和销量，还能增加搜索权重。所以卖家需要到"卖家中心"的"淘金币营销"中进行移动端淘金币的设置，如图 7-14 所示。

图 7-13

图 7-14

6. 限时打折/猫客专享价——手机专享价的替代工具

淘宝和天猫平台的规则不是一成不变的，其营销工具也在根据时代的变化而变化。曾经手机专享价是移动端卖家加权的重要营销工具，如今这个营销工具已退出了历史的舞台。取而代之的是限时打折工具及针对天猫店铺的猫客专享价。

如图 7-15 所示，在 PC 端天猫店铺商品详情页显示的这个价就是猫客专享价，引导买家到移动端付款购物，而 C 店卖家则可以通过设置打折工具为移动端商品加权。

图 7-15

天猫店铺要设置猫客专享价，可以进入店铺后台，使用"特价宝"营销工具，如图 7-16 所示，设置参加优惠的商品及优惠力度并选择移动端即可。

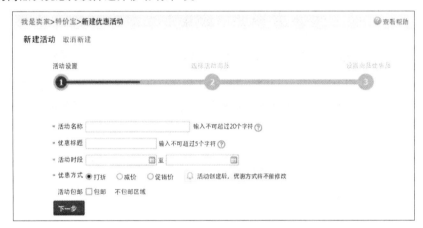

图 7-16

C 店卖家要设置移动端限时打折，可以进入"卖家中心"，选择"营销中心"下的"客户运营平台"，如图 7-17 所示，然后在"聚星台"页面中选择"营销工具"下的"常用工具"，再选择"限时打折"就能设置移动端商品的优惠了，如图 7-18 所示。

图 7-17   图 7-18

7. 推广转化率——衡量移动端推广效率

移动端的直通车推广、钻展推广等推广方式的不同效果会影响到移动端商品的权重。这很好理解，在系统看来，商品经过了推广却没有获得更好的成交量，即转化率不高，说明这是一款怎么受买家欢迎的商品，自然要降低其搜索权重。

8. 流量——流量越多越具搜索排名优势

与推广效率一样，系统会认为流量大的商品是受买家欢迎的商品，对于这类商品系统会给予一定的搜索排名扶持，展现量优势更大。

9. 价格——不是越低越容易被搜索到

通过比较移动端与 PC 端的价格搜索排序模式，可以得知并不是价格越低的商品越有排名优势。在移动端，固定价格区间内的商品会更具价格优势。因此，卖家要根据自己的商品特性找到最有利的价格区间（方法见后面的内容）。

10. 上下架时间——更碎片化

移动端用户逛淘宝的时间更随意，时间呈碎片化趋势。用户会在等车时、上厕所时、排队时、吃饭时、晚上睡觉前等碎片化的时间逛淘宝。卖家要做的是，分析自己的店铺和商品产生买家流量的时间，再根据流量的波动趋势设置移动端商品的上下架时间。

11. 关联搜索——利用好店铺与系统的资源

移动端淘宝同样涉及关联搜索流量。卖家首先要利用好自己店铺的资源，在商品详情页中放上其他商品的链接介绍。同时也要合理布局移动端店铺首页，让流量合理地在店铺内流通。其次卖家要利用好移动端淘宝系统对商品的关联推荐。移动端淘宝会根据消费者的浏览结果、交易结果，推荐类似的商品，这也是一个流量入口。

问：从用户的角度出发，更容易找到流量优化的方法，那么移动端用户的特点是什么呢？

答：在做 PC 端流量优化时，一切优化都是从用户的行为模式出发。而移动端用户的行为模式与 PC 端不同，只有了解了移动端用户的特点，卖家才能深刻理解移动端流量的优化方法。

（1）移动端用户基本的特征

移动端用户的特征是：年轻化，年龄在 18～40 岁；喜欢智能设备、电子产品、数码产品，易接受新事物。

（2）移动端用户的访问场景有哪些

移动端用户访问购物网站的场景有：晚上睡觉前、下班回家后、工作空当、午休时、吃饭时、乘车时、出差时、排队时、早上起床时，等等。时间比较琐碎，所以卖家需要研究自己的目标客户群体生活及工作的规律。

7.1.3 移动端流量分布图

移动端流量的比重越来越大,但是这些流量并不是从单一的关键词搜索而来。与 PC 端一样,移动端流量入口有多个。卖家需要知道移动端流量从哪里来,才能从不同的入口优化移动端流量。

1. 移动端搜索框——卖家必须抢占的端口

基本上卖家都知道移动端搜索框这个入口,要抢占这个入口的流量,卖家就需要做关键词研究。这在后面会详细介绍,这里不再赘述。

2. 首页广告图——学会参加移动端活动

在移动端首页,一样有钻展活动、天天特价等活动,由这里的活动广告图带入的流量也不可小觑。图 7-19 所示的是首页的钻展图及"淘抢购""有好货"等活动图。而图 7-20 所示的是"天天特价""超实惠"等活动广告图。卖家如果想参加这些活动,可以进入"淘宝官方营销活动中心",如图 7-21 所示,找到对应的活动报名参加即可。

图 7-19

图 7-20

图 7-21

3. 类目搜索——选择商品的最优类目

移动端的类目搜索流量没有 PC 端的大，但是同样不可忽视。当买家没有明确目的想随意浏览时，就可能到类目市场通过商品分类浏览商品，如图 7-22 所示。移动端的类目市场与 PC 端一样，分为"女装""箱包"等多个类目市场。卖家要想在类目市场占有一席之地，就需要通过"生意参谋"选择好最优类目。

4. 达人资源位——成为 / 寻找达人获得流量

淘宝和天猫为了优化用户购物体验，帮助用户找到更高性价比的商品，设置了达人资源位。让购物达人来推荐商品并与其他买家互动，从而促进商品交易。在达人的帮助下，许多用户越来越依赖达人，甚至会靠达人的推荐购买商品。

达人资源位有：淘宝头条、有好货、爱逛街、必买清单、达人淘、每日好店、微淘、社区等。图 7-23 所示的是微淘的展现页面，卖家一定要意识到达人资源位的重要性，不要单一地使用优化关键词的方法来获取移动端的流量。

图 7-22

图 7-23

首先淘宝卖家可以自己成为达人。淘宝达人的官方定义是：通过具有专业背景、资深阅历的行家达人对商品、资讯、评测、体验或经验等信息的分享，来帮助用户选择更有品质的商品，从而带来不一样的购物体验。申请达人的资格为：如果为个人，个人须完成支付宝个人实名认证，且同一身份信息下只能允许一个淘宝账号入驻；如果为企业，企业须完成支付宝企业实名认证，且同一营业执照下只能允许一个淘宝账号入驻；如果卖家觉得以上事项自己都达标，就可以输入网址"we.taobao.com"按步骤要求申请成为达人，如图 7-24 所示。

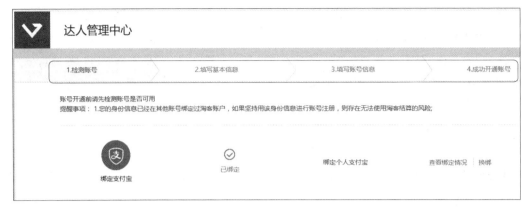

图 7-24

如果卖家不能成功申请成为达人,也不能失去达人流量。卖家可以输入网址"http://uz.taobao.com",到淘宝达人网站中寻找达人。如图 7-25 所示,进入网站后,切换到"达人"选项卡,然后再根据自己的商品类型选择达人类型,如这里选择"美妆师",就能找到合适的达人为自己推广商品了。

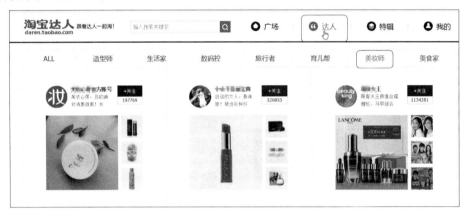

图 7-25

问:想请淘宝达人推广商品,为什么总是合作失败?如何才能请到好的达人?

答:好的淘宝达人会拥有上百万的粉丝。但是这种达人也不缺商品合作,要请到这样的达人需要卖家具备一定的资质。

首先卖家要根据自己的商品特质寻找达人,商品不是随便找一个达人都能推广的。例如,古典气质的服装,就要找具备古典气质,平时也爱推广古典商品的达人。很多达人也挑商品,不符合自己风格的商品不推广。

其次卖家需要提供好的文案,图片也要准备好,对于这两点,达人一般会给出一个标准。卖家的店铺级别最好是一钻以上,DSR 评分高于 4.6。店铺的商品要有个性且定位精确。

最后就是佣金高一点,请到优秀达人的可能性就更高。

7.1.4 移动端搜索引擎三大原则

淘宝和天猫移动端搜索引擎有三大原则，卖家在进行移动端流量优化时，需要时刻注意是否符合搜索原则，否则可能做无用功。

1. 流量打散原则

在前面介绍流量分布时说到，移动端流量的分布不像 PC 端集中在关键词搜索和类目搜索上，这便是流量打散原则的一个表现。

搜索一个关键词，除非是信用排序模式，否则在同一屏搜索结果中，不会出现同一店铺超过两款以上的商品。这就是为什么卖家在进行关键词优化时，不能期望靠一个关键词使所有商品都获得好的搜索排名，要懂得全店铺关键词布局。

同一屏搜索页面有展示商品的品牌限制，针对同一关键词的搜索，同品牌的商品展示不会超过 5 个。所以如果卖家是销售品牌商品的，就要关注移动端某关键词下出现的品牌商品。如果出现的品牌商品竞争太大，自己的商品获得好排名的可能性就小了。

2. 移动端低价屏蔽原则

移动端商品搜索时，低于某个价格的商品会受到搜索限制，得不到好的排名。图 7-26 所示的是移动端搜索关键词"牛仔裤"后出现的可筛选价格区间。如果将这些价格区间的买家人群占比相加，结果为 18%+57%+19%=94%，并不是 100%，可见有小部分的价格选择是被排除在外的。知道了搜索引擎的这个原理后，卖家在价格方面至少要做到不将价格设置在受展示限制的区间内。

针对这个搜索原理，卖家可以做的有：① 分析某关键词在移动端的搜索结果，至少分析前 3 页的结果，找出最低价，低于这个价的商品几乎都没有搜索优势；② 看移动端商品价格区间的最小值，如图 7-26 所示，最小值是 75 元，那么关键词下的商品最好都不要低于 75 元。

图 7-26

3. 活动销量去除原则

影响移动端搜索权重的因素有移动端的商品销量，于是，有的卖家就想到利用做活动来增加移动端商品的权重。但是移动端搜索引擎三大原则之一就是会去除活动销量来衡量商品排名。2016 年 6 月淘宝取消了反利网店的销量加分，这是防止卖家作弊，尤其是利用不正常的低价商品作弊。

在这一原则的影响下，凡是大量成交的商品，但实际成交价格远远低于原价，都会取消销量加分。官方的规则是：最低 SKU 不能低于最高 SKU 的 1/10，否则可能销量清零。同时卖家要对正常销售款与活动款进行区分，否则将影响移动端权重加分。

大师点拨 18：重新认识移动端搜索，布局关键词

无论是 PC 端还是移动端，大多数商品的流量来源关键词都是较为集中的 1 ~ 3 个关键词。尤其是移动端，这种特征更加明显。这是因为在移动端，买家对商品的关键词搜索更依赖于淘宝下拉列表框，下拉列表框中的关键词选择有限，流量较为集中。

卖家可以到自己的店铺中，分析商品的流量来源关键词。如图 7-27 所示，这是比较正常也最为常见的情况，同一件商品的主要来源关键词集中在前 3 个关键词，部分商品会集中在前 4 个甚至前 5 个关键词。但是总的来说，一款商品的核心引流关键词不会太多。

关键词	搜索排名	曝光量	点击量	点击率	浏览量	访客数	人均浏览量	跳出率	支付买家数	支付件数	支付金额	支付转化率
坐垫	1	8, 946	9, 100	27. 94%	8, 946	7, 624	1. 17	81. 22%	179	181	6, 878. 00	2. 02%
学生坐垫	2	2, 166	1, 625	19. 37%	2, 166	1, 084	2. 00	86. 14%	51	53	2, 014. 00	2. 45%
办公室坐垫	3	1, 347	1, 001	29. 81%	1, 347	1, 033	1. 30	75. 12%	22	24	912. 00	1. 78%
防滑坐垫	4	925	766	31. 26%	925	745	1. 24	69. 17%	30	31	1. 178. 00	3. 35%
夏季坐垫	5	142	101	13. 55%	142	124	1. 15	65. 23%	7	9	342. 00	6. 34%

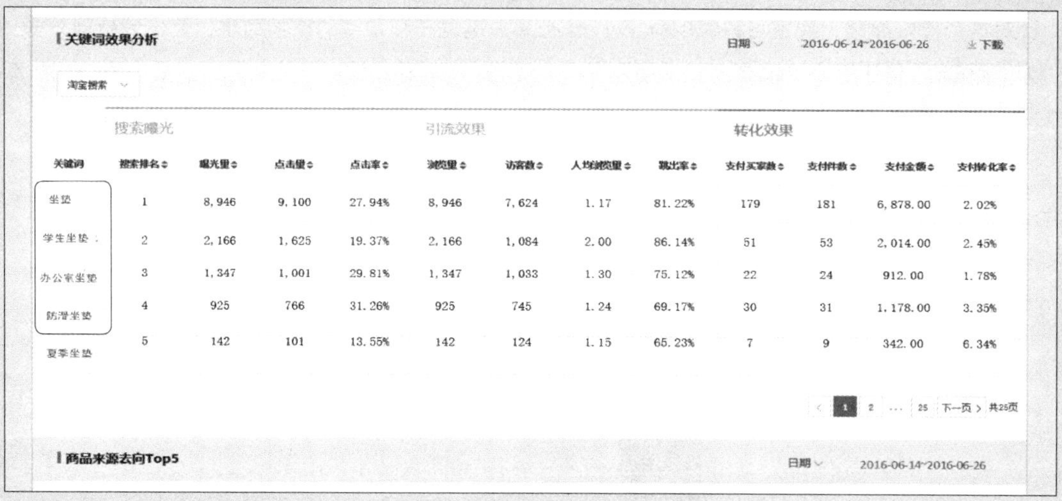

图 7-27

在淘宝和天猫中，有著名的“二八”定律，这条定律不仅指 20% 的卖家占领了 80% 的流量，还指同一件商品，其标题组成关键词中，20% 的关键词引来了 80% 的流量。当认识到搜索定律后，卖家就需要思考整个店铺的关键词要怎么布局才能在移动端引来最多的流量。

这里用两张模型图来说明关键词的流量布局。图 7-28 所示的是某店铺的 3 款坐垫商品，它们的关键词少有交集。那么某一款商品的核心引流关键词效果不行后，这款商品可能就失去了生命力。

如图中的B款商品,它的核心引流关键词是"学生坐垫",这个词不行后这款商品的流量就断了。

但是如果卖家有意识地让店铺中同类型的商品形成关键词关联,如图7-29所示,A、B、C 3款商品的核心引流关键词有交集。这样做的效果是,某个关键词在移动端的流量增加,对3款商品都有好处。如果某一款商品的某一个引流关键词不行了,还有另外两个关键词在支撑流量需求。

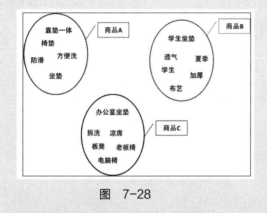

图 7-28

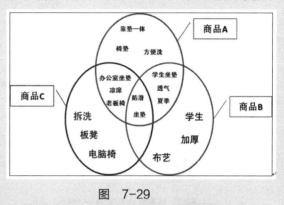

图 7-29

7.2 淘宝、天猫移动端 SEO 搜索优化

前面分析了移动端的搜索机制、流量分布机制,并且站在新的角度重新认识了移动端搜索,那么接下来将进入实操部分,介绍如何从关键词的角度、价格的角度、首图的角度优化移动端流量。

7.2.1 占领移动端流量的关键词优化

买家在PC端和移动端搜索习惯的不同,造成了PC端选词与移动端选词的不同。移动端流量分布较散,但是关键词搜索流量依然是重头戏。当卖家不能确定一个关键词是否适合优化移动端搜索流量时,就需要分析其数据表现。分析思路如图7-30所示。

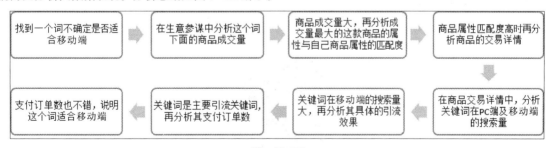

图 7-30

分析关键词是否适合移动端商品,最好的方法是到"生意参谋"中进行数据分析。如卖家在移动端找词渠道中发现了一个词"破洞牛仔裤男",但是不知道这个词用在自己的店铺商品中能不能提高移动端的流量。具体步骤如下。

第一步 到"生意参谋"的"行业粒度"页面初步查看该词的效果。在"生意参谋"的"行业粒度"

页面中输入需要分析的关键词"破洞牛仔裤男",然后进行搜索。结果如图 7-31 所示,发现该关键词下排名第一的商品一天的销量是 313 件,说明这个词成交量是不错的。

图 7-31

第二步 分析这个词是否适合自己的商品。在图 7-31 所示的搜索结果中,查看成交量靠前的几款商品,看看商品的款式与自己的店铺商品是否相似。假设卖家店铺中的商品如图 7-32 所示,关键词搜索结果中,成交量最高的一款商品如图 7-33 所示。两款商品都有"破洞""小脚""九分裤"等相同的特征,那么如果图 7-33 所示的这款商品在移动端的成交量高,且"破洞牛仔裤男"带来了较大的流量,说明同样也适合于卖家自己的商品。

图 7-32

图 7-33

第三步 分析这款商品在 PC 端和移动端的流量情况。卖家单击图 7-31 中所示的商品对应的"查看详情"按钮,就可以看到商品的诸多流量情况。图 7-34 所示的是成交量最高的这款商品"Top10 流量来源",从中可以看到,这款商品在移动端流量远远大于 PC 端。并且移动端的流量中"手淘搜索"流量占了"42.89%",这就说明这款商品在移动端的流量不是做活动而来、不是淘宝客推广而来,而是靠关键词搜索而来。如果其主要引流关键词是"破洞牛仔裤男",就能说明这个词在移动端有引流优势。

Top10流量来源									
PC端来源					**无线端来源**				
来源名称	访客数	占比	浏览量	占比	来源名称	访客数	占比	浏览量	
淘宝搜索	99	45.21%	106	36.30%	手淘搜索	3,298	42.89%	5,211	
淘宝客	35	15.98%	72	24.66%	直通车	896	11.65%	1,562	
直接访问	17	7.76%	25	8.56%	购物车	762	9.91%	1,650	
其他	14	6.39%	18	6.16%	我的淘宝	728	9.47%	1,346	
天猫搜索	11	5.02%	14	4.79%	淘内免费其他	583	7.58%	1,020	
购物车	7	3.20%	8	2.74%	手淘首页	251	3.26%	361	
淘外流量其他	7	3.20%	14	4.79%	淘宝客	225	2.93%	379	
已买到商品	6	2.74%	8	2.74%	手淘旺信	164	2.13%	490	
淘宝站内其他	6	2.74%	9	3.08%	手淘我的评价	145	1.89%	405	
直通车	5	2.28%	5	1.71%	手淘问大家	108	1.40%	177	

图 7-34

第四步 分析关键词的流量及成交量。通过商品的"查看详情"页面,卖家还可以看到"Top10 流量关键词"和"Top10 成交关键词",以进一步分析这件商品是由哪些关键词引来的流量,又是由哪些关键词形成了转化。图 7-35 所示的是这款销量排名第一的商品数据情况,从图中可以看出,"破洞牛仔裤男"这个关键词在 PC 端的流量占比很小,但是在移动端的流量占比却排名第一,说明它是移动端的主要引流关键词。再看成交量，排在第二位。综合证明这个关键词在移动端的表现不错，卖家可以用该关键词优化自己的商品流量。

图 7-35

同样的道理，如果卖家不确定关键词中某个可有可无的词要不要加，也可以用以上方法分析。这类词如"秋冬款"与"秋冬"、"修身型"与"修身"等。看起来最后面那个字好像有没有都一样，甚至没有那个字读起来更顺口。例如买家一般都搜索"修身"，很少会主动去搜索"修身型"。下面就来分析一下。

如图 7-36 所示，卖家在"生意参谋"中发现了一个词"牛仔裤男小脚 修身型"，凭个人经验会觉得这个词有点长，移动端买家应该不会去搜。

但是将该词输入"行业粒度"中分析，结果却如图 7-37 所示，成交量不错。选择成交量最大的一款商品进行查看，结果如图 7-38 所示，这个词在移动端的访客数很不错。并且"Top10 引流关键词"排行榜中，没有"牛仔裤男小脚 修身"这样的关键词。经过验证，结果是"型"字要加上。

行业热词榜 累计值				最近1天（2016-11-14~2016-11-14）		男装>牛仔裤	所有终端
10	李维斯	16,390	81.75%	145.08%	11,100	1.45%	0.73
14	黑色牛仔裤男	12,322	55.55%	78.21%	9,426	8.66%	1.78
16	evisu	11,545	51.62%	165.16%	8,953	0.42%	0.58
18	男士加绒牛仔裤	10,970	68.89%	79.60%	8,752	14.49%	3.12
12	lee	15,275	70.48%	84.98%	8,061	0.79%	1.51
19	男牛仔裤	10,418	60.21%	83.24%	8,027	11.73%	2.09
17	牛仔裤男直筒	11,251	56.77%	76.94%	7,928	13.29%	2.42
22	破洞牛仔裤男	9,984	34.76%	86.22%	7,565	6.53%	1.33
23	牛仔裤男小脚 修身型	9,780	63.41%	70.11%	7,233	10.68%	1.56

图 7-36

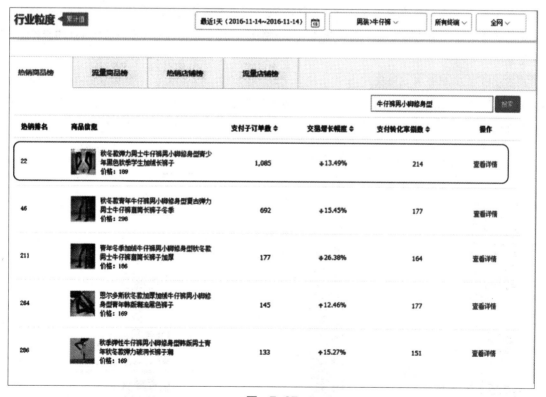

图 7-37

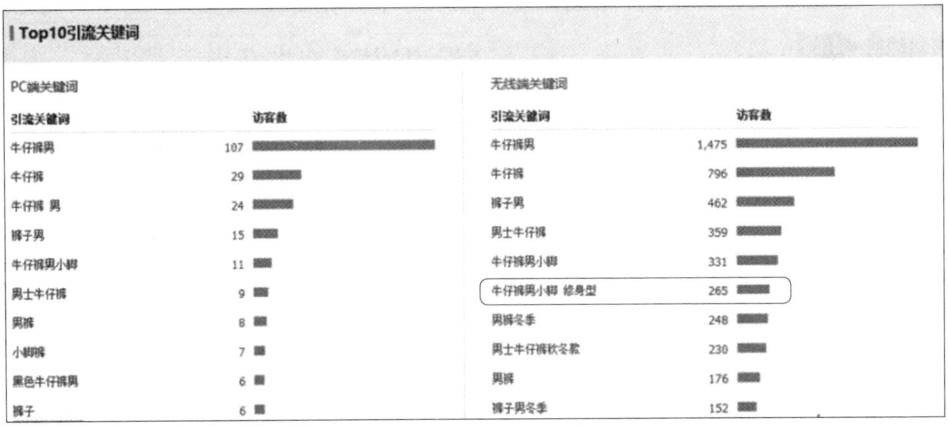

图 7-38

7.2.2 千人千面——移动端价位优化

所谓千人千面,指的就是不同的人在淘宝和天猫上搜索同一关键词的结果却不同。千人千面在移动端的体现更明显,这是因为手机的屏幕更小,为了让消费者更快找到中意的商品,系统进行推荐的结果。

千人千面会影响移动端的广告流量。图 7-39 所示的是搜索关键词"木头沙发"的结果,注意看排名第一的这款商品是直通车商品,价格是 3990 元。但是如果进行了价格区间选择,设置价格为"7730 ~ 15 000 元",刷新后的结果如图 7-40 所示。此时直通车商品的价格变为 9600 元。说明买家对价格区间的选择会影响到广告商品。

再次观察图 7-41 的搜索结果,会发现价格区间集中在 3000 ~ 4000 元。但是如果选择排序结果为"价格由低到高",结果如图 7-42 所示,可见"木头沙发"商品不是没有售价为 100 多元的,只是系统不进行推荐而已。同样的,如果将排序模式切换成"价格由高到低",就会看到高价的商品,如图 7-43 所示。

图 7-39

图 7-40

图 7-41

图 7-42　　　　　　　　　图 7-43

由此可见，如果卖家的商品价格固定在某一个价格区间，就只会被一定消费水平的买家看到。为了让自己的商品在移动端的搜索流量更大，卖家可以优化移动端的商品价格跨度。

1. 同款商品不同规格的价格段布局

图 7-44 所示的是搜索箱包商品出来的结果。其中第一款箱包明显有不同的大小规格，但是价格显示的却是最低价 298 元。为了让更多消费区间的买家搜索到，卖家完全可以将这一款箱包商品改成多个 SKU 发布，如图 7-45 所示。这样做的好处是，这款箱包商品在不同的规格及售价下会被搜索不同价格区间的买家看到，增加了曝光率与流量。

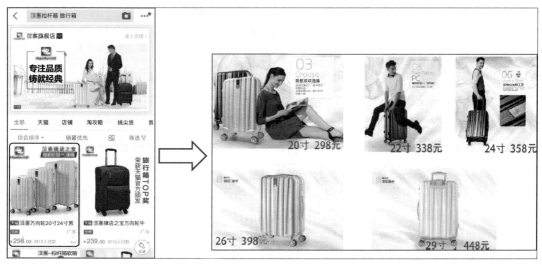

图 7-44　　　　　　　　　图 7-45

有的卖家会担心，这种做法是否会重复铺货违规。其实在第 2 章中讲得很清楚，什么情况才算重复铺货。如果是箱包商品，以不同的规格发布商品是被允许的。同样，服装类商品以不同的颜色进行发布也是被允许的。但是这里不建议卖家将同款服装商品以不同的颜色 SKU 发布。这是因为，通常情况下同款服装商品的不同颜色，其售价也相同，多 SKU 发布，对价格段覆盖的作用不大。只有销售不同规格的商品，且商品不同规格对应不同的价格时，这种商品才适合用多个 SKU 覆盖多个价格段的方式发布。

需要提醒的是，卖家在设置同款商品的不同 SKU 价格时，需要在手机淘宝中查看该关键词下消费者人群对不同价格段的选择。如图 7-46 所示，尽量将商品 SKU 价格分布到这些价格区间中。需要注意的是，不同 SKU 的商品其主图、标题、详情页也应该不同。详情页很简单，卖家只需要多做几个模板即可。

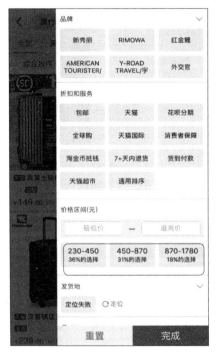

图 7-46

2. 不同款商品的价格段布局

前面介绍了同款商品不同规格的价格段布局方法。那么面对没有不同规格的商品，或者是不同规格都在同一价格段内的商品怎么办呢？像服装类商品不可能拆成不同的颜色不同的价格，鞋子商品也不可能拆成不同的尺码不同的价格。

在这种情况下，卖家可以用不同的商品布局在不同的价格段。在一家淘宝和天猫店中，不可能只销售一款商品。一般做店铺定位的卖家，都会固定销售某种类型的商品。那么只要布局同类型的商品在不同的价格段上即可。卖家在进行不同商品的价格布局前，一定要到手机淘宝中测试价格区间。如图 7-47 所示，输入关键词"打底衫 T 恤"，然后研究其消费者人群对不同价格段的选择，结果如图 7-48 所示。注意这里输入的是"打底衫 T 恤"而不是"打底衫"。这是因为打底衫商品范围太广，测出来的价格区间不精准。

图 7-47　　　　　　　　图 7-48

问：如果不想进行价格段布局，只想直接找到最优价格段，怎么做？

答：并不是所有类型的商品都适合进行价格段布局，有的卖家销售的商品档次比较固定，商品之间的价格都比较统一，没有办法同时在多个价格段内布局。在这种情况下卖家可以使用最简单有效的方法。可以在移动端进行商品关键词搜索后，找到排名前3页的商品，统计其价格，然后根据统计结果，找出前3页排名最多的价格段是哪一个。因为卖家要分析的就是哪个价格的商品最容易获得展现，所以这个方法是最直接有效的。

7.2.3 移动端直通车要这样开

直通车带来的是付费流量，直通车在 PC 端很重要，在移动端同样重要。卖家首先需要明白移动端直通车的展示位置与 PC 端有何不同。在移动端，搜索结果中带有"HOT"标识的就是直通车商品。

在不同的移动端系统中，直通车的展示位置也不同。iOS 和 Android 系统的直通车展示规律是每隔 5 个或者 10 个商品就有 1 个直通车商品展示，即 1+5+1+5+1+10+1……的规律；iPad 系统的直通车展示规律是每隔 5 个、15 个、20 个商品有一个直通车商品展示。

1. 直通车在移动端和 PC 端的表现差异

优化移动端直通车流量，要从移动端直通车的特点出发。与 PC 端相比，移动端直通车的特点是转化率更低、点击率更高。这是因为用户利用碎片化时间逛手机淘宝，移动端一屏展示的商品数量又有限，用户不喜欢翻太多的屏数浏览商品，反而会在前面几屏集中浏览，前面几屏的直通车商品点击率自然就高，但是点击进入商品详情页后，屏幕大小有限，用户又不能仔细看其中的信息，导致转化率偏低。基于用户这样的行为特点，卖家需要直通车的流量更精准从而提高转化率，同时主图也要更明确。为了时刻监控直通车在移动端的广告效果，需要卖家在后台看数据趋势。图7-49所示的是某卖家店铺直通车后台"移动设备"在"昨天"和"今天"的点击量趋势对比，卖家可以以此来检测直通车首图的调整效果。同样的道理，检测直通车商品的流量趋势可以检测关键词的优化效果。

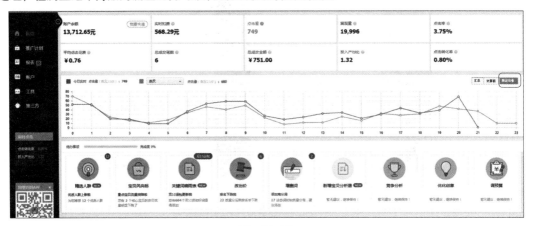

图　7-49

2. 使用更精确的推广词

在了解移动端直通车推广的特点后，卖家的首要任务是选择更精确的关键词。所以在找直通车推广词时，要重点关注长尾词，这种词的流量更精准。如图7-50所示，如果卖家在"生意参谋"中找词，可以重点关注"热门长尾词"榜的"移动端"词榜。当找到一个词后，再分析这个词与自己店铺商品的匹配度，然后点击查看这个词下商品的流量与销量。除了"生意参谋"，卖家还可以使用"店侦探"查看竞争商品的直通车推广词，选择一些效果好且与自己商品匹配的词来使用。

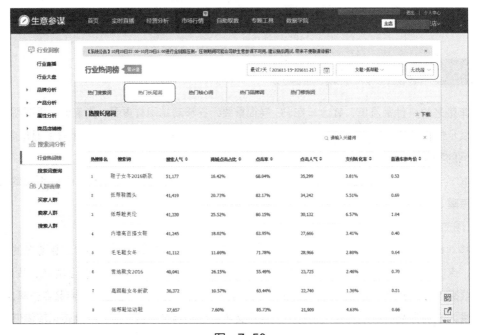

图　7-50

3. 移动端关键词出价

移动端直通车出价也需要讲究技巧，否则会亏本。

① 高匹配度的精准长尾词要出较高价。这里强调了"高匹配度"，指的是长尾词的描述一定要与商品相关性强，只有这样，买家点击进入详情页后才会形成转化。这类词是长尾词，展现量又不会太大，就算卖家出价高，也不会造成太大的花费。但是出价反而能帮助这类词排名靠前，引到相对精准的流量，精准的流量又会形成转化。

② 热门大词根据其表现出价。热门大词一开始不能出高价，否则排名靠前点击量大，如果转化率不高，就会损失很多费用。卖家初期可以给热门大词出较低的价，过一段时间后，看词的点击率和转化率如何，如果两个数据表现优秀，则可以考虑加价。

这里需要提醒的是，如果关键词的转化率下降，保守的做法是先把价格降下来，优化详情页与关键词，等转化率升上去后再考虑提价。

4. 移动端关键词调整思路

移动端直通车的关键词优化要根据词表现的不同来进行。总原则是：增加出价买展现，有了展现看点击率和转化率，点击率和转化率不行就要调整关键词。具体思路如图 7-51 所示。

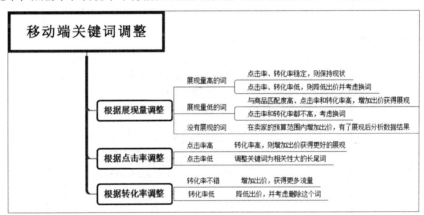

图 7-51

7.2.4 设定实施微淘引流计划

微淘是手机淘宝的重要产品，是基于商品推荐、购物体验的一个分享平台。每个用户都可以在微淘中看到自己所关注的店铺或商品的动态，并且与其他买家形成互动。前面讲过，流量分散是移动端搜索引擎的一大特点，其中有部分流量就分散在手机微淘中。有的卖家认为微淘很简单，胡乱发几条动态就可以获得流量。而有的卖家则完全没有意识到微淘的重要性。下面就来实操介绍如何精心策划，并通过发布手机微淘获得流量。发布微淘的整体思路如图 7-52 所示。

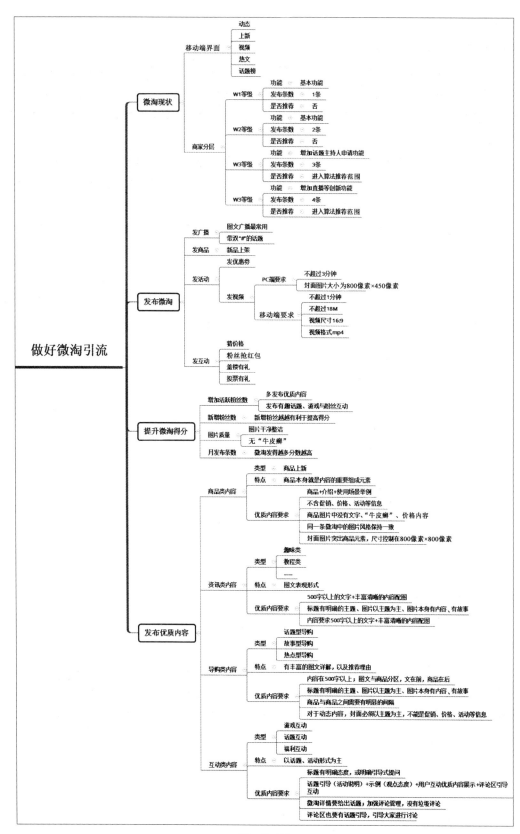

图 7-52

1. 微淘现状

进入手机微淘，首先看到的界面如图 7-53 所示，这是买家端界面。在该界面中，买家可以看到自己所关注的店铺的动态，这些动态信息都是由店铺卖家自己发布的。换句话说，当买家看到这些动态时，可能就会点击进入商品详情页形成流量。如果卖家不发布动态，或者是发布的动态不够吸引人，就不会形成微淘动态点击流量。

其次买家还可以选择"上新"查看关注店铺新上架的商品，如图 7-54 所示，这些新品的下方都会带有"上新"标识。"视频"页面中有淘宝卖家发布的一些关于商品使用分享的视频，流量也比较大。

图 7-53

图 7-54

然后是"热文"页面，如图 7-55 所示，系统会推送热度比较高、质量优秀的商品文章，许多买家不知道买什么时，可能会阅读其中的文章，从中找到目标商品。

最后是"话题榜"，这是一个类似于微博的页面，如图 7-56 所示。在这个页面中有多个热门话题供选择，并且可以看到每个话题的"热度"和"参与人"，如果卖家能找到一个热度较高，但是参与人较少的话题进行内容发布，那么卖家所发布的内容就可能被更多的买家看到，从而形成流量。需要注意的是，这里发布话题，需要加上"#"。

既然微淘发布可以带来更多的流量，商家肯定希望发布尽量多的内容。但是，淘宝系统为了鼓励商家互相学习，提供更高质量的微淘内容，系统会根据商家的活跃粉丝数、新增活跃粉丝数、图片质量、月发布条数等多个方面进行打分，综合评定商家的分层。不同分层的商家有不同的权利，具体如下。

W1 层级：拥有微淘的基本功能，一天能发 1 条微淘，系统不进行推荐。

W2 层级：拥有微淘的基本功能，一天能发 2 条微淘，系统不进行推荐。

W3 层级：在基本功能的基础上增加话题、主持人申请功能，一天能发 3 条微淘，进入系统的算法推荐范围。

W4 层级：在基本功能的基础上增加直播等创新功能，一天能发 4 条微淘，进入系统的算法推荐范围。

图 7-55　　　　　　　　图 7-56

在这个层级规则中，基本功能包括图文广播、ISV 工具、视频广播、话题广播、快速发微淘、千牛插件发微淘等。系统推荐指的是所发微淘有机会被系统推荐，得到扶持流量，其商品也有机会被推荐给优秀达人，让达人来帮忙推广商品。

需要注意的是，卖家自动发布的信息是不计入得分项的，如上新、快速发商品这些都是系统自动发布的动态，不进行计分。所以卖家要想让微淘层级快速提升，要自己编辑内容进行发布。同时也要用图 7-52 中提升微淘得分的方法来提高微淘分数。

2. 发布微淘

卖家进入后台的"无线运营中心"就可以看到微淘的后台了。如图 7-57 所示，在微淘后台，显示了由微淘引入到店铺的买家数量、新增加的粉丝数量及累计的粉丝数量。卖家还可以发布广播、商品、活动、互动 4 种形式的微淘信息。

图 7-57

如果卖家选择"发广播"则可以发布"图文广播""自定义链接""快速发微淘"3 种形式的内容。图 7-58 所示的是"图文广播",卖家可以使用双"#"来发布热门话题的内容,注意标题一定要简单直白,否则可能不会受到买家的点击,也需要看要求的图片尺寸。

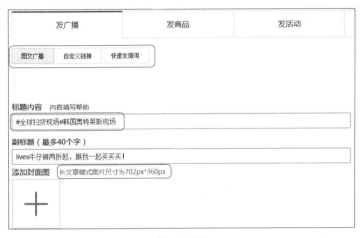

图 7-58

当卖家编辑好微淘内容后,就可以进行发布了。如图 7-59 所示,卖家可以选择什么时候发布,也显示了卖家今天可以发布多少条微淘。这里需要注意,建议卖家选择"设为定时发送",好让买家养成定时查看卖家微淘内容的习惯。

图 7-59

如果卖家想要发布新品,那么需要选择"发商品"下的"发上新"选项,如图 7-60 所示。卖家在发布新品动态时,可以单击"上新描述配置"选项,进入如图 7-61 所示的界面,设置新品动态模板。

图 7-60

图 7-61

卖家选择"发活动",可以在此发优惠券,以及前面介绍到的发微淘中的视频,如图7-62所示。

现在微淘的视频越来越火,但是卖家需要注意发视频的一些规范:封面图片大小要求是800像素×450像素,PC端上传视频最长3分钟,移动端上传视频最长1分钟,最大为18MB,视频尺寸是16:9、MP4格式。

图 7-62

而"发互动"页面中包括了一些有趣的活动,可以增加粉丝的活跃度与黏性,如图7-63所示。

图 7-63

3. 提升微淘得分

卖家要想提升微淘得分,就需要保证自己的微淘发布数量、粉丝数量、活跃和新增的粉丝数量,同时保证微淘发布的图片质量。卖家需要做的是,多发布优质的微淘活动,引起粉丝的兴趣,与粉丝互动,并且制订一个微淘发布计划,每天、每月发布多少条,在什么时间段发布,养成粉丝的关注习惯。微淘中的图片不能有"牛皮癣"文字,图片整体要干净清爽。

4. 发布优质内容

卖家在微淘中可以发布4种类型的内容,不同的类型,其表现方式也不同。

(1)商品类内容

商品类内容包括了店铺新品上架等广播内容。其特点是内容不单是文章、图片,商品本身就是重要的内容元素。商品类内容包括了一般性商品内容和主题性商品内容。一般性商品内容指的就是自动或手动上新的基础商品内容元素。主题性商品是根据商品特性、商品范围找出来的具有共同特性的主题商品,图7-64所示的就是主题性商品内容,商品的主题是"找寻自己的嫁衣灵感"。

对于商品类内容,卖家要想达到优质的标准,需要做到以下几点。

内容的基本要素:商品+介绍+使用场景举例+推荐理由,不含促销、价格、活动等信息。

商品图片规范:商品图片中没有文字、"牛皮癣"和价格内容。图片展示要清晰,同一条微淘中的图片风格要保持一致。

微淘封面图规范：在符合商品图片规范的基础上，突出商品元素，尺寸控制在800像素×800像素。

标题规范：要突出商品的品类，或者是突出商品的亮点。

其他：微淘内容中不可以堆砌商品信息，每一个商品都要对其进行充分说明，并举例使用场景。

（2）资讯类内容

资讯类内容的主要表现形式是图文广播形式，不包含商品推荐和导购，是长文章的形式。如图7-65所示，这是一篇资讯类内容的微淘。

资讯类内容分类有：趣味类、教程类、行业动态类、"鸡汤"类、时尚类、情感类、生活类等。

对于资讯类内容，卖家要想达到优质的标准，需要做到以下几点。

基本要求：标题有明确的主题，图片以主题为主，图片本身有内容、有故事。

内容的基本要素：500字以上的文字＋丰富清晰的内容配图。

内容规范：不包含商品，文章内容以800～2000字为佳；配图必须清晰，且与文字相辅相成；文字及图片排版必须保持美观；文字段落逻辑要清晰。

图 7-64

图 7-65

（3）导购类内容

导购类内容包括商品的推荐资讯内容。其特点是有丰富的图文详解，以及推荐理由。导购型内容又包括了话题型导购、故事型导购和热点型导购。图7-66所示的便是热点型导购的微淘内容页面，其中详细进行牛仔裤的推荐。

对于导购类内容，卖家要想达到优质的标准，需要做到以下几点。

基本要求：标题有明确的主题，图片以主题为主，图片本身有内容、有故事。

内容的基本要素：主题内容＋商品推荐＋推荐理由及介绍。

内容规范：内容在500字以上；图文与商品分区，文在前，商品在后；商品清单类、商品介绍类与图文穿插匹配，商品插入位置必须与图文介绍内容相关，商品与商品之间需要有明显的间隔；对于动态内容，封面必须以主题为主，不能是促销、价格、活动等信息。

（4）互动类内容

互动类内容以话题、活动形式为主，主要目的是引起消费者的讨论、产生评论、点赞等互动行为。互动类内容包括了游戏互动、话题互动、福利互动。图7-67所示的便是一篇互动类类型的微淘内容，可以看到点赞数上千，评论人数也有355人，有不错的互动效果。

对于互动类内容，卖家要想达到优质的标准，需要做到以下几点。

基本要求：标题有明确的态度，或明确引导式提问。

内容的基本要素：话题引导（活动说明）+示例（观点态度）+用户互动优质内容展示+评论区引导互动。

内容规范：微淘详情要给出话题；加强评论管理，保证没有垃圾评论；评论区也要有话题引导，引导大家进行讨论；带有商品性质的互动内容，商品图片清晰干净，不含促销、价格等信息、对商品有推荐的理由和介绍。

图 7-66

图 7-67

问：发布微淘动态获得移动端流量，如何较好地进行微淘内容营销？

答：微淘的内容营销技巧需要从不同的内容元素入手。

① 微淘内容营销的基本元素包括：标题、图片、内容。

② 理解微淘消费者的心理：娱乐心理、八卦心理、好奇心理、求知心理、关注与自身相关的内容。根据消费者不同的心理特点，卖家就知道微淘要发布什么方面的内容才能引起消费者的兴趣。

③ 提高微淘点击率的标题技巧：使用引人好奇的标题、引人思考的标题、引起共鸣的标题和与人们常识相冲突的标题。

④ 提高微淘点击率的图片技巧：图片内容与标题内容相呼应，不含广告信息，没有"牛皮癣"，图片清晰不复杂，能突出重点且本身有故事、有内容。

大师点拨 19：高点击移动端产品主图优化

移动端商品主图与 PC 端不同，移动端商品主图更需要突出商品主体与卖点。移动端主图的基础注意事项如下。

① 主图的上下端需要各减少 20 像素，否则放在手机中，买家可能看不到顶部和底部的图片信息。

② 图片的最大尺寸是 220 像素 ×200 像素。

③ 移动端主图的文字一定要谨慎添加，否则可能让移动端的消费者看不清主图文案，从而失去文案的意义。去掉主图文字也是不少卖家优化移动端主图的做法。图 7-68 和图 7-69 所示的分别是一款手环商品在移动端和 PC 端的主图，卖家将主图中的文字做删除处理，以便消费者在移动端的小屏幕上更清晰地看到商品。这样一个小小的优化动作收效却是十分不错的。

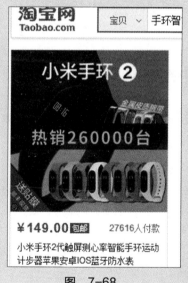

图 7-68　　　　　　图 7-69

④ 服装类目的商品有 6 张主图，其尺寸是 800 像素 ×1200 像素，比例为 2：3，卖家务必将 6 张图添加完整，这样可以在移动端搜索时占有优势。

⑤ 移动端的 5 张主图（服装类有 6 张）要保持风格统一。图片的主色调、内容表现方式都要统一。

⑥ 第 2 张图以干净的背景图为主，注意食品类商品的第 2 张主图要放上食品标签。第 3～5 张放商品细节放大图、活动促销图、售后服务承诺图。

⑦ 将 PC 端的主图元素减少。对比优秀卖家 PC 端与移动端的主图，其实改动并不大，但是取得的效果却很好。卖家们常用的方法是，将 PC 端的次要主图元素删除，然后放大主图的主要内容。图 7-70 和图 7-71 所示的分别是一款服装商品在 PC 端和移动端的主图显示。可以看出，卖家删除了 PC 端主图的次要内容，留下的内容在移动端更突出了。

图 7-70　　　　　　　图 7-71

本章小结

本章主要介绍了网店在移动端的引流技巧。卖家应该明白，移动端的流量分布很散，要想优化好移动端流量，卖家不能只从标题、主图方面下功夫，而是了解最新的手机淘宝操作方法，从操作方法上找到流量优化的门路。

第8章 微店 SEO 搜索营销

本章导读

本章专攻微店搜索流量优化。从微店的搜索机制出发，介绍了微店搜索流量优化的核心所在，并且让卖家了解微店的经营模式，从模式入手，知道 SEO 的方向。与微店搜索相关的关键词、标题、软文、线上及线下的推广方法，本章均进行了详细介绍。

知识要点

通过本章内容的学习，卖家将理解微店的搜索机制，在理解的基础上明白如何从店铺、商品、推广 3 个方面实现微店流量的最大化。学完本章内容需要掌握的具体相关技能如下。

- 微店流量的基础设置是什么
- 与淘宝相比，微店的关键词应如何优化
- 增加微店商品点击率的主图应怎么设计
- 微店推广软文如何写才能引起买家共鸣
- 如何利用店长笔记实现流量引入

8.1 微店 SEO 搜索营销基础

随着智能手机的普及,在移动端购物已经不再只有手机淘宝这一种选择了。微店作为移动端的新型购物渠道正在崛起。有的淘宝和天猫卖家会选择同时经营淘宝店(天猫店)及微店,这样做的好处是分多个渠道销售商品,但是货源渠道却是唯一的。

微店开店的门槛较低且过程简单,回款为 1~2 个工作日。正是因为微店的这些便利性,入驻微店的卖家也越来越多。在这种情况下,微店商品的竞争也越来越激烈。进行微店营销,保证店铺流量,卖家首先需要一些基础的微店搜索知识,包括突出店铺的设置技巧、做好微店商品标题的设置等。

8.1.1 4 个增加店铺流量的设置技巧

微店引流的第一步便是店铺的基础设置。这与淘宝和天猫店类似,如果店中该有的元素都没有、该有的流量入口也没有打开,又如何指望消费者能进店购物呢?

1. 店铺名称和头像设置

微店的名称和头像与实体店的招牌一样,能带给消费者一定的识别度。识别度高的微店名称和头像可以让消费者留下印象,从而促成二次进店购物,这对店铺流量提升有很大的帮助。

卖家要设置微信的名称和头像,可以到"微店管理"页面中点击最上面的微店标志,如图 8-1 所示。然后进入"微店信息"页面,填写"店铺名称"并上传"店长头像"即可,如图 8-2 所示。需要注意的是,微店头像要求的是 220 像素 ×330 像素的图片。

设置微店店铺名称和头像的目的在于告诉买家这是一家什么店铺。所以店铺名称不要取一些不相关的,甚至含有一些生僻字的名称;头像也不要选择与店铺销售商品不相关的图片。最简单有效的设置方法是用店铺商品的品类来命名店铺,头像可以是商品的图片也可以将商品品类名称做成图片。图 8-3 所示的是一家店铺的头像及名称,简单却有效,名称是商品的品牌,头像也是商品的品牌,这种店铺的识别度就很高。

图 8-1　　　　　　　图 8-2　　　　　　　图 8-3

2. 在微信中点亮微店

设置微店的微信点亮功能是十分重要的步骤，一旦微店与微信成功绑定，微信朋友圈的好友都可能通过微信直接跳转到卖家的微店店铺中。并且卖家还可以结合微信对微店进行推广，形成朋友圈流量。

要想在微信中点亮微店，卖家需要选择图 8-1 所示的"在微信中点亮微店"选项，然后就会跳转到如图 8-4 所示的页面中，在此页面中，卖家点击"立即开通"按钮，就会跳转到如图 8-5 所示的页面，确定店铺名称，然后点击"绑定"按钮即可。

图 8-4　　　　　　　图 8-5

当卖家的微店绑定了微信号后，卖家的微信资料显示如图 8-6 所示，有一个"店"的标志，点击这个标志，就会进入如图 8-7 所示的"社交资料"页面，再点击此页面中的店铺名称，就可以成功进入卖家店铺了。图 8-8 所示的是通过某卖家的微信号进入的微店界面，这样的操作就会形成入店流量。

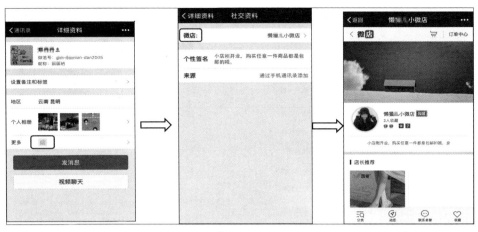

图 8-6　　　　　　　　图 8-7　　　　　　　　图 8-8

3. 加入 QQ 购物号

QQ 购物号是电商、服务行业公众号的集中管理中心。QQ 用户可以直接在购物号中浏览商品进行选购。微店卖家可以加入 QQ 购物号，让自己的微店得到腾讯流量扶持，增加 QQ 消费者。

微店加入 QQ 购物号的方法为：在 PC 端打开微店的"首页"，如图 8-9 所示；然后在"首页"中找到并点击"加入购物号"，如图 8-10 所示；接着就会看到如图 8-11 所示的界面，点击"立即加入"就能按照要求提交资料让系统审核通过了。在 QQ 购物号中，有不同行业的商品分类，如图 8-12 所示。

如果卖家的微店并没有加入 QQ 购物号，那么 QQ 消费者在购物号中将看不到卖家的微店，这样卖家就相当于损失了一定的腾讯潜在消费者。

图 8-9

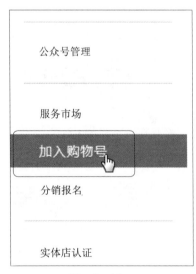
图 8-10

图 8-11　　　　　　　　　　　　　　　图 8-12

4. 实名认证

微店卖家需要进行实名认证，以便增加店铺的可信度。经过实名认证的微店可以在店铺内打标，以便得到更多买家的信任，从而增加店铺流量。微店进行实名认证需要填写的信息有真实姓名、身份证号、开户银行、银行卡号。

要想进行微店的实名认证，卖家只需要在"微店管理"中选择"身份认证"就能进入"实名认证"页面，如图 8-13 所示，卖家如实填写资料即可。需要注意的是，开户银行的银行卡号的开户人需要与所填写的身份证信息一致。成功认证的微店"实名认证"页面如图 8-14 所示。

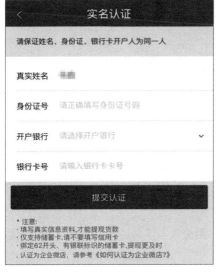
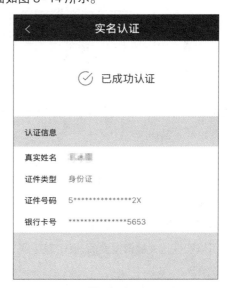

图 8-13　　　　　　　　　　　　　　　图 8-14

问：不交纳微店保证金，对店铺流量会有影响吗？

答：与淘宝和天猫店铺一样，微店也可以交纳保证金。虽然不是强制要求卖家交纳，但是保证金对流量确实有一定的影响。

从买家的角度来看，之所以选择某款商品/店铺，是因为商品符合自己的期望，同时店铺是值得信任的，保证金就起到了加强店铺信任的作用。交纳了保证金的店铺可以打上保证金标识，赢得更多客户的信任；同时也能优先报名参加官方活动，为微店引入活动流量。

8.1.2 微店的三类关键词

微店的商品标题组成关键词大体可以分为三类，这三大类关键词又可以细分为不同的关键词，如图8-15所示。微店商品中不同的关键词起到了不同的作用。

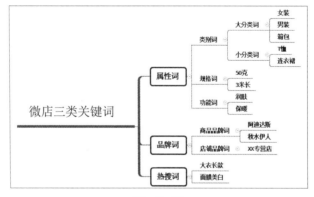

图 8-15

属性词的作用是说明该商品是什么，属于哪个分类。这也是买家搜索频率较高的词。属性词是商品标题的必要组成关键词。

品牌词对商品搜索流量也起到较大的作用。这是因为有的商品品牌已经获得了消费者的信任，消费者在搜索商品时，会直接搜索商品的品牌词。如果卖家店铺中的商品品牌不是特别出名，卖家也可以使用店铺品牌词。这样做的好处是，给消费者提供一个可记忆的、便于查找的店铺形象。同时有利于提高店铺的知名度，帮助卖家打造店铺品牌。

卖家可以在进行关键词搜索后，点击微店的"筛选"按钮，查看与该关键词相关的商品属性词及品牌词，如图8-16所示。

在这三类关键词中，最重要的词就是热搜词，热搜词也是标题中必须存在的关键词。不同的商品，其消费者搜索的词是不一样的。有的商品消费者会搜索其卖点、有的商品消费者会搜索其属性。消费者在搜索关键词时，词与词的搭配也不同。所以卖家需要到微店的关键词搜索下拉列表框中，去查看某件商品的热搜词是什么。但是卖家需要输入商品的核心描述词，即说明这件商品是什么的词，再去研究与此相关的热搜词有哪些。图 8-17 所示的是卖家在微店搜索下拉列表框中寻找大衣商品的相关热搜词。

图 8-16

图 8-17

卖家需要认识到标题组成的关键词有哪些，才能在组合标题时，分析自己的标题关键词是否包含了所有的类别，只有完整地写出了所有类别的关键词，才会尽可能多地覆盖消费者的需求范围。对比图 8-18 和图 8-19，前者的标题只有几个字，只包括了品牌词、属性词；而后者的标题包括了品牌词、属性词、热搜词。后面这款商品的搜索覆盖人群明显高于前面这款商品。

图 8-18

图 8-19

8.1.3 标题关键词的选择及标题组合

运营微店的卖家在知道微店的关键词分类后，就可以有方向地进行不同类别的关键词寻找了。但同一件商品，根据不同分类下的关键词往往可以找到很多，标题的字数又有限制，这时卖家就需要对关键词进行筛选，找出最适合自己商品的关键词，为后面的标题组合做准备。

1. 关键词的选择

微店的关键词数据分析工具没有淘宝和天猫店铺的那么丰富，不过卖家可以充分利用微店搜索文本框来分析消费者的搜索行为，以此来判断关键词的选择。

（1）判断品牌是否必须存在

微店的三类关键词类型中，品牌词不是必需的。卖家判断商品是否一定要有品牌词可以到搜索文本框中进行验证。方法是在搜索文本框中输入商品的关键词后，查看搜索下拉列表框中的词是否出现了品牌词，如果是，就说明微店买家对这款商品的品牌是看重的，既然看重，品牌词就是不可或缺的。

图8-20和图8-21所示的是搜索关键词"剃须刀"和"衣柜"的下拉词。从中可以发现，消费者对剃须刀的品牌更为关注。因此销售剃须刀的卖家务必在标题中写上品牌词。

图 8-20

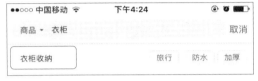

图 8-21

（2）属性词——规格词的选择

规格词并不是所有商品都需要的词，但是对于有计量单位的，规格会影响对商品的购买时，规格词就需要存在了。例如，销售点卡的卖家，标题就要说明点卡包含的点数；又如销售散装零食的卖家，就需要在商品标题中标注此商品的计量单位。

卖家可以进行商品搜索后，分析搜索结果中排名靠前的商品标题，看看其中的规格词是什么。图8-22和图8-23所示的分别是关键词"鱼干"和"柚子"的搜索结果。从结果中可以发现，鱼干商品的规格单位是"克"，而柚子商品的规格单位是"颗"或"个"。

图 8-22

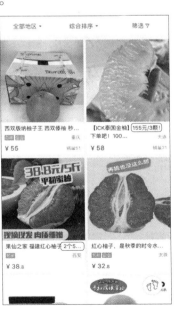

图 8-23

（3）功能词的选择

商品的功能词是重要的卖点词，起精准定位买家人群的作用。要想确定功能词是否符合卖家商品，卖家可以去分析功能词的搜索结果，看这些搜索结果与自己的店铺商品特性是否相符。如果该功能词下排名靠前的商品与卖家的商品类似，那么卖家也可以使用这个功能词。

例如，现在卖家需要分析收纳箱商品的"加大"功能词是否适合自己的商品，可将关键词"收纳箱加大"输入微店搜索文本框中进行搜索，结果如图 8-24 所示，如果卖家的商品与这些商品相差太大，这个词就不是最合适的词。

除了在关键词搜索结果中验证，卖家还需要选择几款搜索结果中的商品查看其买家评论，通过买家的用后感受来确定这个功能词是不是符合商品的特性。图 8-25 所示的是一款加大收纳箱的买家评论，从评论中可以看到，多位买家觉得这款收纳箱名副其实，确实很大。说明该功能关键词用在这款商品上是用对了，在这种情况下，卖家只需要比较自己的商品与这款商品的相似程度即可。

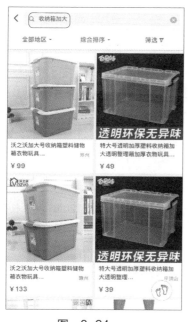

图 8-24

图 8-25

（4）热搜词的选择

热搜词的选择与功能词类似，卖家需要将找到的热搜词输入到微店的搜索文本框中进行商品搜索，查看该关键词下排名靠前的商品与自己的商品相似度是否高，以此验证这个热搜词是否适合自己的商品。

2. 标题组合

当卖家通过分析选好关键词后，就可以开始进行微店商品的标题组合了。不同类型的关键词在标题中的大概位置是不相同的，这与标题阅读的语序有关。

图 8-26 所示的是微店商品的标题组合公式。其中品牌词不是必需的，但是如果有，最好放在前面。这样做的好处是，让品牌词在标题中不影响语义的表达，且将商品品牌第一时间告诉给买家。热搜词放在中间，是因为这种词的搜索热度高，放在中间能让买家看到，且提高商品的搜索权重。而属性词之所以要放在后面，是因为这样可以提高搜索流量的精准度。

图 8-26

微店商品的标题组合顺序不是固定的,总的原则是标题符合买家的搜索习惯,符合买家的阅读习惯。下面是微店商品标题组合中需要考虑到的情况。

(1)类目属性关键词不要堆砌重复

商品有的关键词是属性不同的类目,如果卖家将不同类目的关键词堆砌在一个标题中,会影响系统对商品的类目判断,从而影响搜索流量。如一款男士上衣,标题中有"上衣衬衣外套T恤"这样的关键词,就属于属性词堆砌重复。

(2)从买家的实际搜索顺序出发

微店商品的标题组合有公式,但是公式并不适用于任何情况。卖家组合好标题后需要站在买家的角度去分析,搜索顺序是不是这样的。例如一款面膜商品,卖家组合出来的标题是"天然小颗粒海藻泰国海澡泥纯补水保湿清洁面膜500g"。站在买家的角度想,买家不可能先搜索"天然小颗粒海藻"这种词,而是先搜索"海藻面膜"这类词,也就是说商品的属性词该放到前面。那么调整顺序后,标题就应该是"海藻面膜天然小颗粒500g 泰国海澡泥纯补水保湿清洁"。

(3)标题要有可拆分性

微店商品的标题不仅要有可读性,还需要有可拆分性。因为买家都是输入1~3个关键词进行搜索的,不可拆分的标题覆盖到买家搜索的关键词的范围也很小。例如,标题"2016秋冬长款淑女修身连衣裙"就可以拆分为"秋冬连衣裙""淑女连衣裙""长款连衣裙"等。

问:微店商品标题中的符号有什么讲究?

答: 首先是微店商品标题中的空格。空格要不要加不能凭卖家的个人感觉来进行,而是由商品的属性来决定。如商品中两个中心属性词为"格子衬衫"和"森女衬衣",这两个词的中间就可以加一个空格。总的来说,商品标题中的空格最好不要超过3个。

其次是标题中的其他符号问题。标题中不要有"★""@""#"等特殊符号。除非卖家的标题关键词确实需要添加此类符号才能表明意思的情况,如标题中的型号关键词"JP-96"确实需要添加"-"符号才行,就可以加上去。

标题中的数字也是一种符号。这里有一个技巧,能用阿拉伯数字表示的就不要用大写的中文数字表示。这是因为人们对阿拉伯数字的识别度远比中文高,尤其是卖家标题中表明了优惠的数字,用阿拉伯数字可以显得更醒目。

大师点拨 20：你销售的不是产品而是图——优化产品图片

网店商品销售，买家不能在收货前触摸到商品的实体，全凭卖家的描述。在卖家对网店商品的描述中，图又是主体。所以商品的主图决定了商品的点击率，商品的详情页图片又决定了商品的转化率，图影响了流量又影响了销量。如此重要的图，微店商品该如何优化呢？

1. 商品主图优化

商品的主图影响了点击率，点击率又影响了流量。所以主图优化失败就等于流量优化失败。做好微店商品的主图有以下几个要点。

（1）图片清晰明亮、背景简单不杂乱

若微店商品主图做到清晰明亮，且背景简单不杂乱，就成功了 70%，符合这个准则，至少可以让买家轻松识别出这是一件什么样的商品。

保证主图的清晰度、明亮度，卖家要从图片的对比度、亮度、清晰度进行调整。在本书第 3 章介绍淘宝和天猫店铺主图优化时介绍了协调色的搭配，卖家可以参考。

图 8-27 所示的是一张清晰度、明亮度都能保证的商品主图，看上去很诱人。但是同样是橙子商品，清晰度和亮度不够，效果就截然不同了，如图 8-28 所示，橙子带给买家的食欲大减。

图 8-27

图 8-28

除了图片清晰度外，在图片背景上，卖家也要注意让图片做到简单大方。有时候卖家煞费苦心地设计背景还不如空白的背景。有时主图背景元素会分散买家的注意力，特别是背景复杂的主图甚至会让买家看不出这是一款什么商品。如图 8-29 所示，非常简单的一张主图，背景是纯白色的，但是这种背景比图 8-30 所示的主图背景要好。因为图 8-30 让买家不知道这是一款什么商品，背景元素太多了，反而削弱了主体。

图 8-29

图 8-30

（2）细节突出，商品在图片中的占比大

商品的细节突出，且商品在图片中的占比大，是为了让买家知道这是一款什么商品，以及这款商品的卖点细节是什么。

商品的细节突出主要针对两种情况：其一是商品本身体积较小，需要突出显示，如大米商品、数据线商品；其二是商品主打的某个卖点，这个卖点需要用细节突出进行强调，例如，商品的卖点是毛绒，那么毛绒细节就要突出显示；又如商品的卖点是多功能，那么多功能按钮这种细节就要突出显示了。

图 8-31 和图 8-32 所示的都是细节清晰且商品主体占比较大的主图。前者突出显示了数据线的衔头，后者能让买家清晰地看到坐垫的柔软特性。

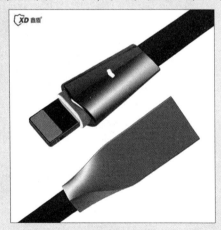
图 8-31

图 8-32

图 8-33 所示的是一款狗窝商品，但是买家看到这张图首先会被图中的狗狗吸引，因为狗狗占据了图片的主要部分。卖家需要明白的是，这款商品销售的是狗窝，而不是狗，狗再吸引人也不是销售品，不能作为主体突出显示。

又如图 8-34 所示，这款微店商品的主图上有"保暖"二字，说明卖家想强调的卖点是鞋子的温暖。但是鞋子温暖这个细节却没有得到突出显示。卖家可以将鞋子里面的绒毛显示出来，或者重新找一个卖点，不要用"温暖"这个卖点反而更符合这张主图。

图 8-33

图 8-34

（3）无"牛皮癣"，看上去美观

微店对商品主图的要求很高，比淘宝和天猫或者是其他平台的主图要求都要高。在淘宝中还能看见"牛皮癣"文字的主图，但是微店上却很少见了。微店商品主图最好不要有文字，要保持整洁，如果要有文字，应该放在不遮挡商品主体的地方，且文字不影响图片的美观程度。

图 8-35 所示的是搜索"切菜机"关键词出现的微店商品。右上角的这款商品，文字直接覆盖在图片上，十分影响主图的美观程度。但是观察其他的同类商品，颜色丰富，没有文字，十分整洁。

如果卖家要在主图上添加文字，最好提前精简文字描述，能用 3 个字说清楚的卖点绝不用 5 个字。文字在图片中的放置可以参考图 8-36，左上角和右下角的两款商品主图中都有文字描述，但是却不影响图片的美观程度。

图 8-35

图 8-36

2. 商品详情页优化

商品详情页影响了商品的转化率，不同类目下的商品不能用同一种详情页标准来衡量。举个例子，婴儿奶粉的详情页会重点介绍奶粉的品牌及质量安全保证，而女装类商品的详情则会重点介绍服装商品的款式颜色及尺码。正是因为买家对不同商品的需求不同、关心点不同，所以商品详情页的设计也就不同。

商品详情页中，根据介绍内容的不同，主要分为10种。

① 焦点图，引发买家兴趣。
② 场景图，增强买家的带入感。
③ 商品全景图，展示商品使用场景。
④ 商品细节图，进一步展示商品。
⑤ 商品对比图，通过对比突出商品的优点。
⑥ 品牌介绍图，增加商品的可信任度。
⑦ 商品优点介绍图，说服买家购买。
⑧ 商品规格介绍图，帮助买家选到适合自己的规格。
⑨ 商品生产流程图，增强商品的可信任程度。
⑩ 售后保障图，强调店铺的服务质量。

卖家需要根据商品的类目主次分明地设计出详情页内容。最简便的方法是模仿同行优秀卖家的详情页设计。下面将介绍如何学习到微店优秀卖家的详情页设计。

卖家首先要找到同行优秀的卖家。如图8-37所示，在微店中搜索商品关键词后，选择"销量排序"。这是因为详情页与转化率相关，转化率影响的是销量，销量大的商品详情页必定是可以借鉴的地方。

当找到优秀的商品后，打开详情页，分析其页面组成内容。如图8-38到图8-41所示，分别是这款销量第一的"鱼干"商品的详情页内容组成，依次是：焦点图，清晰地显示了鱼干商品，激发买家的食欲——商品生产流程图之原材料图和调味图，让买家对食材放心——商品生产流程图之加工过程图，让买家对加工过程放心——产品规格介绍图，说明商品的包装方式。

这款商品的详情页比较简单，卖家并没有放商品对比图、售后保障图等，是因为购买鱼干商品的消费者关心的重点就是鱼干的食品安全及味道。

卖家可以选择3～5件销量排名靠前的商品，按照同样的方法综合分析其详情页的特点，再从中总结出针对某类商品最佳的微店详情页内容设计。

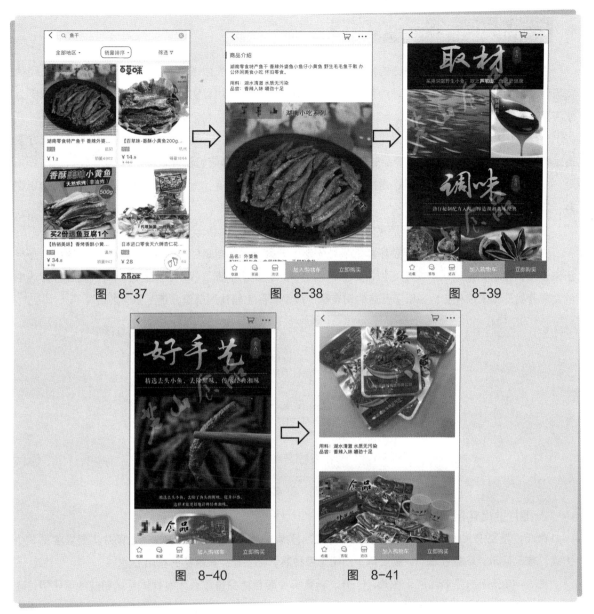

图 8-37　　　　图 8-38　　　　图 8-39

图 8-40　　　　图 8-41

8.2　微店 SEO 营销的关键是软文

微店的平台流量不能与大型的购物网站如淘宝、京东相比，微店卖家的流量除了自然搜索流量外，需要卖家通过站外的不同渠道获取。在站外获取流量的有力武器就是软文。

微店可以与微信相连接，在微信中不乏有许多优秀微店卖家通过软文写作推广获得店铺流量。除了微信，微店卖家同样可以到其他平台中利用软文推广商品。不仅如此，微店官方还会时不时举办一些征文活动，一旦卖家投稿成功，将获得官方流量扶持。

8.2.1 微店平台文章投稿技巧

微店投稿活动是微店官方举办的征文活动。目的在于让优秀的微店卖家分享自己的开店心得、经营技巧。投稿的内容要求是：以店铺经营所属类目的开店经验、成功案例为主。要求内容真实，文章要为微店卖家的原创作品，且需图文结合。

一旦微店卖家的投稿被平台采用，店铺将得到官方的流量扶持，具体扶持项目是：获得微店官方渠道宣传，被千万商家关注；微店商品被微店商学院公众号推送；微店将获得微店社区推广展示。

由此可见，写文章进行投稿，是微店获取官方流量的较佳渠道。为了让卖家所写的文章能入微店官方“法眼”，这里有一些写作技巧。

1. 开头以情动人，说明开店的初衷

文章投稿的开头一段就需要说明卖家是如何走上开微店这条道路的。在这一段叙述中，要以亲身经历来说事，并且以情动人。文笔可以不华丽，但是一定要真实。图 8-42 所示的是一篇被微店官方选中的文章开头，卖家很朴实地说明了开店的初衷是“鼓励更多宝妈找到自信、走上创业之路”。

> 大三时，西安的朋友蔺小萌从家乡给张湘生寄了一些柿饼，好吃到令他惊叹。念念不忘，那年寒假，他只身从厦门跑到西安富平。
>
> 他在农户那里了解到柿饼繁琐的制作过程：采摘、折挂钩、去皮、加挂、晾晒、捏心、下架、出水、合饼、潮霜等12道工序历时两个月精细加工，方能形成霜色浓厚的富平吊饼。但柿饼销路并不好，很多农户柿子生产出来卖不出去，最后全部坏掉了。
>
> 了解到滞销情况后，张湘生决定帮农民卖柿饼。他先是和朋友一起，从农户手中买下八十多斤柿饼，将照片发到朋友圈，没想到得到了很多人的支持。接着他开了微店，仅仅两天时间，张湘生就接到了1100个订单，富平滞销的6000斤柿饼全部售出。
>
> 于是，他有了更大的梦想——在微店平台上发起助农活动，帮助农户解决滞销问题，同时把优质、安全、绿色的农产品带到消费者面前。

图 8-42

2. 图片要真实展示

微店投稿要求文章要图文结合，卖家不能选用浮夸、虚假风格的图片。选择的图片主要应包括 3 个方面，商品展示、场景展示、人物展示，但无论哪种展示都要建立在真实的基础上。

图 8-43 所示的是商品展示图片，十分清晰真实。而且商品是放在天然物体草编制成的篮子里，带给人们一种朴实的感觉。

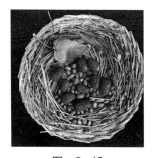

图 8-43

3. 从侧面介绍店铺主营商品

好的微店文章都对店铺的商品进行了介绍，但是这里不能直接介绍商品的优点如何，一旦这样写，这篇文章就会变成文字较多的微店商品详情页了。卖家需要从自身的创业经历、人生感悟、特殊事件来说明自己是如何一步一步开始销售这类商品的，在说明的过程中，就已经对商品的优点进行了侧面介绍。

如图8-44所示，这位卖家先说出了自己经营微店之初的选材困惑，从侧面说明商品的品质经过了多重考虑，是有保障的。接着如图8-45所示，卖家说明自己为了跟上店铺销售的脚步，主动学习医学知识，又从侧面说明卖家销售的食品是安全的。紧接着如图8-46所示，卖家说明了店铺发展的成就，也从侧面证明自己的商品是值得消费者信赖的商品。全文都没有正面表扬过商品的优点，但是却字字句句都在说明商品的优点。将商品的优点穿插在故事中，生动有趣，可读性也高。

图 8-44

图 8-45

图 8-46

8.2.2 写出能激发顾客点击欲望的软文

对于微店来说，软文是较好的推广方法，成本低廉且效果较佳。但是如果软文内容不能直击买家内心，甚至让买家感到被欺骗，是绝对引不来流量的。关于软文的写作技巧在本书的第6章有过相关介绍，下面将补充一些与微店相关的软文写作技巧。

1. 远离"标题党"

微店与微信平台可以进行账号绑定连接，在微信公众平台，充斥着各类标题博眼球的软文，但是点击进去内容与标题却大相径庭。这种做法不能用在微店的软文写作中，因为微店与微信文章有一个实质性的差别，那就是微信文章要的是阅读量，而微店要的是成交量。微店卖家利用软文引来再多的流量，如果不能形成转化，这样的流量也是毫无价值的。

微店卖家的软文标题应该根据实际内容来定。标题与内容相符，表面上看流量可能会因此降低，但是实际引来的流量却精准度较高，反而对卖家是有利的。

2. 逻辑清晰

好的软文一定是内在逻辑结构清晰有序的软文。微店卖家在自己的软文草稿写作完成时，要对软文的逻辑结构进行检查。方法是将软文不同部分内容的提纲列出来，使用箭头标出各内容之间的关系。

图 8-47 所示的是一篇较为简单的软文结构，由一个问题引出女生爱买包的理由，再在这个理由下分三段进行理由说明，接着再分三段说明买包能给女生带来什么。当这几个部分完成后，便引出了一个故事，故事中的女包便是要推广的商品。从整体来看，这篇文章的逻辑结构是通顺的。

一般来说，软文中各内容之间的主要关系有层级关系、流程关系、包含关系，一篇软文往往是由其中一种或几种关系构成的。只要各关系之间不出现逻辑的混乱，软文能使读者阅读顺畅。

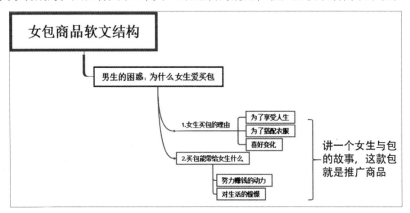

图 8-47

3. 围绕一个中心

在进行软文写作之前，卖家应该问自己两个问题：这篇软文想向买家传达什么信息？这篇软文想调动买家的什么情绪？把这两个问题想清楚了，软文的中心也就明晰了。卖家在进行写作的过程中，要围绕这个中心写作。

例如，一篇推广蚊香液商品的软文，卖家想传达的信息是"为了家人的身体健康，要用更安全的蚊香液"。这篇文章想调动买家的情绪是"对疾病的恐惧"。有了这两个方向，卖家在软文的开头就可以用一个故事，说明劣质蚊香带来的身体伤害，只有这样才能调动买家"恐惧"的情绪，而不是从正面去说使用蚊香液有什么好处。有了这个中心思想，卖家在写作的过程中，会时刻想着如何引起买家的恐惧情绪，如何围绕蚊香"安全"的特质进行内容编写。

4. 文章关键词契合 SEO

微店卖家的软文根据投放平台的不同，可以被网络用户用关键词搜索到，从而增加软文的阅读量。甚至用户使用百度等搜索引擎也可以搜索出卖家的软文。因此，卖家需要审视软文中包含的关键词，要尽量让网络用户搜索到。如灯泡商品，它可以称为"电灯""白炽灯""灯泡"等。选用哪个词作为商品的关键词，就需要看网络用户对词语的搜索量。

这里建议卖家利用百度指数分析不同关键词的搜索趋势，毕竟百度指数的数据依据是百度用户的搜索动向，而百度又是国内最大的搜索引擎之一。图 8-48 所示的是关键词"灯泡"和"白炽灯"在 PC 端的搜索趋势，关键词"灯泡"保持领先状态。在选词之前，卖家还需要考虑的是，软文所投放的平台是 PC 端的用户多还是移动端的用户多，然后根据端口来验证关键词的搜索趋势。

关于这一点，卖家还可以做的是：分析软文中要推广商品的相关热搜词，有意识地将热搜词植入软文中。前提是保证软文的语义通顺，逻辑正确。

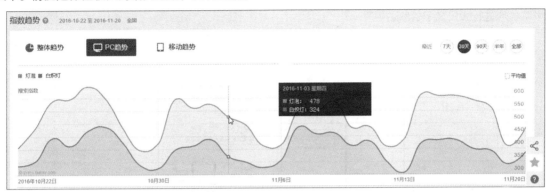

图 8-48

8.2.3 店长笔记、店铺公告向顾客传达信息

微店的店长笔记相当于微店的公众号，卖家可以在店长笔记中放置文章，向买家传达信息。与微信公众号相比，店长笔记的好处是，门槛更低，只要开微店的卖家都可以使用。且功能强大，卖家可以随意上传不同形式的内容，无论是在移动端还是 PC 端，卖家都可以轻松进行编辑。通过店长笔记，能进行微店、商品、卖家个人的宣传，为店铺带来精准流量。

要想写好店长笔记，卖家需要有一个完整的思路，如图 8-49 所示。下面将对店长笔记思路图中的重点部分进行详细说明。

1. 店长笔记的类型

根据店长笔记内容和目的的不同，可以分为 6 个类型，不同类型的侧重点如下。

① 展示自我类型的店长笔记主要目的是提高店长的个人形象，增强买家对店长的信任感。所以只要是与店长相关的积极事项都可以写进笔记中。

② 店铺公告类型的店长笔记其目的是向买家传达店铺的购物公告。虽然微店中有专门发布公告的地方，但是不能添加图片和视频，信息传达不够直观，店长笔记反而是更适合写公告的地方。

③ 自我营销类型的店长笔记，其目的是让读者在阅读笔记时就了解到店铺促销商品的信息，并且通过笔记直接跳转到商品的详情页面，从而方便地进行购物。所以这类笔记中务必要在合适的位置插入商

品链接。

④ 专栏展示类型的店长笔记卖家需要根据个人的兴趣爱好来开设。毕竟只有自己感兴趣的事物才能用心写出感人的内容，从而吸引兴趣相同的买家。但是这个兴趣专栏最好和店铺商品相关。

⑤ 知识传播类型的店长笔记是为了增强店铺的深度，带给用户深厚的文化底蕴，为商品加上一丝情怀。所以卖家要挖掘商品背后的文化故事及商品特色知识点。

⑥ 在线产品使用手册的店长笔记是为了帮助卖家节省答疑时间，同时方便买家寻找商品答案的文章。注意这种形式的内容，卖家要么图文结合，要么以视频的形式来做。因为字不如图，图不如视频，视频的信息传达效率是最高的。实在不能做成视频，也要做成直观的表现图，让买家一眼就能明白，而不是啰啰嗦嗦地进行大段文字的叙述。

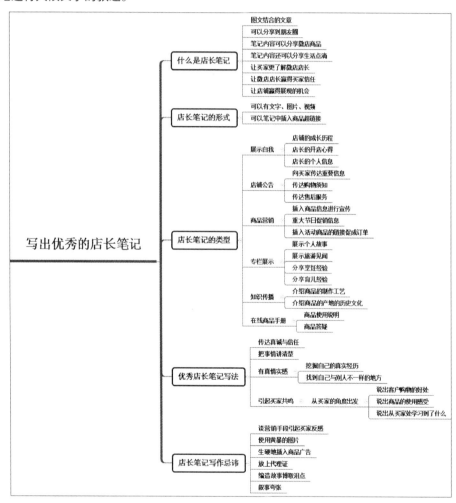

图 8-49

2. 优秀店长笔记写法

卖家要想写出优秀的店长笔记，不在于文辞多么华丽，而在于笔记的内容是否真实感人。要想笔记真实感人，卖家务必站在买家的角度出发。这一点很好理解，消费者比较关心与自己相关的人或事物。如果卖家在笔记中写一些与买家不相关的内容，对于买家来说是不痛不痒的，如何感动？如何产生共鸣？如何产生购物欲望？

在写店长笔记时，卖家的内容都要以买家的视角进行描写。例如，卖家写开微店的原因，除了写个人经历，还要写店铺中的商品可以带给买家什么样的好处。又如卖家写店铺的成长经历，可以说是从买家那里得到了反馈，一步一步成长起来的。总而言之，就是要将店铺与买家深深地联系在一起。

问：店长笔记如何正确地融入个人事迹？

答： 店长笔记要想写得真实感人，融入卖家的个人事迹是个不错的方法。但是如何正确融入就需要卖家注意以下两点。

（1）不要一味地叫苦

很多卖家会在店长笔记中描述自己创业的艰辛，在这个信息发达的时代，这种销售个人辛苦事迹的内容已经太多了，从综艺节目到线下实体店。要想靠苦来博取眼球和同情，效果不大。如果卖家反其道而行之，不去叫苦，而是积极地写自己如何克服苦难反而更感人。

（2）挖掘闪光点

每个卖家都有闪光之处，只是有的卖家没有找到而已。卖家需要找到自己独特的闪光点，来吸引买家的目光。例如销售天然农产品的卖家，其开店目的大多是"受到了不健康食品的伤害，为了带给更多的消费者一片健康的天地"。如果卖家能有一个不一样的出发点就更好。例如，有的农产品卖家出发点是"单纯地觉得天然食品美味，追求食物极致享受"，这样的出发点就很能获得当下追求生活品质的都市白领的青睐。

大师点拨 21：关于微店不得不了解的线上和线下推广渠道

微店的流量需求往往要靠卖家在线上和线下同时推广。线上推广渠道除了前面介绍过的微信和QQ外，还有其他的推广渠道。接下来介绍微店的线上和线下推广方法。

1. 线上推广渠道

线上推广渠道主要是依靠网络来发布微店或商品的信息，方法较多。

① 利用个人空间进行推广。卖家微信、QQ空间、博客空间都属于个人空间，卖家可以定期发布一些与商品相关的消息，让自己的网友帮助传播。

② 利用通信工具中的"摇一摇""附近的人""漂流瓶"等工具，增加店铺的曝光率。

③ 在微信或QQ中多加入一些好友交流群，时不时发个红包，与网友保持联系，增加店铺被推广的机会。

④ 如果卖家有淘宝店等其他类型的网店，卖家还可以利用这些店铺进行微店推广。方法是在店铺中放上微店的二维码，引导消费者进入微店。

2. 线下推广渠道

微店的线下推广在很大程度上靠卖家的线下人脉，需要卖家多进行联络。

（1）向自己的亲朋好友推荐微店

微店卖家身边的亲朋好友其实也需要购物，只要卖家的商品性价比高，相信自己身边的人也很乐意进店消费。卖家可以将自己店铺的二维码或链接发送给身边的人，并告诉他们购物有优惠，同时也请他们帮助将店铺推荐给其他自己认识的人。

（2）利用宣传单推广

卖家可以将店铺的推广信息印在宣传单上，到人群中发放。虽然这种方式看起来简单粗暴，但是也会带来小部分的转化。

（3）将店铺二维码印在T恤上

如果卖家有自己的团队，可以给团队成员发放印有店铺二维码的衣服，也能增加店铺曝光率。

（4）在名片上印上店铺二维码

在线下社交活动中，人们常常交换名片。卖家可以将店铺二维码印在名片上，增加店铺的线下消费者流量。

本章小结

本章从不同的方面介绍了微店的流量优化方法，希望卖家意识到微店的流量优化与淘宝和天猫的流量优化其实是有所不同的。微店对软文的依赖性更高，卖家要想做好微店的流量优化，就不能只从关键词、标题出发，而应了解微店流量的不同入口，从而个个击破。

附录　电子商务常见专业名词解释（内容见光盘）